Ralf Binswanger
Reden über Trieb, Sexualität und Gender

Unter anderem sind folgende Titel bisher im Psychosozial-Verlag in der Reihe BEITRÄGE ZUR SEXUALFORSCHUNG erschienen:

BAND 99 Katinka Schweizer, Franziska Brunner, Susanne Cerwenka, Timo O. Nieder, Peer Briken (Hg.): Sexualität und Geschlecht. Psychosoziale, kultur- und sexualwissenschaftliche Perspektiven. 2014.
BAND 100 Wiebke Driemeyer, Benjamin Gedrose, Armin Hoyer, Lisa Rustige (Hg.): Grenzverschiebungen des Sexuellen. Perspektiven einer jungen Sexualwissenschaft. 2015.
BAND 101 Julia Riegler: Wenn Sex schmerzt. Biografische und soziale Genese einer sogenannten »Sexualstörung«. 2015.
BAND 102 Maximilian Schochow, Saskia Gehrmann, Florian Steger (Hg.): Inter* und Trans*identitäten. Ethische, soziale und juristische Aspekte. 2016.
BAND 103 Maximilian Schochow, Florian Steger (Hg.): Hermaphroditen. Medizinische, juristische und theologische Texte aus dem 18. Jahrhundert. 2016.
BAND 104 Katharina Jacke: Widersprüche des Medizinischen. Eine wissenssoziologische Studie zu Konzepten der »Transsexualität«. 2016.
BAND 105 Ada Borkenhagen, Elmar Brähler (Hg.): Wer liebt, der straft? SM- und BDSM-Erotik zwischen Pathologisierung und Anerkennung. 2016.
BAND 106 Martin Dannecker: Faszinosum Sexualität. Theoretische, empirische und sexualpolitische Beiträge. 2017.
BAND 107 Alexander Korte: Pornografie und psychosexuelle Entwicklung im gesellschaftlichen Kontext. Psychoanalytische, kultur- und sexualwissenschaftliche Überlegungen zum anhaltenden Erregungsdiskurs. 2018.
BAND 108 Peer Briken (Hg.): Perspektiven der Sexualforschung. 2019.
BAND 109 Timo O. Nieder, Bernhard Strauß (Hg.): Geschlechtsinkongruenz, Geschlechtsdysphorie und Trans-Gesundheit. Eine kommentierte Dokumentation zur S3-Leitlinie. 2021.
BAND 110 Dagmar Herzog: Die Politisierung der Lust. Sexualität in der deutschen Geschichte des 20. Jahrhunderts. 2021.
BAND 111 Sophinette Becker: Leidenschaftlich analytisch. Texte zu Sexualität, Geschlecht und Psychoanalyse. 2021.

BAND 112
BEITRÄGE ZUR SEXUALFORSCHUNG
ORGAN DER DEUTSCHEN GESELLSCHAFT FÜR SEXUALFORSCHUNG
HERAUSGEGEBEN VON MARTIN DANNECKER, ANDREAS HILL,
HERTHA RICHTER-APPELT UND KATINKA SCHWEIZER

Ralf Binswanger

Reden über Trieb, Sexualität und Gender

Grundlagen für die psychotherapeutische Praxis

Unter Mitarbeit von Monika Gsell

Mit einem Geleitwort von Wilhelm F. Preuss

Psychosozial-Verlag

Bibliografische Information der Deutschen Nationalbibliothek
Die Deutsche Nationalbibliothek verzeichnet diese Publikation
in der Deutschen Nationalbibliografie; detaillierte bibliografische Daten
sind im Internet über http://dnb.d-nb.de abrufbar.

Originalausgabe
© 2024 Psychosozial-Verlag GmbH & Co. KG
Gesetzlich vertreten durch die persönlich haftende Gesellschaft Wirth GmbH,
Geschäftsführer: Johann Wirth
Walltorstraße 10, 35390 Gießen, Deutschland
06 41 96 99 78 0
info@psychosozial-verlag.de
www.psychosozial-verlag.de

Alle Rechte vorbehalten. Kein Teil des Werkes darf in irgendeiner Form
(durch Fotografie, Mikrofilm oder andere Verfahren) ohne schriftliche Genehmigung
des Verlages reproduziert oder unter Verwendung elektronischer Systeme verarbeitet,
vervielfältigt oder verbreitet werden.

Umschlagabbildung: Ulrike Körbitz, *Zeichen aus dem Unter-Grund*, Papierbatik 1998
Umschlaggestaltung und Innenlayout nach Entwürfen von Hanspeter Ludwig, Wetzlar
Druck und Bindung: Druckhaus Bechstein GmbH
Willy-Bechstein-Straße 4, 35576 Wetzlar, Deutschland
Printed in Germany

ISBN 978-3-8379-3236-2 (Print)
ISBN 978-3-8379-6182-9 (E-Book-PDF)
ISSN 0067-5210 (Print)
ISSN 3053-4704 (Digital)

Inhalt

	Geleitwort	9
1	**Einleitung**	**13**
1.1	Zum Aufbau des Buches	14
1.2	Danksagung	16

Erster Teil
Mehr Klarheit beim Reden
über Sexualität und Gender

2	**Mehr Klarheit beim Reden über Sexualität** **Ein dynamisches Modell zur Strukturierung** **sexualwissenschaftlicher Diskurse**	**21**
2.1	Einleitung	21
2.2	*Sexualität per se* und *Sexualität in actu*	24
2.3	Zwischenbilanz: Konsequenzen des Modells für die therapeutische Praxis	34
2.4	Exkurs: ICD-11	36
2.5	Vertiefung des Modells I: *Sexualität in actu*	39
2.6	Vertiefung des Modells II: *Sexualität per se*	51
2.7	Schlussfolgerungen	55
2.8	Zusammenfassung der Diskussion über »Mehr Klarheit beim Reden über Sexualität« in der *Zeitschrift für Sexualforschung*	56

3	**(K)ein Grund zur Homosexualität** Ein Plädoyer zum Verzicht auf psychogenetische Erklärungsversuche von homosexuellen, heterosexuellen und anderen Orientierungen	63
3.1	Einleitung	63
3.2	Zwei Gesichtspunkte im Diskurs über Sexualität	68
3.3	Schluss	88
4	**Sexualität und Gender:** **Das gleiche Modell für beides?**	**91**
4.1	Einleitung	91
4.2	Fragestellung	95
4.3	Mein umfassendes Modell zur Sexualität	97
4.4	Übertragung des Modells auf Gender	99
4.5	Gender in actu im Einzelnen	103
4.6	Schlussfolgerung	113
4.7	Praktische Anwendung meiner Modelle zu Sexualität und Gender, mit Fallbeispiel 1	114

Exkurs
Mehr Klarheit beim Reden über Psychoanalyse

5	**Meine methodischen und inhaltlichen** **Schwerpunkte innerhalb der verschiedenen** **Strömungen der Psychoanalyse**	**125**
5.1	Zwei materielle Gegebenheiten der individuellen Menschwerdung	126
5.2	Dialektische Methode	137
5.3	Kopernikanische Wende?	144

Zweiter Teil
Mehr Klarheit beim Reden über Trieb

6 Freuds Partialtriebtheorie aktualisiert 153
6.1 Leitlinien bei der Lektüre 153
6.2 Eine strategische Schlüsselstelle 154
6.3 Das Problem der Desexualisierung 165
6.4 Bestimmte Neurosen sowie (Homo- und andere) »Phobien« als Negativ erwachsener Sexualorganisationen 167
6.5 Illustration an Freuds drei Formen des Masochismus 169
6.6 Begriffsbestimmungen 172
6.7 Morgenthalers Dialektik zwischen »dem Sexuellen« und der »Organisierten Sexualität« 174
6.8 Die Umgangssprache verführt zu Missverständnissen 176
6.9 Vier Ebenen der Argumentation 178

7 Zur Analyse und Therapie bestimmter Neurosen 181
7.1 Illustrationen unter Beizug psychoanalytischer Literatur 181
7.2 Folgerungen für die psychotherapeutische Praxis 188

8 Zur Neuformulierung des Perversionsbegriffs 191
8.1 Perversionskonzepte in der psychoanalytischen Literatur 192
8.2 Fallbeispiel 2:
Außereheliche Promiskuität als perverse sexuelle Aktivität 199
8.3 Achtung Giftschrank:
Pädophilie und pädosexuelle Aktivitäten 204

9 Die Dynamik zwischen den Gesichtspunkten
Sexualität per se und *Sexualität in actu* 213

Literatur 217

Geleitwort

Bei dem vorliegenden Buch *Reden über Trieb, Sexualität und Gender. Grundlagen für die psychotherapeutische Praxis* des Morgenthaler-Schülers Ralf Binswanger handelt es sich um ein außergewöhnliches Grundlagenwerk. Es ermuntert Psychotherapeut*innen und Psychoanalytiker*innen unterschiedlicher Schulen, über Sexualität und Geschlecht miteinander zu reden und sich über ihre Fälle und eigenen theoretischen Positionen auszutauschen. Mir ist kein vergleichbares Buch bekannt, das sich die Förderung des fachlichen Dialogs so konsequent zum Anliegen macht. Insofern hat das Buch eine Alleinstellung.

Als psychodynamisch orientierter Psychotherapeut, Sexualtherapeut und Trans-Therapeut habe ich die große Ehre, das Geleitwort beisteuern zu dürfen. Wie kam es dazu? Am Rande der Trauerfeier für Sophinette Becker entstand ein Kontakt mit Ralf Binswanger, der zu einem intensiven Austausch führte und mir schließlich das Privileg verschaffte, die Entstehung des Buches mitverfolgen zu dürfen.

Unser kollegialer Austausch begann damit, dass mich die Lektüre von Ralf Binswangers Artikel »Mehr Klarheit beim Reden über Sexualität« (Binswanger 2021a) begeisterte, weil ich endlich ein theoretisches Modell gefunden hatte, in das ich meine klinischen Erfahrungen als Sexual- und Gendertherapeut einordnen konnte, und das weitgehend meinen eigenen Auffassungen entsprach. Darüber hinaus begeisterte mich, dass der Autor das Reden über Sexualität selbst zum Thema gemacht hatte.

Ich fand Ralf Binswangers Unterscheidung von »Sexualität per se« (Sexualität, wie sie individuell geworden ist) und »Sexualität in actu« (Sexualität, wie sie individuell gelebt wird) auch für meine Arbeit mit geschlechtsvarianten Patient*innen hilfreich. Deshalb regte ich an, er möge für den Bereich »Gender« einen entsprechenden Artikel schreiben, was er gerne tat (Binswanger 2021b). Und wieder war ich begeistert. Zwischenzeitlich hatte ich seine Arbeit über Homosexualität (Binswanger 2016) aufmerksam studiert. Somit kannte ich von ihm nun drei inhaltlich und methodisch eng verflochtene Artikel über die gewordene und gelebte Sexualität, die sexuelle Orientierung und Gender. Weil ich die Erfahrung machte, dass sich Ralf Binswangers »drei Abhandlungen zur Sexualität« sehr gut als Grundlagentexte für Fortbildungen einsetzen ließen, schlug ich ihm vor, sie doch in einem Sammelband herauszugeben, um sie Kolleg*innen leichter zugänglich zu machen. Gott sei Dank blieb es nicht dabei; sondern es entstand glücklicherweise das vorliegende Grundlagenwerk.

Das Buch des Psychosozial-Verlages bietet einerseits Leser*innen die Möglichkeit, auf die drei Artikel direkt zugreifen zu können; andererseits kann es als inspirierendes Gesamtwerk zum Thema gelesen werden. In jedem Kapitel verdichtet Ralf Binswanger seine lange psychoanalytische Erfahrung in klaren und verständlichen Worten zu einem klinisch brauchbaren Arbeitsmodell, das zur inneren Auseinandersetzung mit eigenen Patient*innen anregt und Lust macht, fachliche Dialoge aufzunehmen.

Der ungewöhnlichen Architektur des Buches, die mit der eingangs skizzierten Entstehungsgeschichte zu tun hat, trägt der Autor – unterstützt durch die engagierte Mitarbeit von Monika Gsell – durch eine hervorragende Leser*innen-Führung Rechnung. Das macht die Lektüre auf jeder Seite spannend. Wer die erwähnten drei Artikel schon kennt, kann in das zentrale Kapitel 5 »Mehr Klarheit beim Reden über Psychoanalyse« einsteigen, von dem das Massiv des gesamten Textes gleichsam von seinem Gipfel her zu überblicken ist. Ziel des Autors ist es, das »eigenständige Recht« der libidinösen Triebtheorie in der Psychoanalyse zu verteidigen. Das ist ihm überzeugend gelungen, soweit ich es als Psychotherapeut beurteilen kann.

Durch die Fokussierung auf die Morgenthaler'sche dialektische Technik bleibt der*die Patient*in immer im Mittelpunkt. Dies zeigt sich in sehr anschaulichen Fallgeschichten. Stark vereinfacht ist mit Morgenthalers dialektischer Technik das feine Wechselspiel zwischen den spontanen Einfällen der*des Patient*in und den Einfällen der*des Therapeut*in gemeint, die zu einem passenden Zeitpunkt zu einer Deutung führen können.

Ralf Binswanger differenziert zwischen den Stärken und Schwächen einzelner Theorien bekannter Autor*innen wie Otto Kernberg, Robert Stoller, Jean Laplanche, Reimut Reiche, Sophinette Becker, Wolfgang Berner u. a. und setzt sich auch kritisch mit der Relationalen Psychoanalyse auseinander (Stephen Mitchell). Allen klinisch brauchbaren Teilen von Theorien und Modellen, die in den Assoziationen von Analytiker*innen in der therapeutischen Situation auftauchen können, wird ihre Berechtigung gelassen. Besonders hat mir die Kritik an Jean Laplanches »Allgemeiner Verführungstheorie« gefallen. Ich kenne keine überzeugendere Kritik an der von Laplanche postulierten »Kopernikanischen Wende in der Psychoanalyse« als die von Ralf Binswanger. Seine Einwände gehen davon aus, dass das kleine Kind nicht als Tabula Rasa auf die Welt kommt und in einem frühen Zeitfenster seiner Entwicklung schon in der Lage ist, zwischen verschiedenen wichtigen Objekten und Identifizierungen zu wählen – freilich ohne »späteres Umtauschrecht«; womit am kürzesten beschrieben ist, was mit prägungsanalogen Vorgängen beim Menschen gemeint ist.

Obwohl Freud, der als erster die kindliche Sexualität für die psychosexuelle Entwicklung erkannt hatte, immer wieder auf den zweizeitigen Ansatz der Sexualentwicklung des Menschen hingewiesen hat, wird das Thema der Sexualität von Adoleszenten und Erwachsenen in der Psychoanalyse bis heute vernachlässigt. Es ist ein weiteres großes Verdienst von Ralf Binswanger, dass er nicht auf die »kindliche Sexualität« und deren psychoanalytischen Konstrukte fixiert bleibt, sondern sich eingehend mit der Sexualität beschäftigt, wie sie gelebt wird, und die Patient*innen mit ihrer Sexualität, wie sie geworden ist – um es schlicht zu sagen –, in Ruhe lässt. Er nutzt das wichtige Konzept der erwachsenen Sexualorganisation und veranschaulicht es in spannenden Fallbeispielen.

Besonders Psychotherapeut*innen und Psychoanalytiker*innen, die Patient*innen mit sexuellen Funktionsstörungen, Paraphilien bzw. Perversionen behandeln, können damit besser verstehen, wie im Einzelfall Sexualtrieb, sexuelle Orientierung und Gender, die subjektive Seite der Geschlechtsidentität, zusammenhängen. Das bringt mich zur Bedeutung des Buches für die Behandlung transidenter und gendervarianter Menschen.

Trans-Frauen und Trans-Männer, die noch nicht lange (auch von mir) als »transsexuell« bezeichnet wurden, sind nicht mehr die Schmuddelkinder der Psychoanalyse. Für geschlechtsdysphorische Kinder und Trans-Jugendliche, die früher in der Kinder- und Jugendpsychoanalyse keine Chance hatten, auf Verständnis zu stoßen, gibt es heute zumeist an universitären Zentren Spezialambulanzen, die freilich immer noch zu wenig Behandlungsplätze anbieten.

Was sich allerdings geändert hat, ist ein erfreuliches und großes Fortbildungsinteresse junger Kolleg*innen für Transgender-Patient*innen und Patient*innen mit atypischen Geschlechtsidentitäten. In der Deutschen

Psychoanalytischen Vereinigung (DPV) besteht seit mehreren Jahren die Arbeitsgruppe »Sexualitäten«. Ihre Mitglieder lieferten und liefern wertvolle Beiträge zur Theorie besonderer Geschlechtsidentitätsentwicklungen. In neuerer Zeit haben sich Psychotherapeutinnen wie Esther Hutfless und Almut Rudolf-Petersen »Queering Psychoanalysis« zur Aufgabe gemacht. Von Psychoanalytikerinnen wie Avgi Saketopoulou und Alessandra Lemma kamen wichtige Beiträge zur psychotherapeutischen und psychoanalytischen Behandlung von transidenten Patient*innen.

Trotz dieses erfreulichen Wandels fehlte es bisher an einem Grundlagenwerk zum Thema Gender. Ralf Binswanger schließt diese Lücke. In seinem Buch sehe ich endlich einen Grundlagentext für die Behandlung von geschlechtsdysphorischen, transidenten oder geschlechtsvarianten Patient*innen. Besonders seine differenzierten Ausführungen zu prägungsanalogen Vorgängen beim Menschen werden von großem Nutzen für all jene Psychotherapeut*innen und Psychoanalytiker*innen sein, die sich erfreulicherweise neuerdings für die Behandlung von therapiemotivierten Patient*innen aus dem LGBTQ-Spektrum interessieren, zum Beispiel für queere und non-binäre Menschen.

Weil es sich dem fachlichen Dialog verschreibt, halte ich das Buch in seinem Themenfeld für neuartig. Ich erwarte, dass es wegen dieser Alleinstellung lange wichtig bleiben wird, und dass es mit seinem Ansatz, über Trieb, Sexualität und Gender zu reden, zukünftig Autor*innen anregt, ihre Beiträge offen für den Dialog zu gestalten. Denn nur so kann die Psychoanalyse *eine* große Baustelle bleiben und muss nicht in viele Bauhütten zerfallen, die mit inkompatiblen Denkwerkzeugen arbeiten. Ich wünsche dem Buch viele Leser*innen. Ich bin mir sicher, dass viele Kolleg*innen es ebenso brauchen können und schätzen werden wie ich.

Hamburg, den 30. August 2023
Wilhelm F. Preuss

1 Einleitung

Das vorliegende Buch versammelt Veröffentlichungen, die ich in den letzten zwölf Jahren zu den Themen Trieb, Sexualität und Gender verfasst habe. Einige dieser Arbeiten bilden in Form und Inhalt ein Ganzes, das ich heute nicht wesentlich besser formulieren könnte. Sie werden unverändert als einzelne Buchkapitel – Kapitel 2 bis 4 – abgedruckt, unter Weglassung des zeitschriftenkonformen Zubehörs (vorangestelltes Abstract, Schlüsselwörter etc.). In diese Texte habe ich – gekennzeichnet durch Balken am linken Rand – erläuternde oder ergänzende Kommentare eingefügt, bin also sozusagen in einen Dialog mit ihnen getreten. Andere Arbeiten wurden zu neuen Kapiteln zusammengefügt, teilweise umgeschrieben und weiterentwickelt. Sie bilden die Kapitel 6 bis 8. So sind zwei Teile des Buches entstanden. Die Perspektive des ersten Teils ist primär sexualwissenschaftlich, die des zweiten Teils primär psychoanalytisch, wobei beide Perspektiven immer wieder ineinandergreifen. Das Buch ist so aufgebaut, dass man sich auch auf die Lektüre des ersten Teils beschränken kann, vielleicht unter Einbezug des Fallbeispiels in Kapitel 8.2. Der zweite Teil kann als Vertiefung für stärker psychoanalytisch interessierte Leser*innen angesehen werden.

Dass sich die Gedankenstränge der beiden Teile des Buches zu einem roten Faden zusammenfügten, der mit dem Anspruch auf *mehr Klarheit* daherkommt, hat sich während des Schreibens ergeben. Es ist der Anspruch eines psychoanalytischen und sexualtherapeutischen Praktikers, der auf klare Konzepte angewiesen ist, um fruchtbar arbeiten zu können.

Diesen Anspruch habe ich von meinem wichtigsten Lehrer, dem Züricher Psychoanalytiker Fritz Morgenthaler, übernommen. Dahinter steht der Gedanke, dass das, was wir praktisch tun, falsifizierbar sein muss. Ich lasse mich zwar sozusagen »blind« auf den emotionalen Prozess mit meinem Partner oder meiner Partnerin ein, die sich mir anvertrauen, verzichte aber zunächst auf die Anwendung theoretischer Konzepte. Ich verlasse mich auf die Einfälle, die beide Beteiligten haben. Irgendwann – so die Erwartung – verdichten sich meine Einfälle zu Hypothesen, in die auch theoretische Konzepte einfließen und die mich dann zu Deutungen oder anderen Interventionen veranlassen. Dies geschieht manchmal eher intuitiv, in anderen Fällen durch bewusstere gedankliche Arbeit. Die kurz- oder mittelfristigen, bewussten und unbewussten Reaktionen meiner Partner*innen auf meine Interventionen müssen mir zeigen, ob ich auf dem richtigen oder dem falschen Dampfer bin. Dies gelingt umso besser, je klarer meine Konzepte sind und je klarer ich sie vermitteln kann. Das gibt der therapeutischen Arbeit einen handwerklichen Charakter, bei dem Versuch und Irrtum dazugehören. »Wir brauchen klare Konzepte, damit sie sich auch falsifizieren können« – so lautete ein immer wiederkehrender Ausspruch Fritz Morgenthalers.

1.1 Zum Aufbau des Buches

Im *ersten Teil* geht es hauptsächlich um das, was wir Sexualität nennen – die bewussten und organisierten Komponenten der menschlichen libidinösen Triebhaftigkeit. Darüber hinaus geht es auch um die bewusstseinsfähigen Aspekte der Geschlechtsidentität. Dies sind Gegenstandsbereiche, mit denen sich in erster Linie Sexualwissenschaftler*innen und Sexualtherapeut*innen befassen.

Der *zweite Teil* beschäftigt sich hauptsächlich mit den abgewehrten, unbewussten Aspekten der menschlichen libidinösen Triebhaftigkeit. Dies ist der Gegenstandsbereich, mit dem sich vor allem Psychoanalytiker*innen beschäftigen. Die Klammer, die beide Teile zusammenhält, ist der Triebbegriff, genauer: Freuds Partialtriebtheorie, wie er sie in den *Drei Abhandlungen zur Sexualtheorie* entwickelt hat (Freud 1905d)[1].

---

1 Eigentlich müsste das Erscheinungsjahr der *Drei Abhandlungen zur Sexualtheorie* mit »1924« angegeben werden, denn das ist die Version, welche in den Gesammelten Werken abgedruckt ist und auf die ich mich in diesem Buch durchgehend beziehe. Sie enthält alle Zusätze Freuds aus den Jahren 1910, 1915, 1920 und 1924, ohne sie im Einzelnen nachzuweisen – anders als in der Studienausgabe (Freud 1972), in der alle Veränderungen aufgezeichnet sind. Beim Zitieren werde ich die Seiten der Originalausgabe (Freud 2005) jeweils in eckigen Klammern hinzufügen.

Im Zentrum des *ersten Teils* des Buches steht die Entwicklung, Anwendung und Begründung eines von mir entworfenen und vorgeschlagenen *methodischen Modells*, das Orientierung beim Reden über Sexualität geben soll. Ich illustriere es mit Grafik 1 (S. 30). Das Modell ersetzt keine bestehenden *inhaltlichen* Konzepte, sondern schlägt *Gesichtspunkte* vor, die dem Diskurs über Sexualität eine bestimmte Richtung und Orientierung geben sollen. Diese Gesichtspunkte lassen sich metaphorisch mit den Markierungsstangen einer Skipiste vergleichen: Sie helfen, die jeweils richtige Abfahrtslinie zu finden und nicht in Gefahrenzonen zu geraten.

In Kapitel 4 unternehme ich den Versuch, mein an der Sexualität entwickeltes Modell auf Gender zu übertragen – illustriert durch die Grafiken 2 und 3 (S. 98 und 100). Die konkrete therapeutische Anwendung des Modells wird vor allem in Kapitel 4.7 dargestellt und durch ein längeres Fallbeispiel zu Gender illustriert (Kapitel 4.7.2). Ein weiteres Fallbeispiel zum Thema Perversion findet sich in Kapitel 8.2.

Im zweiten Teil wende ich mein Modell zur Sexualität auf Freuds Partialtriebtheorie an (Kapitel 6). Ich stelle Freuds Diktum »Die Neurose ist sozusagen das Negativ der Perversion« (Freud 1905d, S. 65 [24]) in den Mittelpunkt und illustriere es mit Grafik 4 (S. 156). Sie zeigt die Entwicklung zum »Positiv« auf dem linken Ast und zum »Negativ« auf dem rechten Ast. Die Grafiken 5 und 6 (S. 161 und 168) zeigen, wie ich Freuds Diktum unter Anwendung meines Modells teilweise umformuliere. Insbesondere ersetze ich die Begriffe *Perversion* durch *erwachsene Sexualorganisation* und *polymorph-perverse Anlage* durch *polymorphe Partialtriebanlage*. Dies führt zu einer Klärung weiterer Begriffe, die bisher widersprüchlich oder uneinheitlich verwendet wurden, z. B. *Sexualisierung, Desexualisierung, Erotisierung, Sublimierung,* sowie *latente Homosexualität* und *Homophobie* und deren Entsprechungen, die sich auf andere erwachsene Sexualorganisationen beziehen. Ich werde auch zeigen, wie sich Morgenthalers (2004a [1984], S. 142 [138f.]) Dialektik zwischen dem *Sexuellen* und der *organisierten Sexualität* in Freuds Partialtriebtheorie einfügt (Grafik 7, S. 175).

Die Anwendung meines Modells auf die Partialtriebtheorie Freuds führt zu Konsequenzen für die Behandlung bestimmter Neurosen (Kapitel 7) und zu einer Neuformulierung des Perversionsbegriffs (Kapitel 8), die ich bereits in früheren Jahren vorgenommen habe (vgl. insbesondere Binswanger 2017a). Zur Veranschaulichung wird eine psychoanalytisch orientierte Therapie ausführlich dargestellt (Kapitel 8.2). Die Tatsache, dass ich die Pädophilie in eine Reihe mit allen anderen erwachsenen Sexualorganisationen stelle, erschwert die Rezeption meines Modells. Deshalb gehe ich in Kapitel 8.3 ausführlich auf diese Problematik ein.

Zwischen die beiden Teile des Buches habe ich mit Kapitel 5 einen Exkurs mit dem Titel »Mehr Klarheit beim Reden über Psychoanalyse« eingefügt, weil ich es für notwendig erachte, meine wichtigsten methodischen und erkenntnistheoretischen Positionen explizit zu machen. »Mehr Klarheit« entsteht nicht allein dadurch, dass man seine Konzepte möglichst präzise entwickelt und darstellt. Vielmehr verlangt die dialektische Methode, dass auch klar wird, von welchem Standpunkt aus, unter welchem Gesichtspunkt ein Inhalt entwickelt wird. Dies war Freud klar, als er den genetischen, den dynamischen und den ökonomischen Gesichtspunkt einführte, unter denen jedes psychische Phänomen gesondert zu betrachten ist. Die angestrebte Klarheit ist auch notwendig, um *in der Psychoanalyse* das »eigenständige Recht« der libidinösen Triebtheorie verteidigen zu können (S. 126 und 147), in Analogie dazu, dass *in den Sexualwissenschaften* auch das »eigenständige Recht der Sexualität« verteidigt werden muss (Kapitel 2.5.3).

1.2 Danksagung

Als erstes bedanke ich mich bei Wilhelm F. Preuss. Ohne seine Initiative wäre dieses Buch nicht entstanden. Die hohe Wertschätzung, die er, als erfahrener psychodynamisch orientierter Psychotherapeut, Sexualtherapeut und Trans-Therapeut, meiner Arbeit entgegenbringt, war mir beim Schreiben stets ein wichtiger Ansporn. Ferner bedanke ich mich bei Werner Fessler, Zürich, Autor eines Grundlagentextes zu prägungsanalogen Vorgängen beim Menschen, und Thomas Kedaj, Psychotherapeut in Nürnberg, für ihre wertvollen Hinweise und Kommentare. Auch Markus Zürcher, Psychoanalytiker in Zürich, danke ich für seine Unterstützung, insbesondere bei der Herstellung der Grafiken 1 bis 3. Mein Dank geht auch an meine Patientin, Frau Heidi G., für ihre Zustimmung und Unterstützung bei der Darstellung unserer »Abfahrt auf der schwarzen Piste« (Kapitel 4.7.2). Dem Psychosozial-Verlag und seiner Lektorin, Marie-Claire Thun, danke ich für die freundliche und hoch qualifizierte Unterstützung in allen Belangen, die mit der Herausgabe dieses Bandes verbunden sind. Mein größter Dank geht – einmal mehr – an Monika Gsell, Psychoanalytikerin in Zürich, mit der mich seit 14 Jahren eine glückhafte fachliche Zusammenarbeit und Freundschaft verbindet. Sie hat nicht nur dieses Buch, sondern alle meine Arbeiten zu Trieb, Sexualität und Gender inhaltlich und sprachlich auf ein Niveau gehoben, das ich ohne ihre Mitarbeit nicht erreicht hätte.

Erster Teil
Mehr Klarheit beim Reden über Sexualität und Gender

2 Mehr Klarheit beim Reden über Sexualität

Ein dynamisches Modell zur Strukturierung sexualwissenschaftlicher Diskurse

Der folgende Text ist ein Reprint aus der *Zeitschrift für Sexualforschung* Nr. 1/2021[2] (Binswanger 2021a). Es ist die heute gültige Version meines Modells zur Sexualität. Dieses hatte ich ursprünglich als Kritik am gängigen Gebrauch des Perversionsbegriffs entwickelt. Diese Kritik wird hier zu einem allgemeinen Modell zur Sexualität erweitert. Auf spezielle Fragen zum Perversionsbegriff gehe ich in Kapitel 8 ausführlicher ein, mit Beispielen aus der psychoanalytischen Literatur (Kapitel 8.1) und einer ausführlichen Falldarstellung (Kapitel 8.2).

In den formal leicht angepassten Text habe ich Ergänzungen eingefügt (durch Balken am linken Rand kenntlich gemacht). So entsteht gleichsam ein Dialog zwischen mir und dem Konzentrat des Reprints, wodurch dieses aufgelockert und aktualisiert wird.

Kapitel 2.8 gehört nicht mehr zum Reprint, sondern fasst eine Diskussion zusammen, zu welcher die *Zeitschrift für Sexualforschung* zwei erfahrene Fachleute eingeladen hat (Berner 2021 und Cassel-Bähr 2021), worauf ich – unter Mitarbeit von Monika Gsell – replizieren durfte (Binswanger & Gsell 2021).

2.1 Einleitung

In einer E-Mail vom 20.09.2008 bat mich (die im Herbst 2019 viel zu früh verstorbene) Sophinette Becker um einen klärenden Vortrag[3] vor dem Hintergrund,

---

2 Original: Mehr Klarheit beim Reden über Sexualität. Ein dynamisches Modell zur Strukturierung sexualwissenschaftlicher Diskurse. *Zeitschrift für Sexualforschung, 34*(1), 2021, 15–27 © Georg Thieme Verlag KG.
3 Den Vortrag habe ich auf der 5. Klinischen Tagung der DGfS vom 15. bis 17.05.2009 in Münster gehalten; er ist in der *Zeitschrift für Sexualforschung* erschienen (Binswanger 2009).

»dass ja gerade in der Sexualität alte und neue Normen (betr. Geschlechtsidentität, sexueller Orientierung, sexuellen Wünschen, ›Perversion‹, Mutterschaft, u.v.m.) eine Normendiffusion/Normenauflösung stattgefunden hat bezw. alte und neue Normen nebeneinander i.S. der ›Gleichzeitigkeit von Ungleichzeitigem‹ existieren. Das macht viele TherapeutInnen verunsichert-ratlos im Umgang mit den sexuellen Wünschen/Praktiken (z.B. SM, außerpartnerschaftliche sexuelle Kontakte etc.) ihrer PatientInnen – im Extremfall geht bei manchen die Norm, ja nicht zu pathologisieren, so weit, dass sie kaum mehr nach der Bedeutung fragen können bezw. sich eigene Gefühle zu den sexuellen Wünschen der PatientInnen verbieten und dann wischiwaschi reagieren – oder in anderen Fällen auch extrem normativ, ohne es zu merken; z.B. rasches Deuten als ›Agieren‹, bevor etwas verstanden wurde«.

Meines Erachtens besteht der Klärungsbedarf auf zwei Ebenen. Die eine Ebene ist die, welche Sophinette Becker eindringlich formuliert: die Verwirrung zwischen alten und neuen Normen sowie eine gesellschaftspolitische Tendenz zur Auflösung von Normen, die als pathologisierend empfunden werden (und es häufig auch sind). Diese gesellschaftspolitische Tendenz führte auch zu einer Verunsicherung im Bereich der sexualwissenschaftlichen Theorie und Praxis – zumindest dort, wo diese beiden Diskurse ineinanderfließen und zu Sprachverwirrungen zwischen Politik und Klinik führen.

Neben dieser – man könnte sagen: gesellschaftspolitischen Ebene – gibt es aber auch einen Klärungsbedarf auf der Ebene der sexualwissenschaftlichen Diskurse selbst. In diesen stehen nämlich nicht nur alte und neue Normen nebeneinander, sondern auch eine Fülle von historisch gewachsenen, nebeneinander bestehenden sexualwissenschaftlichen Konzepten. Diese Fülle ist nicht zuletzt aus dem Bedürfnis der sich seit den 1960er Jahren entwickelnden kritischen Sexualwissenschaft heraus entstanden, der katalogisierenden und pathologisierenden Tendenz, der älteren Sexualwissenschaft neue, dynamischere Konzepte entgegenzustellen.[4] Das führte zu einer enormen Belebung der Sexualforschung, konnte aber letztlich den Widerspruch zwischen berechtigter oder eher zeitgeistiger Entpathologisierung einerseits, kohärenter Diagnostik und Therapieindi-

---

4 Das ist vereinfacht gesagt. Die Entwicklung der deutschsprachigen kritischen Sexualwissenschaft ist bedeutend komplexer (vgl. dazu Herzog 2014).

kation bei sexuell bedingten psychischen Leidenszuständen andererseits nicht wirklich auflösen.

Bei meiner Beschäftigung mit diesen Problemen und Fragen ist mir aufgefallen, dass es doch relativ einfach ist, sich in der Vielfalt der theoretischen Konzepte zu orientieren, dabei unangemessene und meist unbeabsichtigt pathologisierende Fehlschlüsse zu erkennen und zu vermeiden und dennoch nicht auf klare und begründete Kriterien verzichten zu müssen, die es in der therapeutischen Praxis erlauben, zwischen pathologischem (behandelbarem und behandlungsbedürftigem) und gesundem (nicht zu behandelndem) Sexualverhalten zu unterscheiden. Es braucht dazu nur zwei Dinge:
1. Ich muss erstens unterscheiden, ob das Konzept oder das konkrete sexuelle Phänomen, mit dem ich es zu tun habe, einen Aspekt der Persönlichkeitsstruktur betrifft oder das konkrete sexuelle Verhalten und Fantasieren. Wenn Sexualität einen Aspekt der Persönlichkeitsstruktur betrifft, ist die Frage, ob sie gesund oder krank ist, unangemessen. In diesem Fall gibt es daher auch keinen kausal orientierten Behandlungsbedarf.
2. Wenn Sexualität konkretes Verhalten und Fantasieren betrifft, so stellt sich weiterhin die Frage: Welche der an jedem sexuellen Verhalten beteiligten Funktionen ist handlungsleitend – ist es die sexuelle Funktion (Triebbefriedigung) oder ist es eine der vielen nicht-sexuellen Funktionen (Aggressionsabfuhr, narzisstische Stabilisierung, Verarbeitungsversuche von Traumata und Konflikten u. v. a. m.)? Komme ich zum Schluss, dass die sexuelle Funktion fantasie- und handlungsleitend ist, lässt sich daraus ebenfalls kein Behandlungsbedarf ableiten; komme ich hingegen zum Schluss, dass eine oder mehrere der nicht-sexuellen Funktionen fantasie- und handlungsleitend sind, ist ein Behandlungsbedarf anzunehmen.

Diese im Grunde einfachen Unterscheidungen haben sich in meiner eigenen Praxis als äußerst hilfreich erwiesen, und ich habe sie im Verlaufe der letzten Jahre zu einem theoretisch begründeten Modell ausgearbeitet und laufend weiterentwickelt, verfeinert und überprüft (Binswanger 2011, 2016, 2017a, 2017b, 2019).

Das Modell, das ich im Folgenden vorstelle, ist demnach nicht neu. Neu an der hier vorliegenden Arbeit sind hingegen drei Aspekte:

1. Ich erweitere mein Modell vom bisherigen Fokus auf das Konzept der Perversion hin zu einem allgemeinen Modell zur Sexualität.
2. Ich löse das Modell aus den Grenzen des psychoanalytischen Denkens heraus und verallgemeinere es für den sexualwissenschaftlichen Diskurs – soweit ich das angesichts meiner Identität als Praktiker der Psychoanalyse überhaupt kann.
3. Ich illustriere die zentralen Konzepte meines Modells anhand einer Reihe von kasuistischen und theoretischen Beispielen aus der Literatur und zeige damit auch die Anwendbarkeit und Reichweite des Modells auf.

2.2 Sexualität *per se* und Sexualität *in actu*

Der in der Einleitung thematisierte Klärungsbedarf zeigt sich exemplarisch beim Begriff Perversion: Wir alle wissen eigentlich, dass es eine »auch nur annähernd einheitliche und konsensfähige inhaltliche Definition von Perversion« nicht gibt (Pfäfflin 2010, S. 81). Andererseits wird beim Reden und Schreiben über Perversionen oft so getan, als verstünden wir alle dasselbe darunter.[5]

Diese Sprachverwirrung ist darauf zurückzuführen, dass ein und derselbe Begriff – Perversion – doppelt verwendet wird, nämlich für zwei kategorial ganz unterschiedliche Erscheinungen: einerseits für Sexualorganisationen, welche bisher als Perversionen bezeichnet wurden – Sadomasochismus, Fetischismus, Transvestitismus, Pädophilie und wie sie alle heißen –, andererseits auch oftmals für dysfunktionales, Leiden verursachendes Sexualverhalten, das mit der jeweiligen Sexualorganisation nichts zu tun hat und am häufigsten bei heterosexuellen Menschen vorkommt, wie z. B. sexuelle Übergriffe, Vergewaltigung, Inzest, zwanghafte Promis-

---

5 Heft 60 des *Jahrbuchs der Psychoanalyse*, aus dem das Zitat von Pfäfflin stammt, ist eine Fundgrube von Belegen dafür, insbesondere in der in jenem Heft zentralen Arbeit von Glasser. Er weist anfänglich zwar darauf hin, dass »zwischen den wirklichen Perversionen und den perversen Elementen zu unterscheiden [sei], die im Sexualleben eines jeden Menschen eine Rolle spielen« (Glasser 2010, S. 19), doch dann folgt eine metapsychologische Theoretisierung zur »Rolle der Aggression in *den Perversionen*« (Hervorh. R. B.), welche seit Jahrzehnten zustimmend rezipiert wird. Meine Feststellung trifft auch für Stoller (1998 [1975]), De Masi (2003 [1999]), Bak (1956), Morgenthaler (1974) und viele andere zu.

kuität, obsessiver Konsum von Pornografie oder Prostitution, zwanghafte Masturbation, sexuelles Risikoverhalten und anderes.

Diese doppelte Verwendung des Perversionsbegriffs veranlasste mich, manifeste erwachsene Sexualität unter zwei getrennten Gesichtspunkten zu betrachten: *Sexualität per se*, wie sie in einer Person organisiert ist, und *Sexualität in actu*, wie sie sowohl im Verhalten als auch in der Fantasie[6] stattfindet. Es hat sich gezeigt, dass es nicht immer leicht ist, diese Unterscheidung nachzuvollziehen. Die beiden Gesichtspunkte werden häufig so verstanden, als ob es sich dabei um verschiedene Sexualitäten handelte. Das ist nicht der Fall. Gemeint ist vielmehr, dass die *eine* Sexualität bewusst und methodisch aus verschiedenen Blickwinkeln betrachtet, untersucht, analysiert und konzipiert werden soll.

Dazu kommen weitere Quellen von Missverständnissen, z. B. die Gewohnheit, Sexualverhalten, welches andere Menschen beeinträchtigt oder schädigt und deshalb häufig kriminalisiert wird, gleichzeitig als krankhaft aufzufassen, ohne zu bedenken, dass krank und kriminell sich keineswegs zu decken brauchen. Ferner wird Sexualität mit normativen Ansprüchen überladen, die ihr wesensfremd sind, z. B. mit dem Genitalprimat nach Freud und vor allem mit der weit verbreiteten Auffassung, dass Sexualität im Dienst von Objekt- resp. Liebesbeziehungen zu stehen habe. Dagmar Herzog (2023 [2017], S. 82ff.) bezeichnet diese Auffassung als *Liebesdoktrin [love doctrine]*, die in der US-amerikanischen Psychoanalyse der Nachkriegszeit den Ton angab – und auch heute und international oftmals nach wie vor angibt. Von diesen Quellen von Missverständnissen möchte ich im Folgenden abstrahieren. Was also charakterisiert die beiden Gesichtspunkte?

1. Der eine Gesichtspunkt, *Sexualität per se* – wie sie ist, auf Englisch: *as it is* – fokussiert auf Heterosexualität, Homosexualität, Fetischismus, Sadomasochismus, homosexuelle resp. heterosexuelle Pädophilie etc. als *Sexualorganisation*, d. h. er fragt danach, wie Sexualität in den einzelnen Individuen – als Aspekt ihrer Persönlichkeitsstruktur – in stabiler oder relativ flexibler Weise festgelegt ist. Unter diesem Gesichtspunkt erschließt sich die *Gleichartigkeit* der

---

6 Die Bedeutung des Unterschieds zwischen fantasierten und ausgeführten sexuellen Handlungen springt im Fall von pädophilen Sexualorganisationen in die Augen; und wer mithilfe von Vergewaltigungsfantasien die Lust steigern kann, will in der Regel keineswegs real vergewaltigt werden.

verschiedenen Sexualitäten als besondere, hierarchische Organisation von Triebkomponenten. Die Triebkomponenten, welche dabei zuoberst in der Hierarchie stehen, werden entweder nach ihrem bevorzugten Objekt oder nach ihrem Ziel benannt, welche als Voraussetzungen für ein befriedigendes Sexualverhalten mehr oder weniger obligatorisch sind. Dementsprechend bezeichne ich die verschiedenen Sexualitäten per se als erwachsene Sexualorganisationen[7]. Im Gegensatz zu Begriffen wie Perversion, Abweichung, Devianz oder Paraphilie hat diese Bezeichnung den Vorteil, nicht wertend zu sein, was durch den Einschluss von Heterosexualität und Homosexualität auch augenfällig ist. Die verschiedenen erwachsenen Sexualorganisationen stehen dadurch quasi gleichberechtigt nebeneinander. Sie bilden den sexuellen Aspekt der Persönlichkeitsstruktur einer Person.

Ein entscheidender Punkt ist dabei folgender: Unter dem Gesichtspunkt *Sexualität per se* macht die Frage, ob eine Sexualorganisation gesund oder krank ist, keinen Sinn. Wenn man am Begriff der Perversion als einer wie auch immer gearteten pathologischen Ausdrucksform der Sexualität festhalten möchte, so kann es nicht *Sexualität per se* sein, die pervers ist. Genauso wie es keinen Sinn ergeben würde, die Heterosexualität per se als pervers zu bezeichnen, können Homosexualität, Fetischismus, Transvestitismus, Pädophilie u. a. nicht per se pervers sein. Entschließt man sich zu dieser Auffassung, dann entfällt das Problem der doppelten Verwendung des Perversionsbegriffs bereits an dieser Stelle.

Ferner komme ich unter diesem Gesichtspunkt zum Schluss, dass die Genese der verschiedenen Formen von *Sexualität per se* nicht aus psychogenen Konflikten und/oder traumatischen Belastungen hergeleitet werden kann. Demnach sind auch psychotherapeutische Heilungsversuche einer erwachsenen Sexualorganisation inadäquat und

---

7 Das Adjektiv »erwachsene« ist für psychoanalytische Leser*innen wichtig, denn Freud verwendet den Begriff meistens im Zusammenhang mit verschiedenen Stufen der infantilen Sexualentwicklung, die er dann genitale resp. prägenitale Sexualorganisation nennt (Freud 1905d, S. 98). Bei der Unterscheidung von Heterosexualität und Homosexualität spricht er von zwei verschiedenen genitalen Sexualorganisationen (Freud 1920g, S. 276), was Assoziationen zu seinem normativen Genitalprimat weckt. Um derartige Missverständnisse zu vermeiden, spreche ich von erwachsenen Sexualorganisationen.

als Konversionstherapie zu Recht verpönt. Psychotherapie kann im Einzelfall klären, ob bestimmte Formen sexueller Aktivitäten tatsächlich einer bestimmten erwachsenen Sexualorganisation entsprechen oder ob sie anders einzuordnen sind. Ferner hilft Psychotherapie zu verstehen, ob die relative Fixiertheit einer individuellen Sexualorganisation zum psychischen Gleichgewicht und zu einer progressiven Entwicklung der Persönlichkeit beiträgt oder ob es im Gegenteil für bestimmte Patient*innen lustvoll und progressiv ist, mit der relativen Flexibilität ihrer Sexualorganisation kreativ umzugehen. Schließlich kann Psychotherapie Betroffene darin unterstützen, von schädigendem Verhalten, das mit bestimmten Sexualorganisationen einhergeht, absehen zu können und Formen zu finden, ihren Trieb in unschädlichen sexuellen Aktivitäten unterzubringen. Das gelingt erfahrungsgemäß besser, wenn sich die Betroffenen in ihrer *Sexualität per se* angenommen und verstanden fühlen.

2. Mit der Bezugnahme zu sexuellem Verhalten bin ich bereits beim zweiten Gesichtspunkt, *Sexualität in actu*, angelangt: *Sexualität in actu* fokussiert auf die sexuelle Aktivität, wie sie sowohl im Verhalten als auch in der Fantasie je konkret stattfindet – auf Englisch: *sexuality as it happens*, im Unterschied zu *sexuality as it is*. Der sozial höchst bedeutungsvolle Unterschied zwischen fantasierten und ausgeführten sexuellen Handlungen fällt hier außer Betracht, weil es auf der konzeptionellen Ebene übergreifend um alle sexuellen Aktivitäten geht, die fantasierten inklusive. Unter diesem Gesichtspunkt erschließt sich die widersprüchliche Einheit von sexuellen und nicht-sexuellen Funktionen, welche jede sexuelle Aktivität ausmachen: Unter widersprüchlicher Einheit verstehe ich, dass an jeder sexuellen Aktivität immer sowohl eine sexuelle Funktion als auch nicht-sexuelle Funktionen beteiligt sind. Unter der sexuellen Funktion verstehe ich die Triebbefriedigung; unter den nicht-sexuellen Funktionen verstehe ich die Befriedigung verschiedenster nicht-sexueller Bedürfnisse, welche von verschiedenen Autor*innen jeweils ins Zentrum gestellt wurden: Aggressionsabfuhr (Stoller 1998 [1975]; De Masi 2003 [1999]), narzisstische Stabilisierung (Plombenfunktion nach Morgenthaler 1974), Bindungsbedürfnisse (Target 2019), Weitergabe einschneidender Trennungserfahrungen (Greenacre 1996 [1979]), Weitergabe von Traumata, unbewusste Inszenierungen kindlicher Konflikte und/oder Belastungen, Sehnsucht nach Wärme

und Symbiose, Abwehr von Trauer und viele andere.[8] Der entscheidende Punkt hier ist nun, bei der Untersuchung jeder einzelnen sexuellen Aktivität herauszufinden, ob dabei die sexuelle oder eine der nicht-sexuellen Funktionen das Primat hat. Mit Primat bezeichne ich diejenige Funktion, die bei der untersuchten sexuellen Aktivität einer Person fantasie-, motivations- und handlungsleitend ist. Dieses Primat kann bewusst, vorbewusst oder unbewusst sein. Andere Funktionen sind weiterhin aktiv, ordnen sich aber der prioritären Funktion unter. Hat die sexuelle Funktion das Primat und ordnen sich die nicht-sexuellen Funktionen diesem Primat unter, kann dies als sexueller Ausdruck einer mehr oder weniger gelungenen seelischen Entwicklung betrachtet werden. Haben nicht-sexuelle Funktionen das Primat, so handelt es sich bei den entsprechenden sexuellen Aktivitäten entweder um einen Ausdruck von stärkeren Belastungen in der Lebensgeschichte einer Person und deren Bewältigungsversuch oder um einen Ausdruck von Beeinträchtigungen ihrer Fähigkeit, Konflikte zu verarbeiten. Beides verursacht subjektives Leiden und kann auch Leiden bei den involvierten Bezugspersonen verursachen.

Die Unterscheidungen zwischen sexuellen und nicht-sexuellen Funktionen einerseits und zwischen prioritären und untergeordneten Funktionen andererseits erlauben es deshalb, dem Begriff der Perversion und analogen Begriffen eine spezifische Bedeutung zu geben: Pervers im klinischen – und nicht im moralischen – Sinn ist eine sexuelle Aktivität dann und nur dann, wenn dabei eine nicht-sexuelle Funktion – eventuell auch ein Zusammenwirken mehrerer nicht-sexueller Funktionen – das Primat hat. In diesem Fall handelt es sich um das sexuelle Symptom einer Pathologie, welche behandlungsbedürftig ist und unter günstigen Bedingungen behandelt werden kann. Perversionen in diesem Sinn kommen am häufigsten bei Heterosexuellen vor, weil sie in der Mehrheit sind.

---

8 Es geht hier um sexuelle Aktivitäten, zu denen man aus mehr oder weniger starken inneren Notwendigkeiten heraus gedrängt wird und nicht um gleichsam freiwilligen Sex zugunsten nicht-sexueller Zwecke, z. B. wenn man aus Liebe gegenüber Partner*innen diesen mal ohne große Lust den Gefallen tut. Auch die Erfüllung »ehelicher Pflichten« oder die Prostitution aus finanzieller Notwendigkeit heraus sind hier nicht gemeint, obschon man unendlich darüber diskutieren könnte, ob das – gemäß meinem Modell – pervers sei oder nicht.

2.2 Sexualität *per se* und Sexualität *in actu*

Die Bezeichnungen »per se« und »in actu« habe ich eingeführt, um den beiden Gesichtspunkten einen einprägsamen Namen zu geben. Während »per se« in die deutsche Umgangssprache eingegangen ist, wirkt »in actu« etwas gestelzt. Im Deutschen kommen als Alternativen in Betracht:
➤ Sexualität *wie sie ist* versus Sexualität *wie sie stattfindet*;
➤ Sexualität als *Struktur* versus Sexualität als *Aktivität*;

Im Englischen bevorzuge ich gegenüber *per se* und *in actu*:
➤ Sexuality *as it is* versus sexuality *as it happens*

Letztlich kommt es ja nicht auf die Nomenklatur an, sondern auf die damit gemeinte Sache.

Grafik 1 gibt einen Gesamtüberblick über mein Modell »Mehr Klarheit beim Reden über Sexualität«. Auf die Gefahr hin, mich zu wiederholen, stelle ich es hier in Form einer Beschreibung der Grafik 1 nochmals dar: Die linke und die rechte Seite stehen für die beiden unterschiedlichen Gesichtspunkte, unter denen die *eine* Sexualität betrachtet werden kann und soll: *Sexualität per se* und *Sexualität in actu*. Die linke Seite besteht aus *einer* Spalte, während die rechte Seite in zwei Spalten unterteilt ist: Die erste betrifft die sexuelle Funktion, die (libidinöse) Triebbefriedigung[9], die zweite eine Reihe möglicher nicht-sexueller Funktionen. Der obere Teil des gesamten Schemas definiert, was sich unter den verschiedenen Gesichtspunkten erkennen lässt, während der untere Teil die Implikationen für Theorie, Diagnostik und Therapie wiedergibt, die sich aus den eingenommenen Gesichtspunkten ergeben.

Es kann nicht genug betont werden, dass ich nicht zwischen *zwei* Arten von Sexualität unterscheide, wie dies beispielsweise Knellesen (2017) in einem Kommentar zu Binswanger (2017a) interpretiert hat. Er schreibt, die eine – *Sexualität per se* – sei »so, wie sie ist, noch kein großes Problem, sondern organisiert die sexuellen Bedürfnisse und Wünsche so, dass das Zusammenleben mit anderen einigermaßen befriedigend ist« (S. 35). – Die andere Sexualität – in actu – sei dann »dadurch geprägt, dass sie von nichtsexuellen Funktionen bestimmt wird« (ebd.). Das Beispiel zeigt, zu welchen Missverständnissen es führen kann, wenn nicht klar ist, dass *die*

---

9 Mit »Triebbefriedigung« als Bezeichnung der sexuellen Funktion ist selbstverständlich immer die *libidinöse* Triebbefriedigung gemeint.

2 Mehr Klarheit beim Reden über Sexualität

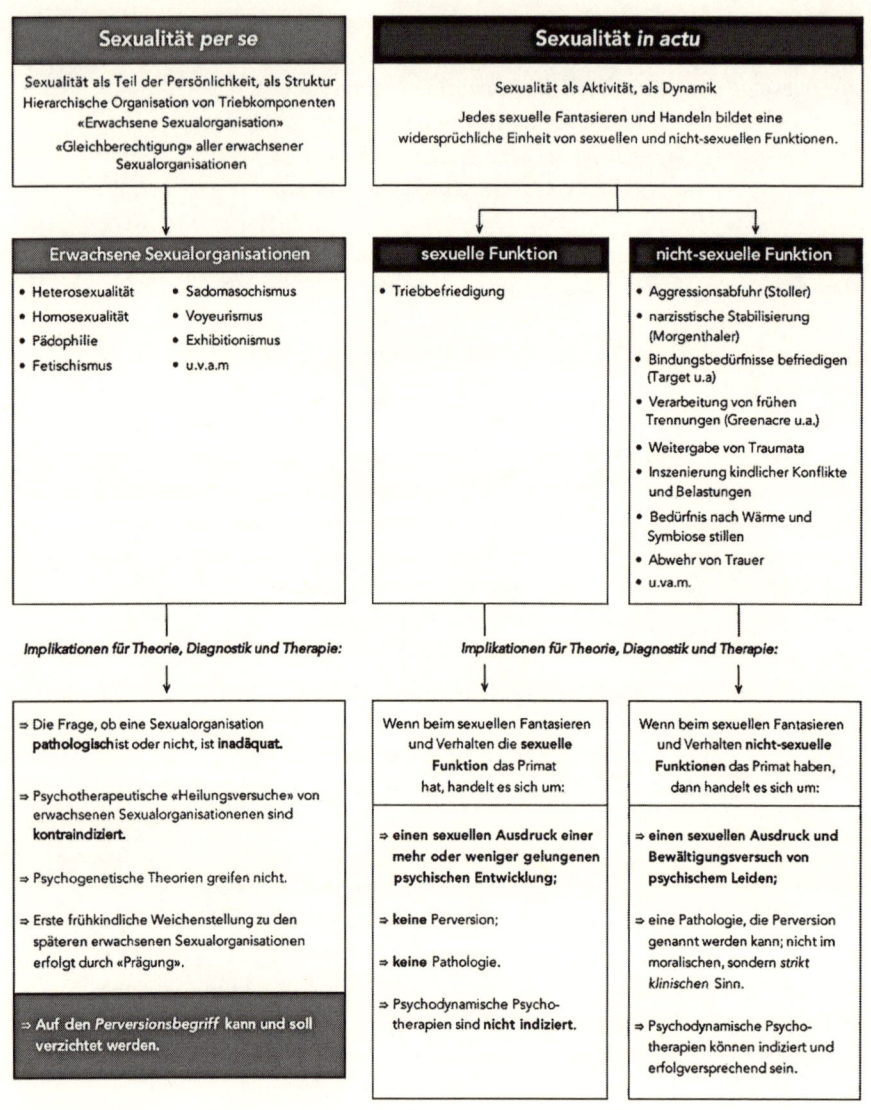

Grafik 1: Modell zur Sexualität, leicht überarbeitet (© Ralf Binswanger)

eine Sexualität ganz einfach *unter zwei verschiedenen Gesichtspunkten* betrachtet wird.

Zurück zu Grafik 1: Sie gibt stichwortartig wieder, was ich zuvor zu erläutern versuchte. Unter dem Gesichtspunkt *Sexualität per se* erschließen sich die verschiedenen erwachsenen Sexualorganisationen als mehr oder weniger festgefügter, auf die Sexualität bezogener Teil der Persönlichkeitsstruktur. Wie der Name *Sexualorganisation* sagt, kann diese als hierarchische Organisation von Triebkomponenten aufgefasst werden – von der Psychoanalyse *Partialtriebe* genannt. Im Lauf der Persönlichkeitsentwicklung übernimmt eine Triebkomponente gleichsam die Führung[10], setzt sich quasi als *Leitfigur* durch und gibt der entsprechenden erwachsenen Sexualorganisation ihren Namen – entweder auf das Sexualobjekt oder auf das Sexualziel bezogen.[11] Andere Triebkomponenten begleiten diese Leitfigur in mehr oder weniger obligatorischer Weise; so kommt es beispielsweise bei der sadomasochistischen Sexualorganisation, die nach dem Sexualziel benannt ist, bei jedem Individuum auch darauf an, ob das Sexualobjekt dem gleichen oder einem anderen Geschlecht angehört. Weitere Triebkomponenten können zur Steigerung der Vorlust beitragen, beispielsweise exhi-

---

10 Seit dem »Dritten Reich« weckt der Begriff *Führung*, den ich bei der Darstellung meines Modells oft benützte, ungute Gefühle, obwohl er in Wirtschaft und Politik nach wie vor gebräuchlich ist. Gerade wenn es um die Entwicklung der verschiedenen Sexualorganisationen geht, in denen tatsächlich einer der verschiedenen Triebkomponenten oder Partialtriebe sich gleichsam an die Spitze einer Entwicklung stellt, ist der Begriff *Führung* am präzisesten. Man kann ihn durchaus durch *Vorherrschaft*, *Leitfigur* oder *Primat* ersetzen, was ich hier und später im Buch auch immer wieder mache.

11 Bei der Aufzählung der verschiedenen erwachsenen Sexualorganisationen fehlt die Bisexualität. Das mag als Mangel erscheinen. Selbstverständlich kenne auch ich Menschen, die sowohl gleich- als auch andersgeschlechtlich begehren, entweder gleichzeitig oder in verschiedenen Lebensphasen hintereinander. Das Fehlen einer bisexuellen erwachsenen Sexualorganisation in meinem Modell hängt damit zusammen, dass ich mir eine »bisexuelle Triebkomponente« bzw. einen »bisexuellen Partialtrieb« nicht vorstellen kann. Partialtriebe sind nach Freud (1923a [1922]) dadurch definiert, dass sie »zunächst unabhängig voneinander nach Befriedigung« streben (S. 220) und diese auch finden können. Das geht aber nicht gleichzeitig an einem homo- und einem heterosexuellen Objekt. Deshalb nehme ich an, dass in eine als bisexuell empfundenen Sexualorganisation sowohl der homo- als auch der heterosexuelle Partialtrieb eingehen und mehr oder weniger gleichzeitig oder nacheinander die Führung übernehmen. Offenbar können sie nebeneinander koexistieren, ohne sich zu stören, im Gegensatz zu eindeutigen homo- oder heterosexuellen erwachsenen Sexualorganisationen.

bitorisch-voyeuristische bei bestimmten Menschen, denen es Spaß macht, wenn »etwas hergezeigt« wird (Bertolt Brecht, *Die sieben Todsünden*), während andere Menschen beim Sex die Dunkelheit bevorzugen. Wieder andere Triebkomponenten können »bei der Entwicklungsrichtung des Individuums nur Unlustempfindungen hervorrufen« (Freud 1905d, S. 79 Mitte [35]). Sie müssen während der Persönlichkeitsentwicklung *desexualisiert* werden, um nicht-sexuellen Funktionen eine libidinöse Färbung zu geben (vgl. dazu ausführlich Kapitel 6.3). Links unten in Grafik 1 sind die Konsequenzen aus dieser Sichtweise dargestellt. Dass psychogenetische Theorien, welche die Entstehung der verschiedenen erwachsenen Sexualorganisationen ätiologisch erklären wollen, allesamt letztlich nicht greifen, wird in Kapitel 3.2.4 ausführlich dargestellt und begründet. Kapitel 3.2.5 begründet die Hypothese, wonach die erste Weichenstellung hin zu den verschiedenen erwachsenen Sexualorganisationen durch einen *prägungsanalogen Vorgang* beim Menschen erklärt werden kann.

Die Konsequenz, unter dem Gesichtspunkt *Sexualität per se* auf den Perversionsbegriff zu verzichten, ist nicht leicht durchzuhalten. Zu tief verankert ist die umgangssprachliche Verwendung von *Perversion*, wenn es um die Bezeichnung von erwachsenen Sexualorganisationen geht, die nicht hetero- oder homosexuell sind. Ich schlage deshalb vor, »Perversion« und »pervers« in Anführungszeichen zu setzen, wenn dieser umgangssprachliche Gebrauch gemeint ist. In der Umgangssprache werden auch viele sexuelle Aktivitäten – und oft auch nicht-sexuelle – als »pervers« bezeichnet, die es ihrem Wesen nach nicht sind. Auch in diesem Fall werde ich das Adjektiv »pervers« in Anführungszeichen setzen. Als Fachbegriff sollte das Substantiv *Perversion* auf jeden Fall vermieden werden, und das Adjektiv *pervers* – ohne Anführungszeichen – sollte nur dann gebraucht werden, wenn sexuelle Aktivitäten gemeint sind, bei denen nicht-sexuelle Funktionen das Primat haben.

Damit sind wir auf der rechten Seite von Grafik 1 angelangt, *Sexualität in actu*. Hier verwende ich eine Methode, die von der Dialektik abgeleitet ist – mehr dazu in Kapitel 5.2. Sie fasst jedes Phänomen als widersprüchlich auf, als Einheit der Gegensätze. Dabei hat in einem bestimmten Moment jeweils die eine Seite das Primat, während die andere Seite sich unterordnet. Weil jedes Phänomen als sich ständig in Bewegung befindlich aufgefasst wird, kann das Primat jederzeit wechseln, d. h. das Verhältnis von Primat und Unterordnung kann sich umkehren.

Das Phänomen, von dem wir hier sprechen, sind sexuelle Aktivitäten.

Hat dabei die libidinöse Triebbefriedigung das Primat und ordnen sich nicht-sexuelle Funktionen unter, betrachte ich dies als sexueller Ausdruck einer mehr oder weniger gelungenen Persönlichkeitsentwicklung. Psychotherapien, soweit sie sich auf das Sexualverhalten beziehen, sind in diesem Fall weder indiziert noch erfolgversprechend. Haben dagegen eine oder mehrere der aufgezählten nicht-sexuellen Funktionen das Primat, ist also das Verhältnis umgekehrt – das lateinische *pervertere* bedeutet umkehren – ist das Adjektiv pervers passend. Es handelt sich um den sexuellen Ausdruck oder einen Bewältigungsversuch psychischen Leidens. In solchen Fällen können Psychotherapien indiziert und erfolgversprechend sein.

Mit anderen Worten: Werden nicht-sexuellen Bedürfnisse oder Antriebe zur Hauptmotivation für sexuelle Fantasien und Verhaltensweisen, benutzen sie die Sexualität, um ihre eigenen Ziele zu erreichen. Diese nicht-sexuellen Bedürfnisse sind oft zwingend, und ihre Sexualisierung erscheint dann als suchtartige Abhängigkeit von sexuellen Aktivitäten (Reiche 2005). Das Primat liegt jedoch eindeutig bei den nicht-sexuellen Funktionen, während die Triebbefriedigung sich diesem Primat unterordnet. Diese Bedürfnisse oder Antriebe führen unwillkürlich zu symptomatischen Formen sexueller Aktivität. Auch wenn die Befriedigung der sexuellen Triebe weiterhin eine wichtige Rolle spielt, werden die perversen Fantasien und Verhaltensweisen mit der Zeit immer weniger befriedigend und stellen eine zusätzliche Belastung für die Betroffenen dar. Wie bei der Sucht muss die sexuelle »Dosis« ständig erhöht werden. An zwei Stellen dieses Schemas stellen sich im Nachhinein Fragen:

1. Die Bezeichnung *Triebbefriedigung* für die sexuelle Funktion ist unvollständig, denn es geht nicht um die Befriedigung eines allfälligen Aggressionstriebes und schon gar nicht von umgangssprachlich bezeichneten anderen Trieben wie Hunger, Durst, Bereicherung u.v.a.m. Selbstverständlich muss es »libidinöse Triebbefriedigung« heißen und wird in den folgenden Kapiteln auch so genannt.
2. Würde man nicht besser »Ausdruck einer gelungenen psychosexuellen Entwicklung« sagen statt »sexueller Ausdruck einer mehr oder weniger gelungenen Persönlichkeitsentwicklung»? Das hätte den Vorteil, sicher nichts Falsches zu sagen, aber es wäre letztlich doch nicht viel mehr als ein Pleonasmus. Denn eine gelungene Persönlichkeitsentwicklung zeigt sich in verschiedenen Bereichen der Persönlichkeit und ihrer Aktivitäten, z. B. in unverkrampften Fähigkeiten zu arbeiten, zu kommunizieren, Freundschaften zu pflegen, zu lieben –

sexuell oder nicht-sexuell. Es sind Persönlichkeitsentwicklungen denkbar, in denen gewisse Bereiche stark beeinträchtigt sind und andere weniger und – vielleicht – gar nicht. Der *sexuelle Ausdruck* der Persönlichkeitsentwicklung kann stark beeinträchtigt sein, während sie in anderen Bereichen als mehr oder weniger gelungen erscheinen und umgekehrt. Und es kommt noch etwas Anderes, sehr Wichtiges hinzu: Bei der gleichen Person können gleichzeitig sowohl sexuelle Aktivitäten vorkommen, bei denen die libidinöse Triebbefriedigung das Primat hat, als auch andere, bei denen es umgekehrt ist. Deshalb ist unter dem Gesichtspunkt *Sexualität in actu* immer jedes einzelne sexuelle Verhalten und Fantasieren in den Fokus zu nehmen, um wenn möglich die richtigen Zuordnungen machen und die richtigen Indikationen stellen zu können (vgl. zu dieser Gleichzeitigkeit perverser und nicht-perverser sexueller Aktivitäten die Falldarstellung in Kapitel 8.2).

2.3 Zwischenbilanz: Konsequenzen des Modells für die therapeutische Praxis

Nachdem ich das Modell theoretisch vorgestellt habe, soll jetzt gezeigt werden, was es beim therapeutischen Umgang mit Betroffenen leistet. Zunächst habe ich bei mir selber beobachtet, dass und wie die Einnahme der vorgeschlagenen Gesichtspunkte eine Entspannung im Umgang mit Patient*innen resp. Klient*innen ermöglicht – eine Entspannung, die sich in der Regel positiv auf die Arbeitsbeziehung mit ihnen auswirkt. Die Gründe dafür sind kaum überraschend:
1. In Situationen, in denen das Vorliegen einer nicht-heterosexuellen Sexualorganisation zur Diskussion steht, kann ich mich um die Klärung dessen bemühen, was in der Sexualität *nicht* pathologisch ist. Das ist zwar manchmal nicht einfach, denn es gibt Situationen, in denen jemand fantasiert, homosexuell, heterosexuell, sadomasochistisch oder pädophil[12] zu sein, wogegen erst eine vertiefte Abklärung

---

12 Sophinette Beckers (2017, S. 313ff.) kritische Auseinandersetzung mit dem Begriff pädophil und ihre Bevorzugung des Begriffs pädosexuell ist angesichts des historisch gewachsenen Sprachgebrauchs nachvollziehbar – man spricht ja auch von heterosexuell und nicht von heterophil. In der vorliegenden Arbeit spreche ich von Pädophilie, wenn

2.3 Zwischenbilanz: Konsequenzen des Modells für die therapeutische Praxis

oder auch ein therapeutischer Prozess zur Klärung führt, was einer vorhandenen erwachsenen Sexualorganisation tatsächlich entspricht. Ist Letzteres einmal klar – was in anderen und vielleicht in der Mehrheit von Fällen keine besondere Mühe macht –, sind wir beide, Klient*in und ich, davon befreit, an der *Sexualität per se* herumzudoktern, zu moralisieren oder nach Gründen zu suchen, weshalb jemand homosexuell, heterosexuell, sadomasochistisch oder pädophil geworden ist. Unter diesem Gesichtspunkt – aber nur unter diesem – gilt Fritz Morgenthalers geflügeltes Wort weiterhin, das ich durch Hinzufügung der Klammer [per se] entsprechend modifizieren möchte: »Sexualität [per se] kann niemals eine Neurose, eine Psychose, eine Morbidität sein« (Morgenthaler 2004a [1984], S. 86).

2. In der Auseinandersetzung mit problematischem Sexualverhalten – also unter dem Gesichtspunkt *Sexualität in actu* – kann ich mich auf das konzentrieren, was bei Betroffenen und/oder ihren Sexualpartner*innen Leiden verursacht[13]. Ich kann davon ausgehen, dass es vorwiegend nicht-sexuelle Funktionen sind, welche dabei primär fantasie- und handlungsleitend sind. Indem ich meine Aufmerksamkeit auf die nicht-sexuellen Funktionen, ihre Psychodynamik und ihre Psychogenese richte, bewege ich den Fokus von der Sexualität weg, was in vielen Fällen bereits entlastend wirkt. Die Entlastung der Sexualität wird sich fortsetzen, wenn es mir gelingt, in den Bereichen, die hinter den nicht-sexuellen Funktionen liegen und zu ihrem Primat zwingen, etwas zu bewegen. Soweit ich psychoanalytisch orientiert arbeite, stehen mir dabei die verschiedenen Konzepte zur Verfügung, die zwar als psychogenetische Hypothesen bezüglich der verschiedenen erwachsenen Sexualorganisationen entwickelt wurden, sich dort aber m.E. als inadäquat erwiesen haben: Stollers (1998 [1975]) »erotische Form des Hasses«, Morgenthalers (1974) »Plombentheorie«, Greenacres (1996 [1979]) frühe Trennungstraumata, Masud Khans (1979) »Externalisierung unerträglicher Selbstanteile«; ebenso sind nicht-sexuelle Funktionen in Konzepte eingeflossen, die auch außerhalb psychoanalytischer Milieus gang und gäbe sind, z.B.

---

ich den Gesichtspunkt *Sexualität per se* einnehme, im anderen Fall von pädosexuellen Aktivitäten.

13 Allerdings gibt es z.B. bei pädosexuellen Aktivitäten auch Fälle, bei denen die Triebbefriedigung das Primat hat und trotzdem bei Kindern Leiden verursacht wird.

Abwehr von Trauer, Sehnsucht nach Wärme und Symbiose, Weitergabe erlittener psychischer Traumatisierungen u. a. Auch in Fällen, in denen ich nicht viel bewegen kann, habe ich kognitive Werkzeuge zur Hand, die bei Betroffenen und ihrem sozialen Umfeld klärend und entlastend wirken können.

Diese Ausführungen mögen für viele Kolleg*innen selbstverständlich und nicht weiter erwähnenswert klingen, weil sie sich im professionellen Umgang mit Betroffenen intuitiv und/oder aus ähnlichen theoretischen und praktischen Gründen in dieser Weise einstellen. Dadurch ist aber der eingangs erwähnte und von Sophinette Becker eingeforderte Klärungsbedarf nicht aus der Welt geschafft. Ich gehe davon aus, dass mein Modell anderen, vielleicht auch jüngeren Kolleg*innen als Leitfaden dienen kann, den eigenen Weg zu einer entspannten professionellen Haltung gegenüber (Neo-)Sexualitäten abzukürzen.

2.4 Exkurs: ICD-11

Wegen der großen Bedeutung meines Modells im Hinblick auf therapeutische Konsequenzen erhalten diagnostische Fragen ein entsprechendes Gewicht. Ein rein deskriptiver diagnostischer Zugang reicht allerdings nicht aus, um perverses von nicht perversem Sexualverhalten mit einiger Sicherheit zu unterscheiden. Es bedarf eines Gesprächsprozesses, der nicht unbedingt tiefenpsychologisch sein muss, aber doch in einer gegenseitigen Offenheit stattfinden sollte, sodass sich die hinter dem Deskriptiven liegende Dynamik zwischen sexuellen und nicht-sexuellen Funktionen im Sexualverhalten erschließen lassen.

Dessen ungeachtet möchte ich in diesem Exkurs zeigen, weshalb und wie weit die von der WHO verabschiedete Fassung der ICD-11 meines Erachtens ein echter Fortschritt ist, weil sie auf eine für mich überraschend weitgehende Weise meinem Modell – soweit es für eine deskriptive internationale Klassifikation überhaupt möglich ist – entspricht.

So werden Paraphilien – per se betrachtet – nicht mehr unter psychischen Störungen aufgeführt (ICD-11, Kapitel 6: »Mental, behavioural or neurodevelopmental disorders«), sondern nur noch in Verbindung mit konkretem Verhalten, in actu – »paraphilic disorders« –, wenn folgende Bedingungen gegeben sind:

2.4 Exkurs: ICD-11

»Paraphilic disorders are characterised by persistent and intense patterns of atypical[14] sexual arousal, manifested by sexual thoughts, fantasies, urges, or behaviours, the focus of which involves others whose age or status renders them unwilling or unable to consent and on which the person has acted or by which he or she is markedly distressed. Paraphilic disorders may include arousal patterns involving solitary behaviours or consenting individuals only when these are associated with marked distress that is not simply a result of rejection or feared rejection of the arousal pattern by others or with significant risk of injury or death« (WHO 2020).[15]

Übersetzt in die von mir vorgeschlagene Begrifflichkeit heißt das, dass alle erwachsenen Sexualorganisationen – also alle Sexualitäten per se – entpathologisiert sind und Pathologien nur noch bei besonders ausgeprägtem subjektivem Leiden, bei bestimmten nicht-konsensuellen Verhaltensweisen oder bei erheblichem Verletzungs- oder Todesrisiko angenommen werden.

Konsequenterweise wird im neuen Kapitel 17: »Conditions related to sexual health« (Konditionen mit Bezug zu sexueller Gesundheit) eine Position *compulsive sexual behaviour disorder*, CSBD (zwanghafte sexuelle Verhaltensstörung), eingefügt, die Peer Briken wie folgt kommentiert:

»›a persistent pattern of failure to control intense, repetitive sexual impulses or urges resulting in repetitive sexual behaviour‹ [...] over an extended period. In persons with this disorder, sexual behaviour has become a central focus of

---

14 In meinem Modell könnten es auch »typische« hetero- oder homosexuelle Erregungen sein.

15 »Paraphile Störungen sind durch anhaltende und intensive Muster atypischer sexueller Erregung gekennzeichnet, die sich in sexuellen Gedanken, Fantasien, Trieben oder Verhaltensweisen äußern, die auf andere Personen gerichtet sind, die aufgrund ihres Alters oder ihres Status nicht einwilligungsfähig oder nicht einwilligungswillig sind, und auf die die Person eingewirkt hat oder durch die sie stark belastet wurde. Paraphile Störungen können nur dann Erregungsmuster umfassen, die einsame Verhaltensweisen oder einwilligungsfähige Personen einbeziehen, wenn diese mit einem ausgeprägten Leidensdruck verbunden sind, der nicht nur auf die Ablehnung oder befürchtete Ablehnung des Erregungsmusters durch andere Personen zurückzuführen ist, oder wenn das Erregungsmuster mit einem erheblichen Verletzungs- oder Todesrisiko verbunden ist« (WHO 2020, Übers. R. B.).

their life, with unsuccessful efforts to control or significantly reduce it as well as adverse consequences (e. g. repeated relationship disruption, occupational consequences, negative impact on health). The behaviour results in marked distress or significant impairment. [...] Clinically, the lack of self-control is often subjectively experienced as urgency, while sex in CSBD may fulfill a variety of different functions. Treatment therefore focuses on improvement of sexual self-control as well as coping with the underlying emotional states and motives. [...] From a sexual and mental health perspective, inclusion in the classification system suggests that CSBD can be treated, that mental health service systems should be capable of providing the treatment, and that this treatment should be covered by health insurance« (Briken 2020a, S. 17f.).[16]

---

16 »ein anhaltendes Muster des Unvermögens, intensive, sich wiederholende sexuelle Reize oder Triebe zu kontrollieren, was zu repetitivem Sexualverhalten über einen längeren Zeitraum führt« [...]. Bei Personen mit dieser Störung ist das Sexualverhalten zu einem zentralen Fokus in ihrem Leben geworden, mit erfolglosen Bemühungen, es zu kontrollieren oder deutlich zu reduzieren, sowie negativen Folgen (z. B. wiederholte Störung von Beziehungen, berufliche Folgen, negative Auswirkungen auf die Gesundheit). Das Verhalten führt zu einem ausgeprägten Leidensdruck oder einer erheblichen Beeinträchtigung. [...] Klinisch wird der Mangel an Selbstkontrolle häufig subjektiv als Dringlichkeit erlebt, während Sex bei CSBD eine Vielzahl unterschiedlicher Funktionen erfüllen kann. Die Behandlung konzentriert sich daher auf die Verbesserung der sexuellen Selbstkontrolle sowie auf die Bewältigung der zugrunde liegenden emotionalen Zustände und Motive. [...] Aus Sicht der sexuellen und psychischen Gesundheit legt die Aufnahme in das Klassifikationssystem nahe, dass CSBD behandelt werden kann, dass die psychischen Gesundheitssysteme in der Lage sein sollten, die Behandlung durchzuführen, und dass diese Behandlung von den Krankenkassen übernommen werden sollte« (Übers. R. B.). Eine offizielle deutsche Version von Punkt 6C72 liegt noch nicht vor. Springer Link (https://link.springer.com/article/10.1007/s11757-020-00649-2 [31.08.2023]) übersetzt wie folgt: »Ein anhaltendes Unvermögen, intensive, sich wiederholende sexuelle Impulse oder Triebe zu kontrollieren, was zu wiederholtem sexuellem Verhalten führt, das sich in einem oder mehreren der folgenden Punkte manifestiert:
➤ Die Ausübung der sexuellen Aktivitäten hat zentralen Stellenwert im Leben einer Person erlangt. Andere Interessen, Aktivitäten und Pflichten sowie die persönliche Fürsorge und Gesundheit werden aufgrund der Aktivitäten vernachlässigt.
➤ Die Person hat zahlreiche erfolglose Versuche unternommen, das Sexualverhalten zu kontrollieren oder deutlich zu reduzieren.
➤ Die Person führt das repetitive Sexualverhalten trotz nachteiliger Folgen (z. B. wiederholte Beziehungsbrüche, berufliche Konsequenzen, negative Auswirkungen auf die Gesundheit) fort.
➤ Die Person führt das repetitive Sexualverhalten fort, auch wenn sie wenig oder keine Befriedigung daraus zieht.«

Ich interpretiere das wie folgt: Im Zentrum dieser Beschreibung stehen Sexualitäten in actu, welche der betroffenen Person – oder auch ihr nahestehende Personen – Leiden verursachen und Reimut Reiches (2005, 2007) Kriterium der süchtigen Unaufschiebbarkeit erfüllen. Zwar bleiben die Voraussetzungen für die entsprechende Diagnose zunächst deskriptiv, gehen aber doch so weit in die Tiefe, als »sex in CSBD may fulfill a *variety of different functions* (Hervorh. R. B.)«. Das heißt: Sie können nicht nur sexuelle, sondern auch andere, nicht-sexuelle Funktionen erfüllen – und die aufgeführten Kriterien scheinen mir gute Indizien dafür zu sein, dass das sexuelle Verhalten der betroffenen Personen unter dem Primat nicht-sexueller Funktionen steht, auch wenn nicht weiter differenziert werden kann, um welche nicht-sexuelle Funktion es sich im Einzelfall handelt. Therapeutisch geht es nicht nur darum, die sexuelle Selbstkontrolle zu verbessern, sondern mit den darunterliegenden emotionalen Zuständen und Motiven zurechtzukommen. Auch hier liegt der Fokus also – genau wie es mein Modell vorsieht – ganz auf der Behandlung der nicht-sexuellen Aspekte von sexuellem Verhalten. Die Inklusion von CSBD in das Klassifikationssystem verweist darauf, dass die Menschen mit diesem Syndrom behandelbar sind, dass psychiatrisch-psychotherapeutische Institutionen in der Lage sind, entsprechende Behandlungen zur Verfügung zu stellen und dass diese von den Krankenkassen bezahlt werden sollten.

Die ICD-11 entspricht also meinem Modell insofern, als sie *Sexualität per se* entpathologisiert und es weitgehend von der *Sexualität in actu* abhängig macht, ob Sexualverhalten als pathologisch und behandelbar bewertet wird oder nicht. Dagegen entspricht sie meinem Modell nicht, insofern die Kriterien dafür – wie es gemäß der Logik der internationalen Klassifikationssysteme nicht anders sein kann – deskriptiv und konsensuell konstruiert sind (vgl. Briken 2020b) und die schädlichen Wirkungen des Sexualverhaltens betreffen, während mein Modell die allfällige Pathologie aus der Dynamik zwischen Funktionen – einer sexuellen und verschiedenen nicht-sexuellen – ableitet.

2.5 Vertiefung des Modells I: *Sexualität in actu*

In den nächsten beiden Abschnitten werde ich Themen aufgreifen, die sich dazu eignen, die Reichweite meines Modells zu illustrieren – in diesem ersten hauptsächlich[17] unter dem Gesichtspunkt *Sexualität in actu*, im nächsten unter dem Gesichtspunkt *Sexualität per se*.

2.5.1 Zwei Fallvignetten zur Vertiefung diagnostischer Fragen

Die beiden Fallvignetten illustrieren das je unterschiedliche Verhältnis der sexuellen und der nicht-sexuellen Funktionen bei ähnlich erscheinenden sexuellen Aktivitäten. Das erste Beispiel stammt von Fritz Morgenthaler:

> »Es handelt sich um einen 28-jährigen, schüchternen, unauffälligen Mann mit strähnigem, fettem Haar, verkniffenen Gesichtszügen, einem schlecht sitzenden Anzug aus bestem, aber zu dickem Stoff, klobigen Schuhen mit reichen Verzierungen. [...] Der Patient ist ein manifest Homosexueller mit einer masochistischen Perversion. Er sucht sich grobe, undifferenzierte Partner, reizt sie, ihn zu verfolgen, und läßt sich, unter oft abenteuerlichen Umständen, in ritualisierter Abwehr und unter heftigen Schmerzen anal koitieren, wobei er einen Orgasmus erlebt. In der Analyse erzählte er lange, stockend und leise, von seiner Verzweiflung wegen seines Sexuallebens und legte die Schuldgefühle dar, die ihn wegen seiner Gleichgültigkeit der Mutter gegenüber quälten. Ich sagte ihm, daß ich den Eindruck habe, er leide mehr unter einem entsetzlichen Leeregefühl und einer inneren Beziehungslosigkeit als unter seinen sexuellen Störungen. Ich meinte zu verstehen – fuhr ich fort –, daß, ganz im Gegenteil, gerade die sexuellen Kontakte das beängstigende Leeregefühl beheben, und daß er deshalb eine Erleichterung spürte, auch wenn seine sexuellen Erfahrungen für ihn immer wieder sehr schmerzlich seien. [...] Der Patient schwieg lange. Tränen traten ihm in die Augen« (Morgenthaler 1974, S. 1089).

Der Autor beschreibt nun weitere Etappen in der psychoanalytischen Behandlung dieses Patienten und kommt zum Resultat:

> »Er sah viel besser aus, hatte häufig etwas Strahlendes in seinem Ausdruck und wurde initiativ und unternehmungslustig. [...] Er besuchte Gaststätten,

---

17 *Hauptsächlich* heißt in diesem Zusammenhang, dass der entsprechende Gesichtspunkt methodisch im Zentrum steht, entweder als Ausgangspunkt der Darstellung oder in dem Sinn, dass sich die Reichweite des Modells hauptsächlich unter diesem Gesichtspunkt erschließt.

wo Homosexuelle sich treffen, und fand zum ersten Mal in seinem Leben einen zärtlichen Partner, mit dem er die homosexuelle Liebe genießen konnte« (ebd., S. 1089ff.).

Die zweite Fallvignette entnehme ich einer Arbeit von Avgi Saketopoulou:

»Adam war 4 Jahre in seiner analytischen Behandlung, als er das folgende Erlebnis beschrieb: Er und sein Ehemann besuchten eine Sauna. Als Adam in einer Schlinge hing, betrat ein Fremder den Raum. Das ganze Wesen des Fremden war von schreiender Erbärmlichkeit: Er trug ein vergilbtes schmutziges Suspensorium, sein Haar war auffällig schmierig, und er stank nach Zigaretten. Adam fand diesen Mann hässlich, augenblicklich abstoßend. Er begann, sich mulmig zu fühlen. Aber während sein Ehemann den Raum angewidert verließ, blieb Adam zurück, ›hin- und hergerissen zwischen meiner Abscheu und dem Begehren, das in meinem Körper aufkam‹. Mein Patient hatte nicht nur Sex mit dem abstoßenden Fremden, sondern er sagte mir auch, es sei die fabelhafteste, denkwürdigste sexuelle Begegnung gewesen, die er jemals erlebt habe. Als der Orgasmus kam: ›Ich explodierte in tausende winzige Stücke und hing im Weltraum rum wie überhitzte Staubteilchen‹.

Adam bereute die Erfahrung keineswegs, aber er geriet in eine akute Verstörung darüber, dass das Erleiden des Ekels die Intensität seines Genusses so üppig potenziert hatte. [...]

Mit der Zeit erwies die Analyse: Diese Begegnung war mehr als nur sinnlich berauschend gewesen; Adam wurde dadurch verwandelt. Adam war sehr neugierig darauf, wie das Ensemble von Abstoßung und Demütigung seine erotische Befriedigung potenziert hatte, und er vergegenwärtigte sich in der Analyse diejenigen Momente des Empfindens, in denen es ihm gekommen ist. Diese Erfahrungsfragmente konnten nicht leicht in Sprache gefasst werden: ein halbhalluzinierter Eindruck (ein verschwommenes schwarzes Objekt), ein entfernt hallendes Geräusch (eine Stimme? ein Schrei?), ein Hautgefühl, das er nicht einordnen konnte (kein Schauder, eher wie ein Ruck). Schwer fassbare und außerordentliche Repräsentation, dieses das Darstellbare überschreitende Mehr an Bedeutungen war der Gewinn unseres Erkundungsprozesses, der zeigte, dass sie für Adams Behandlung von außerordentlichem Wert waren« (Saketopoulou 2014, S. 254f., Übers. R. B.).

Erst ganz am Schluss der Arbeit kommt die Autorin auf Adams Analyse zurück:

41

»Im Laufe der Zeit bildeten sich assoziative Ketten zwischen diesen Sinneserfahrungen und Teilen von Adams Geschichte, mit welcher er und ich uns bis dahin nicht sinnvoll befassen konnten. Die ihnen innewohnende generationelle Schuld hatte sich in unserer Dyade erst in brauchbarer Form gezeigt, als Adam und ich begannen, die Sinneserfahrungen zu erforschen, die sein erschüttertes Ich überfluteten« (ebd., S. 265, Übers. R. B.).

Die Parallelen in den beiden Fallvignetten sind augenfällig: Beide handeln von groben, abstoßenden, masochistisch anmutenden sexuellen Aktivitäten homosexueller Männer, die in einer orgiastischen Entladung enden. Zweimal ein vergleichbares Geschehen also, das durch eine Beschreibung des von außen beobachtbaren Geschehens zweifellos als »pervers« eingestuft würde. Auf der deskriptiv fassbaren Ebene des Erlebens lassen sich zwei wichtige Merkmale unterscheiden: 1. Der Mann in der ersten Fallvignette war verzweifelt über seine sexuellen Begegnungen und reagierte darauf mit Schuldgefühlen, während der zweite die Begegnung als eine überwältigend-positive Erfahrung erlebte, die er um nichts in seinem Leben missen möchte, obschon sie ihn auch verstörte. 2. Beim zweiten Fall handelte es sich um ein einmaliges Erlebnis, beim ersten um eine Regelmäßigkeit, die erst durch die Behandlung gebrochen werden konnte.

Es ist vielleicht ungeschickt, Saketopoulous Adam als einziges Beispiel für eine *Sexualität in actu* anzuführen, die unter dem Primat der libidinösen Triebbefriedigung stattfindet, denn Adams Erfahrung ist sehr außergewöhnlich und für den Patienten einmalig, im Gegensatz zum Sexualverhalten, das viele Menschen mit gelungener psychischer Entwicklung gewohnheitsmäßig erleben können. Deshalb möchte ich an dieser Stelle das Beispiel eines Patienten anführen, bei dem ein psychoanalytischer Prozess erstmals und dann immer wieder ein homosexuelles Sexualverhalten ermöglichte, bei dem die libidinöse Triebbefriedigung das Primat hatte (Binswanger 2009):

Martin war zu Beginn seiner Analyse schon verheiratet und hatte ein Kind. Die Frau kannte er, seit er 17- und sie 16-jährig war. Er lebte mit ihr zusammen und liebte sie. Gleichzeitig verkehrte er gerne in Hallenbädern und fantasierte unablässig, dort eine homosexuelle Beziehung aufnehmen zu können. Das war ihm bisher nicht ansatzweise gelungen. Trotzdem war es ihm sehr ernst damit. Ich hatte keine Ahnung, ob es hauptsächlich um ein verhindertes homosexuelles Coming-out ging oder um eine überwertige Idee. Das klärte sich erst später, nachdem mir eine Übertragungsdeutung gelungen war. Sie bezog sich darauf, dass Martins Hemmungen, seine Homosexualität zu vollziehen, von der unbewussten Fantasie geleitet waren, er würde damit seine Mutter unglücklich machen. Und siehe da: Zwei oder drei Sitzungen später kam er beglückt und aufgeregt zur Stunde. Er hatte es mit einem jungen Mann etwa vier Stunden lang getrieben. Ein gewaltiges Erlebnis, sein erster homosexueller Vollzug – und zwar eindeutig unter dem Primat der libidinösen Triebbefriedigung. »Wissen Sie, wie anders es ist, einen Mann in seinen Händen zu halten«, erinnere ich als Quintessenz seines neuen Erlebens. Wenig später gestand ihm seine Frau, dass sie soeben zum ersten Mal während eines Geschlechtsverkehrs einen Orgasmus hatte, und zwar mit ihm. Der qualitative Sprung, den er erstmals beim homosexuellen Vollzug erlebt hatte, muss sich auch auf den heterosexuellen Verkehr mit seiner Frau ausgewirkt haben. Die Analyse wurde abgeschlossen, ohne dass ich sagen konnte, welche erwachsene Sexualorganisation letztlich seinem »Hauptamt« entspricht, und genau dafür drückte er wiederholt seine Dankbarkeit aus.

Dieser glückliche Verlauf illustriert auch folgendes: Die Betrachtung unter den beiden Gesichtspunkten kann helfen, herauszufinden, welche Fragen beantwortet werden sollten und welche eben gerade nicht. Unter dem Gesichtspunkt *Sexualität per se* kam es darauf an, die Frage nach einer homo- oder heterosexuellen erwachsenen Sexualorganisation offen zu lassen, unter dem Gesichtspunkt *Sexualität in actu* aber herauszufinden, welche neurotischen Hemmungen oder Konflikte den Patienten generell daran hinderten, sich auf homosexuelle Aktivitäten einzulassen. Damit komme ich auf die beiden zuvor angeführten Fallvignetten zurück:

Die erste Fallvignette (S. 40) stammt aus Morgenthalers (1974) berühmtem Perversionsartikel, in welchem er seine Plombentheorie entwickelte. Um eine Perversion handelt es sich allerdings nicht deshalb, weil der Betroffene – wie es der Sprachgebrauch Morgenthalers suggeriert[18] – an einer »perversen« Sexualorganisation gelitten hätte *(Sexualität per se)*, sondern weil er unter einer narzisstischen Störung litt, die sein sexuelles Verhalten *(Sexualität in actu)* unter das Primat einer nicht-sexuellen Funktion – der narzisstischen Stabilisierung – stellte. Dafür führte Morgenthaler die Metapher der Plombe ein, die es braucht, »um die entsetzliche

---

18 Dies durch die pauschale Verwendung des Begriffs Perversion im Titel sowie durch Morgenthalers deskriptiver Diagnosestellung: »Der Patient *ist* ein manifest Homosexueller mit einer masochistischen Perversion« (Morgenthaler 1974, S. 1089, Hervorh. R. B.).

Lücke auszufüllen, die die fehlgehende Entwicklung des Selbst aufzureißen droht« (ebd., S. 1082). Hingegen handelt es sich beim beschriebenen Akt des zweiten Falles (S. 41) nach meinem Modell nicht um perverses sexuelles Verhalten, weil dabei offenbar die Triebbefriedigung das Primat hatte.

Bei beiden Analysanden ereignete sich während der Behandlung eine als positiv empfundene, die Lebensqualität verbessernde oder bereichernde qualitative Veränderung. Im ersten Fall wurde diese Veränderung dadurch erreicht, dass Morgenthaler den Fokus auf die nicht-sexuelle Funktion der narzisstischen Stabilisierung – auf die sogenannte Plombenfunktion – richtete; im zweiten dadurch, dass Saketopoulou den Fokus auf die Exploration der sexuellen Funktion richtete, auf die kaum zu verbalisierende, überraschende und zeitweilig verstörende Triebbefriedigung. Dadurch vertiefte sich der analytische Prozess, sodass neues Material in der Übertragung zugänglich wurde.

2.5.2 Ein schöpferisch-transformatives Potenzial von Perversion?

Dieser Vorgang innerhalb eines analytischen Prozesses dient Saketopoulou zur Illustration von »perversity's generative potential« (Saketopoulou 2014, S. 254), des schöpferischen Potenzials von Perversität. Sie beschreibt Adam als »dadurch verwandelt« (ebd., S. 255), was mich veranlasst, das Schöpferische mit dem Adjektiv transformativ zu präzisieren: Es sind offenbar nicht nur einzelne progressive Schritte gemeint, sondern eine qualitative Veränderung. Meines Erachtens liegt das Schöpferische aber nicht darin, dass Adams sexuelles Erlebnis »perverse« Elemente beinhaltete – vor allem masochistische wie Ekel, Abscheu, Scham –, sondern darin, dass es wahrscheinlich unter dem Primat der Triebbefriedigung erfolgte. Dazu kommt, dass es im Zusammenhang eines analytischen Prozesses stattfand, in welchem die Autorin ihr anfängliches Befremden gegenüber Adams Sexualverhalten – »I couldn't think cogently about how his sexual pleasure had become so erotically ionized« (ebd., S. 255) – aufgeben und sich unbefangen den facettenreichen Details dieses außerordentlichen sexuellen Erlebnisses zuwenden konnte.

Wie erwähnt, haben sowohl Morgenthaler als auch Saketopoulou im Rahmen ihrer praktischen und theoretischen Vorstellungen den Fokus auf das gelegt, was in meinem Modell das Richtige ist: im einen Fall auf die nicht-sexuelle, im anderen auf die sexuelle Funktion. Das hat in beiden Fällen die »schöpferisch-transformative« Wirkung innerhalb des therapeutischen Prozesses ermöglicht. Inwiefern oder wie häufig besonders befriedigende sexuelle Aktivitäten außerhalb von therapeutischen Prozessen eine transformative Wirkung haben, können wir nicht wirklich wissen.

Was wir aber mit einiger Sicherheit sagen können, ist, dass dies – wenn überhaupt – nur dann und ausschließlich dann der Fall sein kann, wenn die sexuelle Funktion das Primat hat – und dies unabhängig davon, ob es sich um sehr spezielle, »pervers« anmutende oder »ganz gewöhnliche« heterosexuelle oder sonst unauffällige sexuelle Aktivitäten handelt. Dann können sie eine schöpferisch-transformative Wirkung entfalten, indem sie Lebenserfahrungen – belastende und weniger belastende – sexuell inszenieren und so womöglich einer Bearbeitung und Neuformulierung zuführen. So ist es wohl möglich, dass – auch außerhalb psychotherapeutischer Prozesse – Traumatisches, Konflikthaftes, Belastendes »im Feuer der Sexualität geschmolzen« werden kann.

In einer neueren Arbeit hat die Autorin (Saketopoulou 2020) riskante sexuelle Begegnungen beschrieben, die in den Bereich begrenzter Zustimmung vordringen. Sie wiederholen frühere Traumata der Betroffenen, aber auf eine Art und Weise, welche zwar eine Abwehr vorübergehend durchbricht, sie aber nicht »pulverisiert«, wie es beim ursprünglichen Trauma der Fall gewesen war (ebd., S. 782). Solche Erlebnisse – die absichtlich weder herbeigeführt werden können noch sollen – seien in glücklichen Fällen in der Lage, Ich-Strukturen auf wachstumsfördernde Weise aufzubrechen und auf einem angepassteren Niveau neu zu organisieren. Die Autorin illustriert das an Jeremy O. Harris' »erschütternd schönem« Theaterstück *Slave Play*, das am Broadway während vieler Jahre mit großem Erfolg aufgeführt wurde. Darin kommen auch zwei heterosexuelle Paare vor. Deshalb vermute ich, dass es nicht die »Perversität« der sexuellen Aktivität ist, welche diesen positiven Ausgang bewirkte, also nicht ein Element, das von einer »perversen« erwachsenen Sexualorganisation ausgeht, sondern die Tatsache, dass bei den genannten Aktivitäten anfänglich nicht-sexuelle Funktionen das Primat haben. Insofern sind diese Aktivitäten auch in meinem Modell tatsächlich zunächst pervers. Die schöpferische Wirkung dieser Aktivitäten erfolgt wahrscheinlich – gemäß meiner Hypothese – durch einen Umschlag von einem Primat nicht-sexueller Funktionen in ein Primat der sexuellen Funktion (libidinöse Triebbefriedigung). Dabei muss die Frage offenbleiben, *wodurch* dieser Umschlag möglich wird.

Hingegen gibt es gleich zwei Gründe, weshalb ich dafür plädiere, das schöpferische Potenzial von sexuellen Aktivitäten nicht der »Perversität« eines Aktes zuzuschreiben: Erstens, weil wir damit einem deskriptivmanifesten Verständnis von »Perversität« verhaftet bleiben und andere Formen von intensivem sexuellem Erleben mit möglicherweise transformativer Wirkung ausschließen; zweitens aus Gründen terminologischer Klarheit und Präzision, welche – wie zuvor begründet – nur dann aufrechtzuhalten ist, wenn wir den Ausdruck *pervers* ausschließlich für sexuelle Aktivitäten verwenden, bei denen die nicht-sexuellen Funktionen das Primat haben.

Soweit über mögliche schöpferische Wirkungen sexueller Aktivitäten, die unter dem Primat der Triebbefriedigung stehen. Wie können sich aber sexuelle Aktivitäten subjektiv auswirken, bei denen nicht-sexuelle Funktionen das Primat haben? Um das zu beantworten, möchte ich etwas ausholen:

Stoller legte eine Theorie der sexuellen Erregung vor, wonach diese durch Fantasien erzeugt wird, die sich im Lauf der Persönlichkeitsentwicklung zu einem hoch spezifischen Skript oder Plot entwickelt haben, zu Tagträumen, die bewusst oder auch unbewusst ablaufen können (Stoller 1976, S. 900). Sie kreisen um die Lust, jemandem etwas anzutun, und zwar als Reaktion auf kindliche Traumata, Konflikte, Ängste und Frustrationen – Ereignisse, denen alle Kinder in mehr oder weniger starkem Maß ausgesetzt sind (ebd., S. 903).

> »Die Funktion der Phantasie ist es, diese schmerzhaften Erfahrungen in Genuss umzuwandeln, während die Details der früheren Traumata und Frustrationen in der Phantasie eingebettet bleiben, damit man die Umkehrung des Traumas zum Triumph endlos wiederholen kann« (ebd., S. 908, Übers. R. B.).[19]

Für Stoller scheint also – gemäß meinem Modell – eine nicht-sexuelle Funktion, nämlich das In-Szene-Setzen von belastenden Themen aus der eigenen frühkindlichen Entwicklung, die Grundlage *jeder* sexuellen Erregung zu sein. Schorsch knüpft an dieses Konzept an und streicht heraus, dass sexuelle Erregung und Befriedigung deshalb immer wieder gesucht und gefunden würden, weil

---

19 »The function of fantasy is to convert these painful experiences to pleasure while still keeping the details of the earlier traumas and frustrations embedded in the fantasy, to allow one to repeat endlessly the reversal of trauma to triumph.«

»im sexuellen Akt unbewusst eine momentane und symbolische Konfliktlösung geschieht und keine dauerhafte Verarbeitung. Deshalb kommt Sexualität nicht zu einem Ende, schafft nie Endgültiges; sondern sexuelle Erregung und Befriedigung werden immer wieder gesucht und gefunden – eine ständige Erneuerung, die in Analogie zum ›Wiederholungszwang‹ neurotischer Symptome zu verstehen ist« (Schorsch 1978, S. 458).

Damit liefert Schorsch in meinen Augen die exakte Begründung dafür, weshalb perverse sexuelle Aktivitäten – also solche, bei denen nicht-sexuelle Funktionen das Primat haben – keine schöpferische Funktion haben können: weil dabei eben nur eine »momentane und symbolische Konfliktlösung« möglich ist, aber keine reale »dauerhafte Verarbeitung«. Dies unabhängig davon, ob die sexuellen Aktivitäten pervers scheinende oder sonstige Triebkomponenten in ihren Dienst nehmen. Hingegen wirken sie momentan kompensatorisch und stabilisierend, können also gleichsam eine lebenserhaltende psychische Funktion erfüllen, weshalb sie auch ständig wiederholt werden müssen – bis zur »süchtigen Unaufschiebbarkeit« (Reiche 2005, 2007).[20]

Es ist bei der Sexualität nicht anders als sonst: Symptombildungen und bestimmte Charakterzüge folgen dem, was Freud Wiederholungszwang nennt. Dieser sorgt dafür, dass unverarbeitete Konflikte und Belastungen immer wieder aufs Neue inszeniert werden müssen, wobei aber das Potenzial dieser Inszenierungen, eine transformative Veränderung zu bewirken, in der Regel an den bisherigen, ungeeigneten Modalitäten ihrer Bearbeitung scheitert.

2.5.3 Das eigenständige Recht der Sexualität

Das Problem bei Stoller und Schorsch sehe ich hingegen darin, dass sie offenbar *jede* sexuelle Erregung als unter dem Primat nicht-sexueller Funktionen stehend konzipieren. Dadurch verliert die Sexualität ihr *eigenständiges Recht*, wie ich mich ausdrücke, was ich im Folgenden begründen möchte.

---

20 Der Charakter der »süchtigen Unaufschiebbarkeit«, welcher perverse sexuelle Aktivitäten häufig kennzeichnet, ist m. E. auch der Grund dafür, dass solche Aktivitäten im Lauf der Entwicklung immer weniger befriedigend ausfallen. Süchte haben es an sich, dass die Dosis ständig erhöht werden muss (vgl. dazu Kapitel 2.2, S. 33).

Schorsch schließt sich Stollers Konzept an, bezeichnet es aber als »düster« und schlägt eine Erweiterung vor:

> »Düster ist dieses Konzept, weil es den Aspekt der Feindseligkeit so stark und einseitig in den Vordergrund stellt [...]. Es fehlt etwas ganz Entscheidendes in diesem Bild von sexueller Lust und Erregung: Erlebnisqualitäten wie Zuneigung, Geborgenheit, Nähe, Sicherheit, Vertrautheit [...]. Das Stoller'sche Konzept lässt sich in dieser Richtung erweitern: In der sexuellen Erregung und Lust werden die essentiellen Ereignisse der eigenen frühen Geschichte momentan in der Regression wieder lebendig – dazu gehören die Wunden, die Traumata und Ängste ebenso wie die Zustände von Glück und Erfüllung. Sexuelle Lust kann so zu einem umfassenden und intensiven Sich-selbst-Erleben und Sich-selbst-Erfahren werden von den eigenen Wurzeln und Ursprüngen und von den eigenen Grenzen her« (Schorsch 1978, S. 458f.).

Schorsch sieht also in der Sexualität ein Potenzial zu umfassenden Erlebnissen von Glück und Erfüllung. In der Sichtweise meines Modells stünden solche Erlebnisse in der Regel unter dem Primat der Triebbefriedigung, während Schorsch – wenn ich ihn richtig verstehe – *alle* sexuellen Aktivitäten unter das Primat nicht-sexueller Funktionen stellt – sowohl die beglückenden als auch diejenigen, die Ausdruck und Bewältigungsversuch psychischen Leidens sind. Ähnlich scheint es auch Gunter Schmidt (2014, S. 33ff.) zu sehen. Er nimmt »Abschied vom Trieb« und stellt dem Triebmodell ein Ressourcenmodell entgegen. Dabei formuliert er interessante, zentrale Fragen, an denen sich Aspekte meines Modells besonders klar illustrieren lassen:

> »Was ist *sexuell am Nichtsexuellen* ist die leitende Frage, wenn wir im Triebmodell denken. [...] Das Ressourcenmodell stellt diesen Ansatz vom Kopf auf die Füße und fragt: ›*Was ist nichtsexuell am Sexuellen?*‹, welche nichtsexuellen Affekte und Bedeutungen werden von der Sexualität transportiert [...]?« (ebd., S. 38).

Die Frage »Was ist sexuell am Nichtsexuellen?« betrifft die latenten Aspekte der libidinösen Triebhaftigkeit, die hinter bestimmten nicht-sexuellen Symptomen oder Charakterzügen verborgen sind. Diese Frage ist der Fokus der Neurosenlehre, bei der es um die Analyse und Therapie nicht-sexueller Symptome und Charakterzüge geht. Schmidts eigener Fokus – »Was ist nichtsexuell am Sexuellen?« – betrifft einen Aspekt des manifest Sexuellen, nämlich denjenigen, der nach meinem Modell die nicht-sexuellen Funktionen von *Sexualität in actu* umfasst; haben sie das Primat, sind die entsprechenden Aktivitäten ein sexueller Ausdruck und gleichzeitig ein Bewältigungsversuch psychischen Leidens. Was hier fehlt, ist die dritte Frage: »Was ist sexuell am Sexuellen?« Wird diese Frage nicht gestellt, geht verloren, was ich bei der *Sexualität in actu* als sexuelle Funktion bezeichne: die Triebbefriedigung. In meinem Modell behält sie ihr eigenständiges Recht, weil sie, anders als bei den zitierten Autoren, nicht von etwas anderem – nämlich von nicht-sexuellen psychodynamischen Prozessen – abgeleitet wird. Ohne ein eigenständiges Recht der Sexualität fällt die Konzeption von sexueller Aktivität als einer widersprüchlichen Einheit von sexuellen und nicht-sexuellen Funktionen zusammen, und wir berauben uns des Instrumentes, um auf der Basis von begründeten Kriterien zwischen pathologischem und nicht-pathologischem sexuellem Verhalten zu unterscheiden und landen wieder dort, wo wir angefangen haben: bei der Verwirrung von Normen und Theorien.

In Analogie zum hier eingeforderten »eigenständigen Recht der Sexualität« werde ich vor allem in Kapitel 5 das »eigenständige Recht der libidinösen Triebtheorie« einfordern (z. B. S. 126 und 147).

2.5.4 Neosexualitäten

Volkmar Sigusch hat immer auf dem eigenständigen Recht der Sexualität und der Triebtheorie bestanden (vgl. Herzog 2014, S. 252). Mit dem Begriff *Neosexualitäten* (Sigusch 2008) scheint er es noch ausgeweitet zu haben. Dabei ist er aber nicht als Psychotherapeut aufgetreten, sondern – in seiner Eigenschaft als Sexualwissenschaftler – vor allem als Sozialwissenschaftler, der souverän größere gesellschaftliche Trends beschrieben hat. Diese Tatsache braucht uns aber nicht daran zu hindern, Neosexualitäten gesondert unter den beiden Gesichtspunkten meines Modells zu betrachten und zu klären, wie weit Siguschs Wortschöpfung eine zeitgeistige übermäßige Entpathologisierung begünstigt, wie sie Sophinette Becker im einleitenden Zitat problematisierte, und wie weit eben gerade nicht.

Sigusch schreibt unter anderem: »Und so stellen wir verwundert fest: Die alte, destruktive Schubkasten-Hierarchie Heterosexualität/Homosexualität/Perversion zerfällt immer mehr in zahllose, nicht hierarchisch geordnete Neosexualitäten« (ebd., S. 71). Ja, zum Glück zerfällt die »Schubkasten-Hierarchie«, aber nicht in beliebig aneinandergereihte Neosexualitäten. Vielmehr erschließt sich unter dem Gesichtspunkt *Sexualität per se*, dass es die von Sigusch als »Paläohetero- und Paläohomosexualität« bezeichneten, relativ festgefügten und m. E. nicht nur kulturell produzierten erwachsenen Sexualorganisationen nach wie vor gibt (vgl. Becker 2017, S. 315) – nicht in Gestalt der »alten Schubkasten-Hierarchie«, sondern in der Weise, dass »Paläosadomasochismus«, »Paläofetischismus« und alle möglichen anderen »erwachsenen Paläo-Sexualorganisationen« gleichsam gleichberechtigt neben Hetero- und Homosexualität stehen. Dabei stellt sich die Frage nach einer allfälligen Pathologie der nicht-heterosexuellen Sexualorganisationen so wenig wie bei der Heterosexualität.

Zwar scheinen auch nach Sigusch »die alten Perversionen in der einen oder anderen Form zu überleben« (Sigusch 2008, S. 70), aber offenbar nicht in der Form bestimmter erwachsener Sexualorganisationen, sondern sie »werden in mehr oder weniger skurrile, aber keineswegs krankhafte oder moralisch zweifelhafte individuelle Vorlieben konvertiert, die das normale Sexualleben bereichern können« (ebd.).

Die skurrilen individuellen Vorlieben gehören eindeutig zur *Sexualität in actu*. Unter diesem Gesichtspunkt erschließt sich das Phänomen der Neosexualitäten in seiner ganzen Breite und Tiefe. Die Breite zeigt sich in der von Sigusch in aller Eindrücklichkeit beschriebenen Vielfalt und Wandelbarkeit »neosexueller« Aktivitäten; die Tiefe erschließt sich aus meiner Sicht dadurch, dass jede »neosexuelle« Aktivität daraufhin untersucht werden kann, ob bei ihr die Triebbefriedigung oder nicht-sexuelle Funktionen das Primat haben, also fantasie- und handlungsleitend sind. Im ersten Fall erscheinen sie als fakultative, spielerisch-ernsthafte Versuche, die eigene sexuelle Erfahrung unter dem Primat der Triebbefriedigung zu erweitern. Ihre Entpathologisierung ist dann sachgerecht. Im zweiten Fall, wenn »neosexuelle« Aktivitäten unter dem Primat nicht-sexueller Funktionen zustande kommen, sind sie letztlich Ausdruck und Bewältigungsversuch von psychischem Leiden. Hier wäre Siguschs pauschale Entpathologisierung (»keineswegs krankhafte«) im konkreten Fall – nämlich, wenn entsprechende Aktivitäten in einem therapeutischen Setting zur Sprache kommen – differenziert zu prüfen, um das therapeutische Potenzial nicht zu verschenken.

2.6 Vertiefung des Modells II: *Sexualität per se*

2.6.1 Probleme bei der Bestimmung erwachsener Sexualorganisationen

Wie bereits in der Einleitung angedeutet, ist die vorgeschlagene Betrachtung der Sexualität unter den genannten beiden Gesichtspunkten nicht immer einfach. Denn es ist eine rein konzeptionelle, also formale Trennung. Inhaltlich kann Sexualität nicht einfach aufgeteilt werden. Wie soll ich mir – einerseits – ein Bild darüber machen, welche Sexualorganisation – also welche Art von *Sexualität per se* – bei jemandem vorliegt, ohne etwas darüber zu erfahren, was die Person fantasiert und treibt? Auch die Person selbst wird ihre mehr oder weniger festgelegte Zugehörigkeit zur Gruppe der Hetero- oder Homosexuellen, Pädophilen, Fetischist*innen, Sadomasochist*innen oder Transvestit*innen danach definieren, was bewusst in ihr vorgeht, ob sie z. B. den Kopf nach schönen Frauen oder Männern umdreht oder ob – um aus der Exploration eines Voyeurs zu zitieren – er schlagartig den Thrill entdeckte, als sein Blick kurz eine nackte Frau in einem Fenster erhaschte und er von diesem Moment an wusste, dass Voyeurismus »sein Ding« ist. Wie soll ich – andererseits – Feststellungen darüber machen, ob in einer sexuellen Aktivität die Triebbefriedigung primär fantasie- und handlungsleitend ist oder eine nicht-sexuelle Funktion, wenn ich nicht gleichzeitig eine Vorstellung davon habe, welche Triebkomponente die erwachsene Sexualorganisation der Person dominiert? Muss ich wie bei einem Mann, dessen Sammelwut von Zehntausenden aus dem Internet heruntergeladenen kinderpornografischen Aufnahmen aufgeflogen ist, annehmen, er sei pädophil und missbrauche Kinder in seinem Umfeld?

Das heißt also: Es geht immer darum, sich – methodisch – bewusst und klar auf den einen oder den anderen Gesichtspunkt einzustellen und trotzdem – inhaltlich – das Ganze der Sexualität nicht aus den Augen zu verlieren.

Bis hierher habe ich die nicht-heterosexuellen erwachsenen Sexualorganisationen und ihre Benennungen pauschal so behandelt, wie es schon Freud von Krafft-Ebing, Havelock Ellis und anderen übernommen hat (vgl. dazu Sigusch 2005a). Sie werden entweder nach dem Sexualobjekt oder dem Sexualziel benannt; anders als damals ist es unüblich geworden, Abweichungen von der genitalen Triebquelle als »pervers« zu bezeichnen. Bei näherer Betrachtung setzen sich die Sexualorganisationen aber komplexer zusammen: Bei der Pädophilie ist das Triebobjekt in der Regel nicht einfach das präpubertäre Kind, sondern das entsprechende Mädchen oder der entsprechende Junge. Beim Sadomasochismus kommt es gleichzeitig darauf an, ob Partner*innen gegen- oder gleichgeschlechtlich sind, und die entsprechenden Szenen grenzen sich klar nach heterosexuell, homosexuell-männlich und lesbisch ab (vgl. Woltersdorff 2008); der männliche Exhibitionist handelt heterosexuell, wenn er sich jungen Frauen darbietet; beim Stiefelfetischisten ist die »Geschlechtszugehörigkeit« des Objektes seines Begehrens hoch spezifisch.

Dem entspricht auch, was Freud in »›Psychoanalyse‹ und ›Libidotheorie‹« (1923a [1922]) schreibt: »Jeder Partialtrieb war unabänderlich charakterisiert durch seine *Quelle,* nämlich die Körperregion oder Zone, aus welcher er seine Erregung bezog. Außerdem war an ihm ein *Objekt* und ein *Ziel* zu unterscheiden« (S. 230).

Der Partialtrieb oder die Triebkomponente, die bei einer jeweiligen erwachsenen Sexualorganisation das Primat hat, ist demnach aus einer Quelle, einem Objekt und einem Ziel zusammengesetzt. Es entspricht lediglich der umgangssprachlichen Konvention, dass die einen nach ihrem Objekt und die anderen nach ihrem Ziel *benannt* sind.

Wie weit Spezialitäten, wie sie von früheren Sexualforscher*innen akribisch beschrieben wurden – z. B. Akrotomophilie, d. h. Erregung durch Amputierte; Autoasphyxie, d. h. Erregung durch selbst herbeigeführte Erstickungsgefühle; Candaulismus, d. h. zwei Personen beim Sex zuschauen, und die vielen anderen von Sigusch bei seinem »Abschied von den alten Perversionen« (Sigusch 2008, S. 70f.) aufgeführten Spezialitäten, die ebenfalls traditionell nach Sexualobjekt oder Sexualziel benannt wurden – als eigenständige erwachsene Sexualorganisationen in Betracht kommen, lässt sich nicht generell sagen. Es kommt im Einzelfall darauf an, wie obligatorisch, fixiert und ausschließlich eine solche Spezialität die Bedingung für das Auftreten sexueller Erregung und das Erreichen sexueller Vollzüge ist oder wie weit entsprechende Aktivitäten fakultativ sind, spielerisch-ernsthafte Versuche, die eigene sexuelle Erfahrung und Erlebnisfähigkeit zu erweitern – oder, auf der anderen Seite, ob im entsprechenden sexuellen Verhalten nicht-sexuelle Funktionen das Primat haben, z. B. Abfuhr von Autoaggression bei Autoasphyxie, Inszenierung unbewusster neurotischer Fantasien wie z. B. Urszenenfantasien bei Candaulismus, Bewältigung von Kastrationsängsten bei Akrotomophilie oder beim Zopf-Abschneiden. Kommt man also im einzelnen Fall zum Schluss, dass die Triebbefriedigung das Primat hat, wird man annehmen können, dass es sich bei der entsprechenden Spezialität um eine spezifische erwachsene Sexualorganisation handelt. Im anderen Fall, wenn nicht-sexuelle Funktionen bei den entsprechenden Aktivitäten das Primat haben, wird man das eher ausschließen.

2.6.2 Ein Beispiel für Fetischismus als erwachsene Sexualorganisation

Im Folgenden soll an einer weiteren Fallvignette Fritz Morgenthalers (2004, S. 167ff.) der Gesichtspunkt *Sexualität per se* illustriert werden. Es geht um »Samuel, ein[en] Fetischist[en]«, also um eine fetischistische Sexualorganisation. Der Autor verwendet den Begriff »Perversion« hier so, wie es dem gewachsenen Sprachgebrauch entspricht, obschon er – meinem Modell zufolge – den Gesichtspunkt *Sexualität per se* einnimmt:

> »Menschen, die eine Perversion ausbilden, haben in früher Kindheit einen der polymorph-perversen Partialtriebe wie einen Brückenpfeiler fixiert, um den primärprozesshaften Triebregungen einen dauernden Zugang zum Erleben zu erhalten. Sie haben der Diktatur der Sexualität eine Insel überlassen, in der sie sich austoben kann, um im übrigen Land Ruhe zu haben« (ebd., S. 166).

Die Metapher vom Brückenpfeiler klingt zwar ähnlich stabilisierend wie Plombe. Der Brückenpfeiler dient aber nicht, wie die Plombe, dem Ausfüllen einer »entsetzlichen Lücke, [...] die die fehlgehende Entwicklung des Selbst aufzureißen droht« (Morgenthaler 1974, S. 1082) – also einer nicht-sexuellen Funktion –, sondern etwas ganz anderem: Die »primärprozesshaften Triebregungen« sollen dadurch »einen dauernden Zugang zum Erleben« erhalten. Meines Erachtens ist das etwas anderes als die Plombentheorie, auch wenn der Autor das nicht explizit sagt. Diese Auffassung wird durch die Behandlung von Samuel gestützt: Dieser Patient kam ursprünglich in Analyse mit Ängsten, »die sich auf die Frage bezogen, ob beim nächsten Versuch, sich sexuell zu befriedigen, die Stiefel noch ausreichen würden« (Morgenthaler 2004, S. 167).

Obschon die Analyse »von einer Wiederbelebung schwerer Konflikte und von einer großen Trauerarbeit begleitet [ist], die den Liebesentzug, die Ängste des Objektverlustes und der Trennungsproblematik aus der frühen Kindheit reaktivieren« (ebd., S. 168), ging es keinen Moment darum, »den gelben Stiefel beispielsweise durch einen homo- oder heterosexuellen Partner zu ersetzen, sondern es geht darum, dass die extreme Abhängigkeit vom gelben Stiefel inexistent wird, obschon die Faszination, die der gelbe Stiefel bei Samuel auslöst, aufrechterhalten bleibt« (ebd.).

Das heißt: Die Kindheitskonflikte und die Trennungsproblematik sowie deren Verarbeitungsprozesse haben nichts mit der Psychogenese des Stiefelfetischismus – Samuels erwachsener Sexualorganisation – zu tun. Das lässt sich meines Erachtens generalisieren: Psychogenetische Herleitungen erklären niemals die Entstehung erwachsener Sexualorganisationen, sondern psychisches Leiden, das unabhängig von ihnen besteht.[21]

Ich sehe den Hauptgrund dafür, dass die Psychoanalyse bezüglich allem, was nicht der heterosexuellen Norm entspricht, immer wieder in eine »Rechtsaußenposition« (Reiche 1997, S. 944) gerät, im offensichtlich unstillbaren Bedürfnis, mögliche Psychogenesen der nicht-heterosexuellen erwachsenen Sexualorganisationen zu entwerfen. Dagegen gibt es m. E. nur ein Mittel: Die Totalabstinenz von psychogenetischen Deutungen (Binswanger 2016). Andererseits scheint es mir möglich zu sein, einen Vorgang zu identifizieren, welcher die allererste Weiche auf dem Weg zur Entwicklung der verschiedenen Sexualorganisationen stellt, nämlich die Prägung, die von Lichtenstein (1961), Stoller (1973, 1998 [1975]) und Reiche (1997) aufgegriffen und diskutiert wurde. Mit dem Potenzial und der Problematik einer Verwendung dieses Begriffs habe ich mich an anderer Stelle auseinandergesetzt (Binswanger 2016, 2017a)[22].

---

21 Streng genommen muss natürlich zwischen Ätiologie und Psychogenese unterschieden werden, Letztere umfasst mehr als nur die primäre Verursachung einer erwachsenen Sexualorganisation, wie ich unter Kapitel 3.2.4, S. 77 genauer ausführen werde. Hier ist der Verzicht darauf gemeint, die primäre Verursachung einer erwachsenen Sexualorganisation mit psychogenetischen Theorien erklären zu wollen.

22 Entspricht Ziffer 3.2.5 in diesem Band. Vgl. auch Kapitel 4.4.1, mit Hinweisen auf empirische Untersuchungen zu prägungsanalogen Vorgängen beim Menschen.

2.7 Schlussfolgerungen

Die vorliegende Arbeit versteht sich als Antwort auf die verwirrende Vielfalt gewachsener sexualwissenschaftlicher und sexualtherapeutischer Konzepte und Begrifflichkeiten. Der erste methodische Vorschlag, Sexualität konsequent unter zwei verschiedenen Gesichtspunkten zu betrachten – *Sexualität per se* und *Sexualität in actu* – erwies sich als hilfreich, um das Problem der doppelten Verwendung des Perversionsbegriffs zu durchleuchten. Als Bezeichnung bestimmter erwachsener Sexualorganisationen kann und soll der Perversionsbegriff aufgegeben werden. Der zweite methodische Vorschlag, jede sexuelle Aktivität als widersprüchliche Einheit von Triebbefriedigung und nicht-sexuellen Funktionen zu verstehen, erlaubt die Zuordnung des Perversionsbegriffs zu sexuellen Aktivitäten, bei denen nicht die Triebbefriedigung, sondern nicht-sexuelle Funktionen prioritär fantasie- und handlungsleitend sind.

Die beiden methodischen Vorschläge lassen sich zu einem Modell synthetisieren, das sowohl auf theoretischer Ebene als auch auf praktisch-klinischer Ebene eine gewisse Orientierungshilfe bietet und integrativen Charakter hat: Auf theoretischer Ebene ermöglicht es, die verschiedenen bestehenden Ansätze einzuordnen und ihre je eigenen Leistungen kritisch-differenziert zu würdigen. Es schafft dadurch allgemein mehr Klarheit in sexualwissenschaftlichen Diskursen.

Auf praktischer Ebene liefert das Modell insbesondere eine Grundlage für die Unterscheidung, welche sexuellen Probleme einer kausal orientierten, psychodynamischen Therapie prinzipiell zugänglich sind und welche nicht. Das ermöglicht in vielen Fällen eine adäquate, entspannte psychotherapeutische Einstellung und kann auch behandlungstechnisch orientierend wirken. Die Fülle unterschiedlicher psychoanalytischer resp. sexualwissenschaftlicher Konzepte, welche ursprünglich eine vermutete Psychogenese nicht-heterosexueller Sexualorganisationen erklären sollten, sind bei der Analyse der einzelnen sexuellen Aktivitäten von Patient*innen mit ihren unterschiedlichen Lebensgeschichten in produktiver Weise anwendbar.

Im Sinne eines Ausblicks möchte ich schließlich noch erwähnen, dass die dem Modell zugrunde liegende Logik m. E. auch für die Klärung weiterer sexualwissenschaftlich und psychotherapeutisch relevanter Themenfelder hilfreich sein könnte. Inwiefern das auf die Frage der Geschlechtsidentität zutrifft, werde ich in Kapitel 4 ausloten.

2.8 Zusammenfassung der Diskussion über »Mehr Klarheit beim Reden über Sexualität« in der *Zeitschrift für Sexualforschung*

Erfreulicherweise haben die Herausgeber*innen der *Zeitschrift für Sexualforschung* eine Diskussion über mein Modell eröffnet. Sie hatten zwei anerkannte Fachleute eingeladen, einen Kommentar dazu zu schreiben (Berner 2021; Cassel-Bähr 2021). Die beiden Kommentare wurden in der gleichen Ausgabe wie mein Artikel abgedruckt. Ich konnte in Zusammenarbeit mit Monika Gsell eine Replik darauf verfassen (Binswanger & Gsell 2021), die in einer späteren Ausgabe erschien.

Der erste Kommentar stammt von Wolfgang Berner (2021). Er ist ein führender Psychoanalytiker und Sexualwissenschaftler und -therapeut. Unter anderem war er von 1995 bis April 2010 Professor und Direktor des Instituts für Sexualforschung und Forensische Psychiatrie am Universitätsklinikum Hamburg-Eppendorf (UKE). Eine seiner wichtigsten Publikationen ist ein Kompendium über »Perversion« (Berner 2011). Autorin des zweiten Beitrags ist die Hamburger Psychoanalytikerin (DPV, IPA) Sabine Cassel-Bähr (2021), Lehrtherapeutin und Supervisorin des Arbeitskreises für Psychotherapie am Michael-Balint-Institut und am Adolf-Ernst-Meyer-Institut und Lehrtherapeutin und Supervisorin der Deutschen Gesellschaft für Sexualforschung, mit eigenen Publikationen zu verschiedenen Aspekten der weiblichen Sexualität.

Mit meiner Arbeit wollte ich eigentlich aus meiner Verwurzelung in der Psychoanalyse ausbrechen und einen methodischen Vorschlag entwickeln, der für psychotherapeutisch arbeitende Sexualtherapeut*innen und für die (soziologisch-)empirische, neurowissenschaftliche oder klinische Sexualforschung interessant sein könnte. Nun habe ich ausschließlich Kommentare erhalten, die psychoanalytisch argumentieren.

Berner findet mein Konzept überflüssig. Er stellt ihm »ein in der psychodynamischen Psychotherapie bewährtes Begriffsinventar entgegen: Erregung und Hemmung, Lust und Unlust, Angst, Schuld, Wiederholung und Wiederholungszwang« (Berner 2021, S. 37). Mit diesen beobachtungsnahen und leicht handhabbaren Begriffen bleibe man »dem Erleben der Patient*innen deutlich näher als mit den abstrakteren Einordnungen in Libido, Aggression oder gar Perversion oder den medizinischen Begriffen gesund und krank« (ebd.).

Diese Argumentation geht an der Intention meines Beitrags völlig

2.8 Zusammenfassung der Diskussion über »Mehr Klarheit beim Reden über Sexualität« ...

vorbei. Wie ist es möglich, dass Ziel und Zweck meines Modells so grundlegend missverstanden wurden? Natürlich ist es nicht verwunderlich, dass die Unterscheidung zwischen erwachsenen Sexualorganisationen und perversen sexuellen Aktivitäten in Berners Kompendium (2011) nicht explizit auftaucht. Implizit ergibt sie sich aber beispielsweise aus dem Kapitel »Pädosexualität und Pädophilie« (ebd., S. 71ff.). Dort stellt der Autor zwei Fallbeispiele vor. Das erste betrifft einen Gymnasiallehrer, der wegen übergriffigen Verhaltens gegenüber Schülerinnen disziplinarisch belangt wurde. In der vierjährigen Analyse zeigte sich »der Abwehrcharakter des paraphilen Symptoms« (ebd., S. 75). Dieses Beispiel entspricht in meinem Modell der Variante »Priorität der nicht-sexuellen Funktion« (»Abwehrcharakter« bei Berner). Dazu passt auch, dass sein Patient behandelt werden konnte – genauso, wie ich es für diese Variante beschreibe. Beim zweiten Patienten »verschob« sich durch die Behandlung »die sexuelle Orientierung nur leicht, indem er Kinder nur mehr in der Fantasie, nicht aber in der Realität als ideale Partner erlebte und junge Männer ein möglicher Kompromiss wurden« (ebd., S. 77). Nach meinem Modell konnte durch die Behandlung nicht die – pädophile – Sexualorganisation per se »verschoben« werden, sondern die Art und Weise der Triebbefriedigung – also *Sexualität in actu* nur in der Fantasie und nicht mehr in der Realität.

Das Kapitel aus Berners Kompendium eignet sich gut, um den entscheidenden Punkt meines Modells – seinen methodischen Mehrwert – noch einmal deutlich zu machen: Er besteht darin, die in Berners Arbeit impliziten methodischen Unterscheidungen explizit zu machen und damit zu »mehr Klarheit beim Reden über Sexualität« beizutragen.

Ich bin nicht der Einzige, der das »Perverse« auf ein Primat der verschiedenen nicht-sexuellen Funktionen bezieht. Peter Fonagy (2006) hat eine entsprechende Formulierung sogar als Common Sense der modernen Psychoanalyse bezeichnet:

> »[W]ie jede menschliche Aktivität dient auch die Sexualität mehreren Funktionen, und es ist der Dienst, in den die Sexualität gestellt wird, der auf einen grundlegend maladaptiven Charakter hinweist. Sexualität im Dienste des psychischen Überlebens, die Ersetzung echter Intimität durch eine Pseudobeziehung, die Verschleierung von Feindseligkeit oder Hass oder die Erotisierung von Aggressionen, die durch Intimität ausgelöst werden könnten – in diesen Zusammenhängen betrachtet die

moderne Psychoanalyse Sexualität als pervers«²³ (Fonagy 2006, S. 13; Übers. R. B.).

Diese magistrale Aussage des Hauptvertreters der Bindungstheorie deckt sich in erstaunlicher Weise mit meinem Modell, wenn man sie unter dem Gesichtspunkt der *Sexualität in actu* betrachtet. So viel zu Berners Kommentar.

Sabine Cassel-Bähr überschreibt ihren Beitrag mit der Frage, ob »im Grunde alles relativ einfach« sei, wie ich es in der Einleitung ausgedrückt hatte. Darauf konnte ich antworten, dass es mit meinem methodischen Vorschlag tatsächlich »relativ einfach« wird, sich in der Vielzahl der theoretischen Konzepte zu orientieren. Was genau einfacher wird, versuchte ich anhand einer Metapher zu verdeutlichen: Vor der Entdeckung der Zwei-Punkte-Perspektive haben viele herausragende Maler*innen im Hintergrund ihrer Bilder faszinierende Landschaften gemalt, die teilweise annähernd den Gesetzen der Optik entsprachen. Dann kam etwas »relativ Einfaches«: die Festlegung eines Horizonts mit zwei Fluchtpunkten. Das gab eine einfache Orientierung beim Malen der komplexesten, wunderbarsten Landschaften oder beim Zeichnen der kompliziertesten Gebäude.

Psychoanalytische Autor*innen entwerfen in ihren Publikationen faszinierende klinische Landschaften oder komplexe Theoriegebäude, die jedoch in der Regel nicht von der gesamten psychoanalytischen oder sexualwissenschaftlichen/sexualtherapeutischen Community nachvollzogen werden können. Meines Erachtens kann die explizite Anwendung der von mir vorgeschlagenen »Zwei-Punkte-Perspektive« – die Sexualorganisation *(Sexualität per se)* einerseits und die gelebte Sexualität *(Sexualität in actu,* mit ihrem dialektischen Verhältnis von sexueller und nicht-sexueller Funktion) andererseits – methodisch orientierend wirken.

Dies lässt sich an der Argumentation von Sabine Cassel-Bähr sowie den von ihr exemplarisch herangezogenen Autor*innen – Sophinette Becker (2002); Sabine Cassel-Bähr (2013); Elisabeth Imhorst (2015); Joyce

---

23 »[L]ike any human activity, sexuality is seen as serving multiple functions, and it is the service to which sexuality is put that indicates a fundamentally maladaptive character. Thus, sexuality in the service of psychic survival, the substitution of a pseudo-relatedness for genuine intimacy, the disguising of hostility or hatred, or the erotization of aggression that could be triggered by intimacy – in these contexts modern psychoanalysis considers sexuality to be perverse.«

2.8 Zusammenfassung der Diskussion über »Mehr Klarheit beim Reden über Sexualität« ...

McDougall (1985 [1978]); Eva Poluda (2007); Andreas Weber-Meewes (2014) und Estela Welldon (2003 [1988]) – illustrieren. Denn an den meisten aufgeführten Beispielen zeigt sich die Tendenz, dysfunktionales Sexualverhalten teilweise oder ganz dem Gesichtspunkt *Sexualität per se* zuzuschreiben statt der *Sexualität in actu*. Dass dies zumindest so gelesen werden kann, möchte ich an zwei Beispielen illustrieren:

Welldons Ansatz des Perversionsbegriffs beschreibt eine besondere Form der Spaltung:

> »Dabei müssen wir uns jedoch stets das bei der Perversion für beide Geschlechter zutreffende Merkmal der Spaltung vor Augen halten, und zwar der Spaltung zwischen der genitalen Sexualität als einer Lebens-(oder Liebes-)kraft und dem, was nur den Anschein von Sexualität hat, in Wirklichkeit aber primitiveren Stufen entspricht und gänzlich von prägenitalen Verhaltensweisen geprägt ist« (Welldon 2003 [1988], S. 21).

Die »genitale Sexualität als eine Lebens-(oder Liebes-)kraft« würde ich in meiner Terminologie als eine *Sexualität in actu* bezeichnen, in welcher die libidinöse Triebbefriedigung das Primat hat. Die »prägenitalen Verhaltensweisen« hingegen, die »nur den Anschein von Sexualität« haben, würde ich als *Sexualität in actu* bezeichnen, bei denen nicht-sexuelle Funktionen das Primat haben.

Ähnlich beschreibt die Autorin den Fall einer Frau, die sagte,

> »dass sie ihre Abscheu gegen den Geschlechtsverkehr in dem Moment überwinden konnte, als sie anfing, ›dreckige Wörter‹ zu benutzen. Damit meinte sie, dass sie ihrem Partner ihre Fantasien beschrieb: dass er gerade von einer fremden ›stinkenden Nutte‹ verführt wurde. [...] Je ›dreckiger‹ alles wurde, desto stärker wurde ihre Erregung; und schließlich hatte sie einen Orgasmus, wobei sie sich vorstellte, ihr Partner sei gerade mit einer anderen Frau zusammen. Während der ganzen Zeit war sie dabei an das Bett gefesselt, absolut bewegungsunfähig und ihrem Partner vollständig unterworfen. Hinterher war sie über das Ganze stets entsetzt, verfiel in Depressionen und fühlte sich jeder Zärtlichkeit und Liebe unwürdig« (ebd., S. 42f.).

Welldon beschreibt also ein sexuelles Verhalten, bei dem Triumph und Hass auf den Partner das Primat haben. Es handelt sich um einen *perversen Geschlechtsverkehr* bei *heterosexueller Sexualorganisation*. Die Entstehung dieser heterosexuellen Sexualorganisation per se ist bei Welldon weder Gegenstand psychogenetischer Herleitungen noch überhaupt ein Thema. Das entspricht meinem Modell.

Weber-Meewes (2014) thematisiert eine »perverse Position« in der männlichen Entwicklung, die so ubiquitär sei, dass man unter den gegebenen soziokulturellen Bedingungen nicht von einer Krankheitsdimension sprechen könne. Diese perverse Position äußere sich in häufig vorkommenden Formen sexueller Aktivitäten: Konsum von Pornografie, Prostitution und Anwendung sexueller Gewalt.

Nach meinem Modell haben bei diesen Aktivitäten nicht-sexuelle Funktionen das Primat – z. B. eine »narzisstische Kränkungskompensation und/oder die untergründige neidische Wut auf die (Ur-)Frau (Mutter)« (Weber-Meewes 2014, S. 218). Deshalb ist die Bezeichnung *pervers* hier angemessen. Soweit Weber-Meewes' in vielerlei Hinsicht einleuchtenden psychogenetischen Herleitungen diese *Aktivitäten* betreffen, leisten sie theoretisch und therapeutisch Hervorragendes. Dabei darf aber nicht übersehen werden, dass bei möglichen anderen sexuellen Aktivitäten derselben oder anderer Männer die genannten nicht-sexuellen Funktionen sich dem Primat der libidinösen Triebbefriedigung unterordnen. In diesen Fällen wäre – gemäß meinem Modell – das entsprechende Sexualverhalten nicht als pervers zu bezeichnen – und schon gar nicht die Sexualorganisation aller heterosexuellen Männer.

Die Beispiele von Welldon und Weber-Meewes zeigen die Berechtigung der Forderung von Cassel-Bähr (2021), dass die Rolle der Aggression bei jeder sexuellen Aktivität mitreflektiert werden muss.

Ob und inwieweit Aggression als eigenständiger Trieb aufgefasst werden kann und soll, ist eine Frage, die in der Psychoanalyse bis heute kontrovers diskutiert wird. Im Rahmen meines Modells genügt es, zwischen libidinös gebundener und libidinös nicht gebundener Aggression zu unterscheiden. Im ersten Fall steht die Aggression im Dienste der libidinösen Triebbefriedigung und ordnet sich dieser unter, im zweiten Fall steht die Libido im Dienste der Aggression und ordnet sich dieser unter.

Damit kommen wir zu Cassel-Bährs Frage, nach welchen Kriterien *Sexualität per se* und *Sexualität in actu* unterschieden werden können (vgl. dazu auch Kapitel 4.8). Meines Erachtens wird dies oft schon durch das manifeste Verhalten bzw. das klinische Bild deutlich. So ist es in vielen Fällen nicht schwierig, das Verhalten eines stürmischen Liebhabers von dem eines Vergewaltigers zu unterscheiden. »Eine starke Zugabe von sexueller Aggression führt vom Liebhaber zum Lustmörder, eine starke Herabsetzung des aggressiven Faktors macht ihn scheu oder impotent« (Freud 1940a [1938], S. 71).

In den Fallvignetten, die ich in »Mehr Klarheit beim Reden über Sexualität« anführe, geht es um den einfachen Unterschied zwischen der sexuellen Aktivität eines homosexuellen Mannes, die ihm vor allem psychisches Leid zufügt (S. 40), und einer sexuellen Aktivität, die einen anderen homosexuellen Mann zwar beunruhigt, aber vor allem beglückt, ihn gleichsam »verwandelt« und auf die er nicht verzichten möchte (S. 41).

Cassel-Bähr schließt ihre Replik mit den Worten:

> »Nicht nur einzelne sexuelle Akte, sondern die gesamte erwachsene Sexualorganisation eines (hetero- wie homosexuellen oder anderweitig identifizierten) Menschen kann überwiegend oder vollständig dafür in Dienst genommen werden, das Selbst oder das Objekt zu schädigen und zu vernichten – und all dies würde ich immer noch Perversion nennen. Leidvolle Konflikte und Widersprüche um Liebe und Hass, um Soziales und Antisoziales bleiben nach meinem Verständnis der menschlichen Sexualität tief und größtenteils unbewusst eingeschrieben – und also auch der Sexualwissenschaft« (Cassel-Bähr 2021, S. 44).

Damit schreibt sie erneut *perverses Sexualverhalten* dem Gesichtspunkt *Sexualität per se* zu. Meines Erachtens müsste es heißen, dass in diesen Fällen die gesamte *Sexualität in actu* in den Dienst nicht-sexueller Funktionen gestellt wird – nicht aber die Sexualorganisation per se. Dass ich auf dieser terminologischen Unterscheidung bestehe, ist nicht spitzfindig, sondern methodisch und damit für die Betroffenen von großer Bedeutung: Denn ob wir homosexuell, heterosexuell oder was auch immer sind, lässt sich therapeutisch nicht ändern. Wenn aber die Gesamtheit unserer sexuellen Handlungen und Fantasien von nicht-sexuellen Funktionen vereinnahmt wird und wir damit anderen oder uns selbst Schaden zufügen, dann besteht für die Betroffenen zumindest die Hoffnung, dass eine Therapie das damit verbundene Leiden mindern kann, indem zukünftig nicht mehr die ganze *Sexualität in actu* unter dem Primat nicht-sexueller Funktionen stehen wird.

3 (K)ein Grund zur Homosexualität

Ein Plädoyer zum Verzicht auf psychogenetische
Erklärungsversuche von homosexuellen,
heterosexuellen und anderen Orientierungen

Auch bei diesem Kapitel handelt es sich hauptsächlich um einen Reprint (Binswanger 2016). Ich füge es hier zwischen das Kapitel 2 zur Sexualität und Kapitel 4 zum Gender ein, weil darin zwei Argumente ausführlicher behandelt werden, als es in den dort abgedruckten Zeitschriftenartikeln möglich war: Erstens meine Empfehlung, auf psychogenetische Erklärungsversuche aller erwachsenen Sexualorganisationen zu verzichten, und zweitens auf meine Hypothese, dass die allererste Weiche auf dem Weg zur Entwicklung der verschiedenen erwachsenen Sexualorganisationen durch einen frühen prägungsanalogen Vorgang beim Menschen gestellt wird (vgl. Kapitel 3.2.5, S. 78ff. sowie Kapitel 4.4.1, S. 101f.). Obschon Kapitel 3 aus Gründen der damaligen Entstehung auf die männliche Homosexualität fokussiert ist, gelten die zentralen Inhalte für alle erwachsenen Sexualorganisationen. Dabei sind einige Wiederholungen unvermeidlich.

3.1 Einleitung

Die folgende Arbeit stellt zwei Zürcher Versuche, psychogenetische Entwicklungen zur Homosexualität respektive Heterosexualität zu entwerfen, an den Anfang der jeweiligen Überlegungen: Morgenthalers (2004a [1984]) »erste Weichenstellung« (Kapitel 3.1.1) und Le Soldats (2015) »Grund zur Homosexualität« (Kapitel 3.2.3). Mit *Sexualität* ist im Folgenden *erwachsene* und *organisierte* Sexualität gemeint. Der Begriff »Organisierte Sexualität« bezieht sich auf die ebenfalls von Morgenthaler (2004a [1984]) dargestellte Dialektik zum »Sexuellen«. Mit dem »Sexuellen« ist »die Triebhaftigkeit im Es« gemeint, die aus »ungerichteten Triebregungen« besteht, die »dem Erleben ganz allgemein etwas Dranghaftes verleihen« (S. 142 [138f.]). Das »Sexuelle« steht Freuds Begriff der *erweiterten Sexualität* nahe, während

»organisierte Sexualität« als das verstanden wird, was die *Ich-Entwicklung* aus den »ungerichteten Triebregungen« gemacht hat und was sich als *manifeste* sexuelle Aktivität in Fantasie und Verhalten äußert.

Die so verstandene organisierte Sexualität wird in Kapitel 3.2.1 unter zwei Gesichtspunkten betrachtet: *Sexualität per se* und *Sexualität in actu*. *Sexualität per se* beschreibt einen Aspekt der Persönlichkeit, nämlich eine hierarchische Organisation der Partialtriebe, was im Folgenden *erwachsene Sexualorganisation* genannt wird. *Sexualität in actu* beschreibt die manifeste sexuelle Aktivität *in Fantasie und Verhalten*. In den Kapiteln 3.1.3 und 3.2.3 wird begründet, weshalb Morgenthalers und Le Soldats Konzepte weder den Weg zur homosexuellen oder heterosexuellen Sexualorganisation noch den Grund dafür aufdeckten, sondern *bestimmte Formen* von *Sexualität in actu* theoretisierten, unabhängig von der entsprechenden Sexualorganisation. Weil dasselbe nach meiner Hypothese auch für alle anderen von der Psychoanalyse entwickelten psychogenetischen Erklärungen für die verschiedenen Sexualorganisationen gilt, empfehle ich *in diesem Zusammenhang* die gleiche Abstinenz von solchen psychogenetischen Erklärungsversuchen, wie sie für die Heterosexualität per se gang und gäbe ist. Das kann auch positiv begründet werden mit dem Rückgriff auf Konzepte, welche die kindlichen Weichenstellungen zu den verschiedenen erwachsenen Sexualorganisationen *ohne Dazwischenkunft seelischer Prozesse* konzipieren (Stoller 1973). Damit ist der Prägungsbegriff gemeint, den die beiden Zürcher Psychoanalytiker Harold Lincke (1981) und Werner Fessler (1993) neu konzipiert haben, um ihn von seinen biologistischen und reaktionären Ursprüngen zu befreien (Kapitel 3.2.5). In Kapitel 3.2.3 und 3.2.6 soll gezeigt werden, dass Le Soldat und Morgenthaler mit ihren vergeblichen Ansätzen, den »Grund zur Homosexualität« zu finden, metapsychologisches Neuland betreten haben, das den Rahmen ihrer ursprünglichen Intention sprengt und neue Perspektiven eröffnet.

3.1.1 Morgenthalers »Weichenstellungen«

Der Zürcher Arzt und Psychoanalytiker Fritz Morgenthaler gilt als der »erste Psychoanalytiker, der die Homosexualität vom grundlegenden Stigma der Krankheit bzw. psychischen Störung befreit hat«[24]. Dies wird

---

[24] https://de.wikipedia.org/wiki/Fritz_Morgenthaler (11.11.2015).

auch von der US-amerikanischen Historikerin der Psychoanalyse Dagmar Herzog (2023 [2017], S. 253])[25] bestätigt und begründet. Diese Haltung war bei Morgenthaler allerdings nicht von Anfang an gegeben. Mit Rückbezug auf Vinnai (1977) schrieb er später von einem »Denkfehler, der mir und anderen unterlaufen ist« (Morgenthaler 2004a [1984], S. 95). Es sei falsch gewesen, »den polaren Gegensatz zwischen Heterosexualität und Homosexualität nicht in Frage gestellt« zu haben. Für die Laienpresse formulierte er deshalb das geflügelte Wort: »Sexualität, in welcher Form sie sich auch immer zeigt, kann niemals eine Neurose, eine Psychose, eine Morbidität sein« (ebd., S. 86).

Die wissenschaftliche Konsequenz aus dieser Kehrtwende bestand darin, die Entwicklung zur Homosexualität »im Vergleich zu allen anderen« zu beleuchten. Es galt also, bei der Entwicklung insbesondere zur Heterosexualität, in analoger Weise wie bei der Entwicklung zur Homosexualität »typische Stationen innerhalb der psychischen Entwicklung« zu beschreiben, »an denen gleichsam die Weichen gestellt werden«.

»Diese Stationen sind keine Engpässe in der Entwicklung, wo unüberbrückbare Konflikte Fixierungen hinterlassen, die im späteren Leben regressive Prozesse einleiten und zur Neurose führen. Die Weichenstellungen, von denen hier die Rede ist, sind anderer Art. Sie bewirken, dass Störfaktoren und ungünstige Einflüsse, die auf einer Stufe der psychischen Entwicklung zu einer Schädigung führen können, auf einer der nächsten Stationen der Entwicklung ausgeschaltet oder doch soweit reduziert werden, dass keine Schädigung erfolgt« (ebd.).

Bekanntlich identifiziert Morgenthaler drei Stationen, je eine auf der Stufe der narzisstischen Entwicklung, des ödipalen Konfliktes und der Adoleszenz: Auf der Stufe der narzisstischen Entwicklung kommt es entweder zu einer »Überbesetzung« des Bedürfnisses nach »*Identität* (die Errungenschaft zu wissen, wer man ist)« oder des Bedürfnisses nach »*Autonomie* (die Gewissheit, selbständig entscheiden und handeln zu können)«. Diese Weichenstellung erfolgt »je nach den Belastungen, denen ein Kleinkind in der Ablösungsphase ausgesetzt ist«. Die Weichenstellung ist demnach eine Maßnahme »gegen eine Gefährdung der Weiterentwicklung« (ebd.,

---

25 Vgl. auch ihre Einleitung zur amerikanischen Übersetzung von Morgenthalers »Technik« (Morgenthaler 2020, S. 4f.).

S. 87). Während die Entwicklung der Errungenschaft, zu wissen wer man ist, in verschiedenen Theorien der narzisstischen Entwicklung Gestalt angenommen hat, ist Morgenthalers Auffassung bezüglich der Aufrichtung der Autonomie neu: »In der frühen Kindheit wird dieses Bedürfnis nach Autonomie durch eine Überbesetzung autoerotischer Aktivitäten befriedigt. Diese Weichenstellung hat zur Folge, dass fortan Insuffizienzerscheinungen im seelischen Gleichgewicht durch einen Autonomiezuwachs im Selbstgefühl ausgeglichen werden« (ebd., S. 88).

Die zweite und die dritte Weichenstellung setzen meines Erachtens voraus, dass der Weg zur Hetero- beziehungsweise Homosexualität bereits eingeschlagen ist und nicht mehr rückgängig gemacht werden kann. Deshalb konzentriere ich mich im Folgenden auf die erste Weichenstellung.

3.1.2 »Prioritäre Besetzung« statt »Überbesetzung«

Die Bezeichnung »Überbesetzung« ist leider geeignet, Verwirrung zu stiften. Der Wortteil »über« suggeriert ein Zuviel und deshalb eine pathologische Tendenz, obschon, wie aus den Zitaten hervorgeht, Morgenthaler das Gegenteil intendierte. Es kann ja auch keine rein *quantitative* Vergrößerung gemeint sein, denn das Wort »Weichenstellung« zielt auf eine *qualitative* Veränderung. Das »Zuviel« schlägt in eine neue Qualität um, welche der einen Errungenschaft die Priorität über die andere einräumt. Im Folgenden ersetze ich deshalb Morgenthalers Ausdruck »Überbesetzung« durch »prioritäre Besetzung«. Das drückt aus, dass auf der Ebene der prioritär besetzten Errungenschaft Kompromisse nur schwer, auf der untergeordneten aber entsprechend leicht möglich sind. So fällt es dem »klassischen Szenenschwulen« anscheinend relativ leicht, in seinem Auftreten verschiedene Identitäten zum Ausdruck zu bringen – den angepassten Bankangestellten während der Arbeit und den sexuellen Abenteurer in der Bar. Andererseits kann er bezüglich Autonomie keine Kompromisse machen: Empfindet er sie als bedroht, muss er sie sofort mittels eines autoerotischen Vollzugs am erweiterten Selbst wieder festigen – in der Sauna, im Park oder in der Klappe. Ein solcher Lebensstil entspricht eben einer prioritären Besetzung der Autonomie. Eine heterosexuell borniete Psychoanalyse tendiert gewöhnlich dazu, diese Verteilung der Prioritäten zu pathologisieren – im Gegensatz zur Tendenz der heterosexuellen Mainstream-Kultur, wonach sexuelle, soziale, berufliche, politische und private Identität zwingend unter einen Hut zu bringen wären.

Dafür sorgen soziale Institutionen wie die herkömmliche Ehe, welche bezüglich Autonomie eine große Fähigkeit zu Kompromissen voraussetzt. Ein solcher Lebensstil passt zur prioritären Besetzung der Identität.

3.1.3 Weichenstellungen zu Lebensformen Hetero- bzw. Homosexueller

Bei genauerer Betrachtung trägt Morgenthalers erste Weichenstellung aber die Muttermale ihrer Entstehungsgeschichte in der Zeit der Schwulenbewegung der 1970er Jahre. Dieser Bewegung gelang es tatsächlich, nicht nur eine gewisse soziale Akzeptanz in konservativen Psychiatriegesellschaften durchzusetzen, sondern sogar in Teilen der Psychoanalyse die Entpathologisierung der homosexuellen Orientierung zu erreichen. Das war verbunden mit einer Destigmatisierung bestimmter homosexueller Lebensformen. Der »gewöhnliche Homosexuelle« (Dannecker & Reiche 1974) wurde mit dem Szenenschwulen gleichgesetzt, was sich in der weiteren gesellschaftlichen Entwicklung als zu eng herausstellen sollte. Selbstverständlich gibt es nach wie vor den Schwulen, der Partnerwahlen nach seinem eigenen Selbstbild trifft – wir kennen alle die geglückten Paare, die beinahe Zwillingen ähneln. Bei diesen scheint die Morgenthaler'sche Hypothese zu passen, dass das höchste ihrer Gefühle in einer Art autoerotischem sexuellem Vollzug am erweiterten Selbst erreicht werden kann. Dies im Gegensatz zu bestimmten heterosexuellen Paaren, bei welchen sich der »kleine Unterschied« in großen Unterschieden bezüglich Körpergröße, Körpertyp, Haarfarbe und vielem anderen zu widerspiegeln scheint. Bei solchen Paaren mag das höchste der Gefühle darin bestehen, dass durch die Vereinigung, vorübergehende Auflösung und anschließende Wiederherstellung der möglichst unterschiedlichen Identitäten deren Stärkung und Festigung erreicht werden kann. »Ich kann es mit einem Partner/einer Partnerin treiben, der/die so ganz anders ist als ich«: So beschrieb Morgenthaler (mündliche Mitteilung) das seines Erachtens charakteristische heterosexuelle Erleben. Beide bis jetzt geschilderte Erlebnisweisen drücken die Einheit einer sexuellen und einer nicht-sexuellen Funktion aus: die Einheit einerseits der Triebbefriedigung und andererseits der Stärkung der am ehesten bedrohten Errungenschaft der narzisstischen Entwicklung.

Die hier prägnant beschriebenen qualitativen Unterschiede im Selbsterleben verschieden strukturierter Paare bei geglückten, partnerbezogenen sexuellen Aktivitäten können als methodische Orientierung bei der Auseinandersetzung mit aktuellen Ausprägungen der Queer-Bewegung dienen, insbesondere wenn es um die Kritik an der herrschenden binären Geschlechterordnung geht. Solange es um den repressiven Charakter dieser binären Geschlechterordnung geht, ist die Kritik berechtigt. Sie wird aber selbst repressiv, wenn sie in das individuelle Lusterleben eingreift, also vorzuschreiben versucht, was Lust machen soll und darf und was nicht, z. B. wenn sie Heterosexualität mit Heteronormativität gleichsetzt und verwechselt. Für Menschen, die »Insuffizienzerscheinungen im seelischen Gleichgewicht« (Morgenthaler 2004a [1984], S. 88) durch eine prioritäre Besetzung des Identitätsbedürfnisses kompensieren konnten, sind individuelle Geschlechtsunterschiede – so stereotyp sie auch erscheinen mögen – faszinierend, erregend und können für den Vollzug sexueller Aktivitäten matchentscheidend sein. Und es könnte durchaus die Mehrheit der Menschen sein, die so empfindet. Für sie bedeutet eine Über-Ich-lastige queere Pädagogik nichts anderes, als die alte repressive schwarze Pädagogik durch eine neue, ebenso repressive Regenbogenpädagogik zu ersetzen. Darauf komme ich in Kapitel 4.5.1 zurück.

Inzwischen kennen wir alle auch homosexuelle Paare, die unterschiedlicher nicht sein können: Der ältere Europäer wählt immer wieder jüngere Afrikaner oder Asiaten und reproduziert mit ihnen das soziale Stereotyp konventioneller heterosexueller Ehen; ein ähnliches Bild kann sich zwischen den lesbischen Stereotypen »Butch« und »Femme« ergeben. Andererseits ertragen viele heterosexuelle Männer und Frauen die Bindung an ein einziges Sexualobjekt innerhalb einer konventionellen Ehe oder ähnlichen Lebensform schwer bis gar nicht, während vielen homosexuellen Frauen und Männern die Bindung an ausschließlich eine*n Partner*in nicht exklusiv genug sein kann. Dies legt den Schluss nahe, dass Morgenthalers erste Weichenstellung nicht eine Station auf dem Weg zur Hetero- oder Homosexualität *per se* ist, sondern eine Station auf dem Weg zu bestimmten *Formen*, in denen sich sowohl Hetero- als auch Homosexualität *ausdrücken können und gelebt werden.*

3.2 Zwei Gesichtspunkte im Diskurs über Sexualität

Mit diesen Formulierungen nähere ich mich der Unterscheidung von zwei grundsätzlich verschiedenen Gesichtspunkten, unter denen nicht nur der

Diskurs über Homo- und Heterosexualität, sondern auch über Perversion mit Vorteil geführt wird (Binswanger 2011, 2017a). Es ist nämlich ein grundsätzlicher Unterschied, ob gesagt wird: »Diese Person ist homosexuell, heterosexuell oder pervers« oder: »Das Fantasieren und Verhalten dieser Person ist homosexuell, heterosexuell oder pervers«. Eine der Ursachen für die ständigen Konfusionen im Diskurs über Sexualität liegt meines Erachtens darin, dass diese Gesichtspunkte ständig vermischt werden. Der »Denkfehler«, den Morgenthaler (2004a [1984] S. 95) feststellte, ist zwar bezüglich der Homosexualität weitgehend behoben, doch hält er sich hartnäckig im Diskurs über Perversionen. Mit dem Begriff Perversion wird einerseits *Sexualität per se* bezeichnet, wie sie bei Fetischisten, Sadomasochisten, Exhibitionisten, Voyeuren oder Pädophilen[26] auftritt, anderseits aber auch *Fantasien und Verhaltensweisen*, welche sowohl bei den genannten, aber auch bei Homosexuellen und Heterosexuellen häufig vorkommen, wie z. B. dranghafter Pornografiekonsum, zwanghaft promiskuitives Verhalten, zwanghafte Masturbationsrituale, Inzest, Vergewaltigung und vieles andere. Deshalb habe ich vorgeschlagen, immer scharf zu unterscheiden zwischen *Sexualität per se* und *Sexualität in actu*. Im Englischen lässt sich der Unterschied besonders prägnant ausdrücken: *Sexuality as it is* und *sexuality as it happens*. *Sexualität per se* beschreibt die Art und Weise, wie Sexualität innerhalb einer Person *organisiert* ist, weshalb ich ihr den Begriff *erwachsene Sexualorganisation* zuordne. *Sexualität in actu* meint die *sexuelle Aktivität*, wie sie in Fantasie und Verhalten beobachtet werden kann.

3.2.1 *Sexualität in actu:* Einheit von zwei Funktionen

Mein konzeptioneller Vorschlag ging bei der *Sexualität in actu* – also bei der sexuellen Aktivität in Fantasie und Verhalten – von einer dialektischen *Einheit* von sexuellen und nicht-sexuellen *Funktionen* aus: eine Einheit von *sexueller* Funktion, sprich libidinöser Triebbefriedigung einerseits, und andererseits verschiedener *nicht-sexueller* Funktionen wie Aggressionsabfuhr, Plombenfunktion, unbewusste Inszenierungen ödipaler Konflikte oder präödipaler Belastungen, Externalisierung unbekömmlicher Selbstan-

---

26 Hier benütze ich ausschließlich die männliche Form, nicht nur wegen der besseren Lesbarkeit, sondern auch wegen der überwiegenden Häufigkeit dieser erwachsenen Sexualorganisationen bei Männern.

teile, übersteigertes Kontrollbedürfnis von Partner*innen, Weitergabe von Traumata und anderes. In der sexuellen Aktivität wäre jeweils *eine* dieser Funktionen primär handlungsleitend, hätte also gleichsam die Führung, während sich die anderen Funktionen dieser Führung unterordnen, um doch noch auf ihre Rechnung zu kommen. Den *Perversionsbegriff* würde ich auf sexuelle Aktivität in Fantasie und Verhalten einschränken, in denen eine *nicht-sexuelle Funktion* – evtl. auch ein Zusammenwirken mehrerer nicht-sexueller Funktionen – die Führung hat. Die Psychoanalyse hat die verschiedensten psychogenetischen Herleitungen vorgeschlagen, bei denen innerhalb des sexuellen Fantasierens und Verhaltens *eine nicht-sexuelle Funktion* fokussiert wird: das Kitten entsetzlicher narzisstischer Lücken – die Plombenfunktion Morgenthalers (1974, 2004a [1984]) –, die »erotische Form des Hasses« (Stoller 1998 [1975]), die Externalisierung unerträglicher Selbstanteile (Khan 1979), den Ausgleich unverarbeitbarer kindlicher Trennungserfahrungen oder Traumata (Greenacre 1996 [1979]) u.v.a.m. Alle diese Herleitungen sind hilfreich und klärend, solange sie sich auf *Sexualität in actu* beziehen, und können dann bei der Behandlung passender Patient*innen bessernd bis heilend wirken. Nicht hilfreich sind solche Herleitungen hingegen, wenn sie sich auf *Sexualität per se* beziehen und die Genese von nicht-heterosexuellen Sexualorganisationen erklären und heilen wollen. Dies trotz der inzwischen millionenfachen Evidenz, dass damit ausgeprägte homosexuelle, heterosexuelle, fetischistische, sadomasochistische oder pädophile *Sexualität per se* noch nie »geheilt« werden konnte.

3.2.2 Sexualität per se

Morgenthalers geflügeltes Wort muss wie folgt verändert werden: »*Sexualität per se* kann niemals eine Neurose, eine Psychose, eine Morbidität sein«. Fragen nach Pathologie, nach problematischer Psychogenese oder nach Behandlungsbedürftigkeit können sich niemals auf erwachsene Sexualorganisationen per se beziehen, sondern nur darauf, »in welcher Form sie sich auch immer zeigt«, also in actu. Sie ist dann, wie bereits ausgeführt, sehr wohl eine Neurose oder eine andere Form der Pathologie – wenn auch in sehr unterschiedlichem Maß – wenn eine nicht-sexuelle Funktion die Führung über die libidinöse Triebbefriedigung übernimmt.

Um die verschiedenen Formen von *Sexualität per se* »gleichberechtigt« auf eine Stufe zu stellen, habe ich vorgeschlagen (Binswanger 2011), den Begriff »sexuelle Orientierung« nicht nur für die Bezeichnung von Homo- und Heterosexualität zu verwenden, sondern auch von Fetischismus, Sadomasochismus, Exhibitionismus, Voyeurismus, homosexuelle resp. heterosexuelle Pädophilie und andere. Das hat den Vorteil, dass die Entpathologisierung sofort klar wird, insbesondere außerhalb psychoanalytischer Zusammenhänge. Zwar wird das auch von bestimmten wissenschaftlichen Autor*innen und in Foren Betroffener so gehandhabt[27], hat aber den Nachteil, eine etablierte Terminologie verändern zu wollen. Inzwischen ziehe ich es vor, zumindest innerhalb der Psychoanalyse von den verschiedenen *Sexualorganisationen Erwachsener* oder *erwachsener Sexualorganisationen* zu sprechen. Schon Morgenthaler hat, wie wir bereits feststellen konnten, den ersten Begriff gebraucht. Das ist aber nicht der Hauptgrund. Vielmehr kann ich zur Erläuterung auf den schon erwähnten *PSYCHE*-Artikel zurückgreifen. Dort habe ich, rein konzeptionell, die Herausbildung der verschiedenen sexuellen Orientierungen respektive Sexualorganisationen Erwachsener unter der Führung eines Partialtriebes dargestellt, unter gleichzeitiger Berücksichtigung bestimmter neurotischer Syndrome, welche Freud (1905d) als »Negativ der Perversion« bezeichnet (S. 65 [24]) – in meiner Neuformulierung als *Negativ der sexuellen Orientierung* oder heute als *Negativ erwachsener Sexualorganisationen*. So gefasst, kann letztere eben »niemals eine Neurose [...] sein« (Morgenthaler 2004a, S. 86), also das Positiv nicht gleichzeitig das Negativ.

Wenn wir also erwachsene Sexualorganisationen als *hierarchische Organisation von Partialtrieben* beschreiben, drängt es sich auf, neben den von Freud beschriebenen auch einen *homosexuellen und einen heterosexuellen Partialtrieb* anzunehmen. Nachdem wir die beiden Gesichtspunkte von *Sexualität in actu* und *Sexualität per se* getrennt behandelt haben, wundert es uns nicht mehr, dass Morgenthalers erste Weichenstellung nicht eine Station auf dem Weg zur Hetero- oder Homosexualität *per se* ist, sondern auf dem Weg zu bestimmten *Formen* sexueller Aktivität, in denen sich sowohl

---

27 Berner (2011, S. 51) und Falardeau (2001, S. 268) schreiben über »pädophile Orientierung« oder »auf Kinder gerichtete Orientierung«. »Nach heutigem Verständnis ist Fetischismus nicht im Rahmen der sexuellen Orientierung an sich eine psychische Störung« (http://de.wikipedia.org/wiki/Sexueller_Fetischismus) (09.12.2015); »In reality fetishism is just a orientation on to dead objects« (http://eng.studentsofboots.com/science2.html) (09.12.2015).

Hetero- als auch Homosexualität *ausdrücken kann und gelebt wird*. Analoges gilt selbstverständlich für alle anderen Versuche, eine Psychogenese von Homosexualität *per se* abzuleiten.

3.2.3 Ein »Grund zur Homosexualität« bei Le Soldat?

Und wie ist es bei Judith Le Soldat? Verspricht nicht der Titel ihres Buches *Grund zur Homosexualität* (2015), von dem ich die Überschrift dieses Aufsatzes abgeleitet habe, eine Psychogenese der Homosexualität? Sehen wir näher hin: Zunächst ist das Buch, welches auf Vorlesungen aus dem Wintersemester 2006/07 beruht, eine glänzende Zusammenfassung der Grundlagen der Triebtheorie, auf denen Le Soldat aufbaut, sowie der Neuformulierung des ödipalen Geschehens, welche sie 1994 mit ihrem Buch *Eine Theorie menschlichen Unglücks* vorgelegt hatte. Dieses ödipale Geschehen betrachtet sie in guter psychoanalytischer Tradition als menschliches Schicksal, dem sich niemand grundsätzlich entziehen kann. Erst ab Vorlesung 9 kommt sie auf eine *post-ödipale* Entwicklung zu sprechen, welche nur ein Teil der Menschen durchläuft, wohl eher eine Minderheit. Im Zentrum dieser Entwicklung steht ihr zufolge ein sogenannter *Grenzübergang*, in welchem der Bereich möglicher neurotischer Entwicklungen verlassen und in einen Bereich jenseits dieser Grenze vorgestoßen wird, aus dem es kein Zurück mehr gibt. Sie nennt diesen Bereich *schwules Imperium*. Wer diesen Übergang schafft, hat in der kindlichen und später tief unbewussten Fantasie das hoch potente und gefährliche Objekt eines passiv-aggressiven Wunsches, das sie *Apoll* nennt und von dem eine tödliche anale Penetration erwartet wird, »unschädlich« gemacht«. Und zwar besteht der fantasierte Vorgang darin, Apoll anzulocken, bis er einen anal penetriert, in diesem Moment aber dessen Penis mit dem Schließmuskel festzuhalten und sich blitzschnell umzudrehen, sodass man Apoll dadurch kastriert.

Folge dieser fantasierten Glanzleistung ist eine weitere fantasierte Befürchtung: Mann werde nie mehr einen anderen, gleich potenten Mann finden und muss deshalb fortan unbefriedigt bleiben. Folglich ist Mann ständig auf der Suche nach potenten Sexualpartnern, welche diese Befürchtung widerlegen könnten – eine »imperative« Suche, die einen regelmäßig unerfüllt und einsam zurücklässt.

Männer, welche diesen Grenzübergang hinter sich haben, also gleichsam »am anderen Ufer« sind, bezeichnet sie als *Schwule*, im Gegensatz zu gewöhnlichen homosexuellen Männern und Frauen, welche diesseits der Grenze im Bereich neurotischer Konfliktverarbeitung geblieben sind. Und in Bezug auf diese schreibt sie:

> »*Diesseits von Apoll* gibt es tatsächlich keinen nennenswerten Unterschied zwischen Homosexualität und Heterosexualität. [...] Sie sind gleichwertige Symptome des Triebes, die zu Stationen, die er früher einmal ausgebildet hat, zurückkehrt und sich dort ausbreitet. Es gibt im inneren Kosmos keinen Grund, den einen gegenüber dem anderen Ausgang zu bevorzugen oder mit irgendwelchen besonderen Ursachen in Zusammenhang zu bringen. Kleinste individuelle Fluktuationen führen einmal zu diesem und in einem anderen Fall zum anderen Resultat. Manchmal ist die eingeschlagene Bahnung der Regression zu einem Zustand ausdauernd, manchmal ist sie temporär, wechselt hin und her« (Le Soldat 2015, S. 200f.).

Also wäre die manifeste erwachsene Sexualorganisation etwas mehr oder weniger Zufälliges – und ich schließe aus dieser Textstelle, dass es auch mehr oder weniger zufällig ist, wie festgelegt und wie exklusiv die manifeste Sexualität hetero- oder homosexuell geprägt ist, oder auch fetischistisch, sadomasochistisch, homosexuell pädophil oder heterosexuell pädophil etc. Wenn wir nun bei Le Soldat weiterlesen, entzieht sich uns Eines bis zum Schluss: Was ist eigentlich der Grund, weshalb die Grenzüberschreitung *exklusiv* in die Homosexualität führt? Es gibt Anhaltspunkte dafür, dass die *Richtung* des *Spins*, mit dem Apoll in der Fantasie kastriert wird, die entscheidende Rolle spielen könnte, also *rechtsherum* oder *linksherum* – zumindest irgendwie *andersherum* scheint mythologisch mit Homosexualität verbunden zu sein und das sogenannte *homerische Gelächter* auszulösen (ebd., S. 235ff.). Eine letzte klare Äußerung der Autorin dazu suchen wir vergeblich. Vielmehr schreibt sie explizit:

> »Nun haben wir aber endlich ein eindeutiges Kriterium für die schwule Entwicklung gefunden. Es lautet folgendermaßen: Für alle homosexuellen und heterosexuellen Zustände findet im ödipalen Geschehen *ein* komplexes Ereignis statt: Raubmord und Verrat. Dieses Ereignis zeigt in der Raumzeitprojektion der Triebentwicklung auf die Weltlinie eines hypothetischen Triebpartikels *keine Auswirkung*. Eine schwule Entwicklung gewinnt im

ödipalen Geschehen zwei zusätzliche Schritte [...]²⁸. Dies ist das erste, und auch das einzige stichhaltige Unterscheidungskriterium, das ich Ihnen anbieten kann. Ein anderes triftiges Merkmal kann ich nicht finden, und ich bin sicher, dass nach dem heutigen Stand des Wissens es auch sonst niemand kann« (ebd., S. 232f.).

Die genannten beiden zusätzlichen Schritte wären ein *struktureller* Grund, um *nicht homosexuell*, sondern *schwul* zu werden. Aber bezeichnet der Begriff *schwul*, so wie ihn die Autorin braucht, nicht einfach eine besondere Form, wie sich Homosexualität *ausdrückt*? Landen wir mit Le Soldat schließlich an einem analogen Punkt, bei dem wir schon mit Morgenthalers Weichenstellung gelandet sind, nämlich nicht bei der ursächlichen Differenz zwischen einer homo- und heterosexuellen Entwicklung *per se*, sondern an einer Differenz zwischen verschiedenen Formen, in welcher Homosexualität und Heterosexualität bestimmter Individuen *sich ausdrücken* und praktiziert werden?

Monika Gsell (2016) kommt im Laufe ihrer genaueren und detaillierteren Darstellung des Le Soldat'schen Denkens und der daraus folgenden Theorien zum Schluss, dass es dabei gar nicht um eine Herleitung der homosexuellen Orientierung geht, sondern um die »schwule« Form der Strukturbildung mit progressiver Tendenz, welche ausschließlich homosexuelle Männer betrifft.

Es gibt in Le Soldats Werk (2015) Anhaltspunkte dafür, dass es nicht der Grenzübergang per se sein kann, welcher den *Grund zur Homosexualität* bildet. Es finden sich nämlich einige Hinweise, dass ein Grenzübergang möglich ist, der weder in die Homosexualität noch in das Schwulsein führt: »Im Folgenden betrachten wir nun ausschließlich die homosexuelle – schwule – Variante. Über den zweiten Weg, die Grenze zu überqueren, welchen ich schon gelegentlich erwähnt habe, werden Sie in dieser Vorlesung nichts hören« (Le Soldat 2015, S. 214).

Und auch auf Seite 226 spricht sie von einer »zweiten Variante« des »Exodus«. Dazu erläutert die Herausgeberin, Monika Gsell, Folgendes:

---

28 Ich lasse im Zitat einige Le Soldat'sche Fachausdrücke weg, weil sie längere Erklärungen benötigen würden, ohne dass sie für meine weitere Argumentation relevant wären. Für eine genauere Einführung in das Denken Le Soldats vgl. Gsell (2016) sowie das laufend erweiterte Glossar auf https://www.lesoldat.ch/glossar1

»In *Land ohne Wiederkehr*[29] erfahren wir, dass die Autorin sich selbst zu denjenigen zählte, welche diesen anderen psychischen Entwicklungsweg *jenseits* durchlaufen haben. Aus persönlichen Mitteilungen wissen wir, dass sie diese zweite Entwicklungslinie jenseits der Grenze als Borderline-Syndrom verstand« (ebd., S. 16).

Meines Erachtens gelingt Le Soldat mit dieser Auffassung eine geniale Errungenschaft: Im »Diesseits« herrscht neurotische Konfliktverarbeitung, und zwar im Sinn von Freud auf einem Kontinuum zwischen relativer »Gesundheit« und schwerer Gestörtheit; analog dazu konzipiert sie – nun immer gemäß meiner Interpretation – im »Jenseits« ein Borderline-Imperium mit einem gleichgearteten Kontinuum zwischen relativer »Gesundheit« und schwerer Gestörtheit. »Borderline« also nicht als präödipal erworbener Krankheitszustand im Grenzbereich zur Geisteskrankheit, sondern als postödipal entwickelte besondere Strukturierung potenziell gesunder Persönlichkeiten. Gleichzeitig ist diese Strukturierung *kein Grund zur Homosexualität*, sondern viel eher Grundlage schwuler Strukturbildung und damit verbundener Lebensformen. Es ist also möglich, an der relativen Zufälligkeit der Entwicklungen zu den verschiedenen erwachsenen Sexualorganisationen im »Diesseits« festzuhalten und ihre vorläufige mehr oder weniger starke Festlegung früh zu lokalisieren, womöglich schon in der präödipalen Phase. Die relativ zufällige Festlegung wird dann gleichsam beim Grenzübergang schon mitgenommen. Sie bestimmt meines Erachtens, ob die durch den Grenzübergang anders strukturierten Persönlichkeiten homosexuelle oder heterosexuelle Frauen oder Männer sind.

Zusammengefasst: Im »Diesseits« neurotischer Entwicklungen postuliert Le Soldat explizit keine spezifische Psychogenese für die Entstehung einer homosexuellen resp. heterosexuellen Organisation der erwachsenen Sexualität; und bei genauer Betrachtung scheint es, dass der Grenzübergang ins »Jenseits« ebenfalls kein Grund für eine bestimmte erwachsene Sexualorganisation *per se* ist, sondern bestimmend für die Formen, in welchen die verschiedenen Sexualorganisationen *sich ausdrücken* und gelebt werden.

Die wissenschaftliche Hinterlassenschaft von Judith Le Soldat ist auch für Psychoanalytiker*innen schwer zu verstehen, nicht zuletzt deshalb, weil sie immer wieder widersprüchlich ist. Ich habe hier nur einen kleinen

---

29 Zu den Titeln der geplanten Bände der Werkausgabe vgl. Le Soldat (2015, S. 17).

Teil davon so zusammengefasst, wie es mir im aktuellen Kontext in praktischer und theoretischer Hinsicht am nützlichsten scheint. Ich wollte damit zeigen, dass es auch dieser genialen Autorin nicht gelungen ist, den ätiologischen »Grund zur Homosexualität« zu finden.

Persönlich habe ich – im Dialog mit Monika Gsell – außerordentlich von der Auseinandersetzung mit Le Soldats Werk profitiert. Ich konnte selbstanalytisch dort weitermachen, wo meine letzte eigene Analyse – für die ich dem Analytiker nach wie vor sehr dankbar bin – in einer gewissen Stagnation geendet hatte. Konzepte wie Kolposwunsch, Penisraub und Hammerschlag-Wunsch erhielten auch bei einigen meiner Patient*innen, bei denen ich stagnierte, eine sehr praktische und emotional bewegende Evidenz, was neue Impulse für die Fortsetzung ihrer analytischen Prozesse gab. Die Kritik von Mae Widmer-Perrenoud (2022) an Le Soldats Ödipus-Theorie und unsere Replik darauf (Gsell & Binswanger 2023) können interessierten Leser*innen vielleicht eine Orientierungshilfe sein, um sich in Le Soldats theoretischem und praktischem Labyrinth zurechtzufinden. Dies gilt insbesondere auch für die didaktisch geschickt aufbereiteten Fallbeispiele in dem von Fäh herausgegebenen Band (2021).

3.2.4 *Sexualität per se* kennt keine Psychogenese

Wenn es um psychogenetische Erklärungsversuche der verschiedenen erwachsenen Sexualorganisationen geht, besteht ein inzwischen allgemein bekannter Orientierungspunkt in Freuds vermutlich 1915 den *Drei Abhandlungen zur Sexualtheorie* (1905d) zugefügter Fußnote: »Im Sinne der Psychoanalyse ist also auch das ausschließliche sexuelle Interesse des Mannes für das Weib ein der Aufklärung bedürftiges Problem und keine Selbstverständlichkeit« (S. 44, Fn. 1).

Demnach müsste bei Versuchen, eine Psychogenese der Homosexualität oder des Fetischismus etc. abzuleiten, in gleicher Weise eine Psychogenese der Heterosexualität gefunden werden. Da nun aber, wie wir gesehen haben, auch den progressivsten Theoretiker*innen weder das eine noch das andere in überzeugender Weise gelungen ist, drängt sich *in diesem Zusammenhang* eine umgekehrte Schlussfolgerung auf: So wie im Allgemeinen darauf verzichtet wird, eine Psychogenese der Entwicklung zur *Heteros*exualität *per se* zu suchen, sollte es auch für alle anderen erwachsenen Sexualorganisationen gehandhabt werden.

Ich sehe den Hauptgrund dafür, dass die Psychoanalyse in diesem Zusammenhang immer wieder in eine »Rechtsaußenposition« (Reiche 1997, S. 944) rutscht, im offensichtlich unstillbaren Bedürfnis, mögliche Psychogenesen der verschiedenen erwachsenen Sexualorganisationen zu entwerfen. Dagegen weiß ich nur ein Mittel: die Totalabstinenz! Dabei ist mir bewusst: Wenn ich einen grundsätzlichen Verzicht auf derartige Bedürfnisbefriedigung propagiere, geht eine frustrierende Wirkung von mir aus. Aber wie in der Suchttherapie könnte das auch eine Entlastung sein: Wenn wir von Erklärungsversuchen der *Sexualität per se* befreien, werden wir womöglich von unseren Analysand*innen besser verstanden, wenn wir die Konflikte und Belastungen analysieren, die in ihrer sexuellen *Aktivität* zum Ausdruck kommen.

Victoria Preis (2021) formuliert ihr Unbehagen gegenüber einer Haltung, welche das Fragen nach der Ursache der Homosexualität für überholt hält und welche deshalb vorschlägt, nicht mehr nach der Psychogenese der Homosexualität zu fragen. Sie befürchtet, dass eine solche Haltung auch zu einer generellen Abkehr von der Triebtheorie führen könnte (S. 212) und dazu, dass reale Schwierigkeiten übersehen und Betroffene deshalb falsch behandelt würden.

Natürlich hat sie Recht damit, dass das Wort *Psychogenese* mehr umfasst als die Frage nach einer Ätiologie, nämlich die Frage, wie sich etwas ätiologisch Gegebenes im Verlauf der psychischen Entwicklung und ihrer Konflikthaftigkeit verändert und seine reife Gestalt annimmt. Das betrifft selbstverständlich auch die *Sexualität per se*: Nachdem – durch einen prägungsanalogen Vorgang im ersten oder zweiten Lebensjahr – die Weiche hin zu einer bestimmten Sexualorganisation gestellt worden ist, findet natürlich ein Entwicklungsprozess statt, der – beispielsweise – von einer frühen Prähomo- oder Präheterosexualität über die ödipale Phase und die Pubertät zur reifen homosexuellen oder heterosexuellen erwachsenen Sexualorganisation führt. Dieser Entwicklungsprozess – mit all seinen Gefährdungen – ist selbstverständlich in gleicher Weise einer psychoanalytischen Bearbeitung zugänglich wie Entwicklungsprozesse in nichtsexuellen Bereichen. Würde man dieses Verständnis von Psychogenese ausschließen, so würde man in der Tat »der Psychoanalyse ihr Instrument entziehen« (ebd.), wie es im Gender-Bereich der Fall wäre, wenn man aus ideologischen Gründen einer überzogenen Form von »Trans-Freundlichkeit« folgen würde. Und selbstverständlich ist es auch unsere Aufgabe, von Klient*innen gefühlte Sexualorganisationen, die sich bei genauerem Hinsehen als Abwehrprodukte erweisen, als solche zu erkennen und zu bearbeiten. Abgesehen davon ist aber die Frage, ob etwas an der Sexualität pathologisch ist oder nicht, ausschließlich unter dem Gesichtspunkt *Sexualität in actu* zu beantworten.

Ein Beispiel dafür, wie meine Position korrekt verstanden werden kann, findet sich bei Günter Holler (2023):

> »Hilfreich ist eine Haltung, dass auch homosexuelle Männer eine berechtigte und ernst zu nehmende psychosexuelle Entwicklung durchlaufen haben. Unterschiede in dieser Entwicklung ergeben sich nicht aus der Genese der Homosexualität oder der Heterosexualität per se (Binswanger 2016, S. 6), sondern daraus, wie sich der proto-homosexuelle Junge im Spannungsfeld der sich entwickelnden eigenen Wünsche und Bedürfnisse und der auf ihn reagierenden Umwelt positionieren kann« (S. 379).

Dem ist nichts hinzuzufügen. In seinem Fallbeispiel und seinen theoretischen Überlegungen dazu steht ein charakteristisches Scheitern vieler prähomosexueller Jungen an der negativ-ödipalen Situation im Zentrum. Holler nennt das, in Anlehnung an Poludas »lesbischen Komplex« (1993, S. 74), den »schwulen Komplex« (Holler, 2023, S. 396). Dies trägt nichts zur psychogenetischen Erklärung der *Ursache* der Homosexualität bei, sondern zum psychogenetischen Verstehen einer *Folge* der im prägenitalen Alter bereits festgelegten Entwicklung zur homosexuellen Orientierung.

3.2.5 Doch ein Grund?

Wenn ich im Folgenden mit *Prägung* einen Begriff aus der Ethologie aufgreife, bin ich mir bewusst, dass seine Übertragung auf den Menschen problematisch ist. Die Autoren, die ich zitieren werde, verwenden ihn vorsichtig, als »Modell« oder »Metapher«. Das könnte so verstanden werden, dass prägungsanaloge Vorgänge beim Menschen keinen Realitätsgehalt hätten.

Ich konnte den nachfolgend mehrfach zitierten Werner Fessler anfragen, wie seine Verwendung des Begriffs *Metapher*, bezogen auf Prägung, zu verstehen sei. In einer E-Mail vom 17.08.2023 antwortete er – wofür ich ihm danke – folgendermaßen:

»Ich verstehe die Verwendung des Begriffs Metapher in dem Sinne, dass sich der Begriff Prägung auf die beschriebenen Vorgänge in der Tierwelt beziehen. Wir besitzen mangels deren Sprache keine Kenntnisse über das Seelische bei Gänsen. In diesem Sinne wird der Begriff Prägung in /*_analoger_*/ Weise auf die menschliche Entwicklung verwendet, ohne Wissen darüber, ob bei uns Prägung im selben Sinn wie bei Gänsen stattfindet.«

Wenn also im Folgenden – bezogen auf den Menschen – von *Prägung* die Rede ist, sind *prägungsanaloge* Vorgänge im hier zitierten Sinn gemeint. Als solche haben sie meines Erachtens aber durchaus Realitätsgehalt – zumindest im Sinn einer Spekulation (vgl. dazu S. 83ff.).

Der vorgeschlagene Verzicht auf eine psychogenetische Erklärung von *Sexualität per se* kann auch positiv begründet werden, und zwar durch Heranziehung des Begriffs der *Prägung* resp. *imprinting*. Robert Stoller hat ihn mehrfach aufgegriffen und die prägenden Einflüsse, in Anlehnung an Money, der frühen Mutter-Kind-Beziehung zugeschrieben. Er situierte den Begriff in den Rahmen der Lerntheorie (Stoller 1974, S. 427f.),

»bei denen beim Kind das Zentralnervensystem *ohne Dazwischenkunft seelischer Prozesse* modifiziert wird« (Stoller 1973, S. 218, Übers. und Hervorh. R.B.).

»Mit nicht-seelisch meine ich, dass die Reize und die von ihnen bewirkten Veränderungen keine psychischen Repräsentanten haben oder je hatten« (Stoller 1998 [1975], S. 188).

Stoller (ebd., S. 66) nimmt dabei u. a. Anregungen von Bowlby und Spitz auf. Er benützt diesen Bezugsrahmen vorläufig zur Rationalisierung, »um einen lockeren, eines Tages vielleicht brauchbaren Bezugsrahmen aufzuzeigen, in den man Daten, Beobachtungen und Theorien über die frühesten Stadien psychischer Entwicklung einordnen kann« (S. 189f.).

Reiche (1997) kommt bei seiner kritischen Auseinandersetzung mit Stoller und Money darauf zurück und vertritt die Meinung, es sei kein Rückgriff auf Prägung notwendig, um eine psychoanalytische Theorie der *core gender identity* zu konstruieren. Allerdings stellt auch er fest: »In Analysen bleiben die Wurzeln der (core) gender identity im allgemeinen auch dann stumm, wenn diese Analysen bis zum Grund gehen« (ebd., S. 934).

Dies gilt umso mehr für die Wurzeln der verschiedenen Sexualorganisationen, die Reiche als gleichursprünglich mit der gender identity auffasst. Sie werden, als Proto-Objektwahl, »gleichsinnig, in einem Vorgang, etabliert« (ebd., S. 937). Reiche weist auch auf Heinz Lichtenstein (1961) hin, der ihn im Sinn einer Analogie verwendete:

> »Offensichtlich wird Prägung, im Sinn angeborener Auslösemechanismen, als Analogie gebraucht, wenn sie auf die menschliche Entwicklung angewendet wird. Was diese Analogie möglich macht, sind zwei bemerkenswerte Ähnlichkeiten in frühen Phasen der Individuation. Erstens, dass gewisse Antworten an die Mutter seitens des Kindes auf ›kritische Phasen der Ontogenese‹ beschränkt scheinen; zweitens, dass der Effekt als irreversibel erscheint« (S. 204f., Übers. R. B.).

Einem solchen Konzept geht zwar die »euphorisierende Wirkung« einer süffigen Psychogenese ab, und es ist mit den biologistischen und reaktionären Tendenzen seiner ethologischen Entstehungsgeschichte behaftet – weshalb die genannten Autoren auch sehr vorsichtig damit umgehen.

Die Zürcher Psychoanalytiker Harold Lincke (1981) und Werner Fessler (1993) haben sich auf neuartige Weise mit Prägung auseinandergesetzt und dadurch Beiträge geleistet, um diesen Begriff von seinen biologistischen und reaktionären Ursprüngen zu befreien:

> »Die populäre Frage: wie viel am Verhalten ist angeboren, wie viel ist umweltbedingt, ist irreführend; denn sie versperrt uns den Zugang zu jenem Psychischen, das zwar durch die Umwelt bestimmt wird, sich jedoch wie genetisch determiniert verhält. Eben dieser Teil des Psychischen aber bildet die Grundlage der humanspezifischen Eigenschaften« (Lincke 1981, S. 151).

Neben möglicherweise anlagebedingten und durch Lernprozesse erworbenen Bedeutungsträgern gäbe es eine dritte Kategorie, die durch eine beim Menschen verfeinerte Fähigkeit der »Prägung« entstünde. Motor hinter diesen Vorgängen seien sogenannte angeborene »Es-Aufträge«, welche in bestimmten sensiblen Phasen der menschlichen Entwicklung in einem spontanen Findungs- oder Erfindungsakt – das sind schon meine interpretierenden Worte – sich an geeignete Objekte heften. Im Gegensatz zu Lernprozessen laufen sie frei nach Picasso ab: »Je ne cherche pas, je trouve«. Das betrifft nach Lincke in erster Linie Symbolbildungen, aber auch die sexuelle Objektfindung. »Fehlprägungen« in einem biologischdeterministischen Sinn sind zwar die logische Folge, ohne dass diese aber im psychologischen Sinn irgendeine pathologische Bedeutung erhielten. Von der Objektfindung her ist Fessler (1993) diesen Spuren nachgegangen[30]: »Prägung bedeutet ein Stück Freiheit der Wahl des Objekts. Im Gegensatz zum genetisch fixierten Objekt, das im phylogenetischen Jenseits angelegt ist, wird das Prägungsobjekt im ontogenetischen Diesseits erworben, allerdings ohne Umtauschrecht« (S. 176). Fessler leugnet Linckes Thesen nicht, fügt aber hinzu:

> »Das Resultat der Prägung, die Festlegung eines persistierenden (äußeren) Objekts, kann nicht ohne irgendeine Form des Wiedererkennens und damit ohne (Gedächtnis-)Spur, Engramm, Urbild des Objekts verstanden werden. Für meine weiteren Thesen ist die Wahl dieses Urbilds das zentrale Ergebnis der Prägung. [...] Kurz, das Objekt verführt zum Verhalten« (ebd., S. 177f.).

Gemäß meiner Interpretation spricht Fessler hier vom äußeren Objekt, vom Anderen, womit er, wie später auch Reiche (1997), dem Prägungsbegriff ein Fenster zu Laplanche und auch eine historische Dimension eröffnet. Spätestens damit entfällt jeglicher Biologismusverdacht, und gleichzeitig können so frühe Proto-Formen aller erwachsenen Sexualorganisationen als nicht-pathologischer früher Akt menschlicher Kreativität konzipiert werden. Es wäre demnach nicht nach spezifischen Belastungen und Konflikten zu suchen, die spezifische erwachsene Sexualorganisationen »erklären« würden, sondern bestimmte erwachsene Sexualorganisationen können die Möglichkeit und Fähigkeit bieten, solche Belastungen und Konflikte zu neutralisieren oder zu kompensieren. Damit wäre die Verbindung zur bereits beschriebenen Herangehensweise Morgenthalers hergestellt. Die Ursache, weshalb Kinder die eine oder andere »Prägungs-

---

30 Bei der erneuten Lektüre von Fesslers Arbeit bin ich noch stärker beeindruckt als vor 30 Jahren. Meines Erachtens ist sie – insbesondere angesichts der breiten Rezeption von Laplanches Ansatz – heute noch aktueller denn je. Der Text verbindet die Gründlichkeit und Präzision des Naturwissenschaftlers – Fessler hat sich zeitlebens nebenberuflich mit Mathematik beschäftigt – mit einer stupenden sprachlichen Ausdruckskraft. Meines Erachtens handelt es sich um einen bedeutenden Grundlagentext, der sich in einem Themenheft über das Psychoanalytische Seminar Zürich von *LUZIFER-AMOR, Zeitschrift zur Geschichte der Psychoanalyse*, leider sozusagen »versteckt« hat. Zum Glück ist er heute über das PEP-Archiv leicht zugänglich: https://pep-web.org/browse/document/LU-AM.006L.0166A?page=P0166

möglichkeit« »finden«, entspräche dem »Stück Freiheit ohne Umtauschrecht«, das Fessler meint. Ein weiteres Stück »Freiheit« besteht wohl darin, ob und wie stark das Individuum eindeutige Prägungsvorgänge ohne Umtauschrecht eingeht und wie weit nicht, was die Weichen dafür stellt, ob es zu einer sehr eindeutigen, schon früh stark festgelegten erwachsenen Sexualorganisation kommt, oder ob in späteren oder allen Lebensphasen gleichsam ein spielerischer Umgang mit verschiedenen Sexualorganisationen möglich und wünschenswert bleibt.[31]

Konrad Lorenz hat den Prägungsbegriff nicht erfunden, sondern unabhängig von anderen neu entdeckt, popularisiert (Lorenz 1949) und um die Begriffe *sensible Phase* und *Irreversibilität* erweitert (Spektrum.de, o. J.). Bei meinen bisherigen Ausführungen habe ich mich auf die sogenannte Nachfolgeprägung bezogen, welche Lorenz an Graugänsen und Stockenten untersucht hat. Ein eindrückliches Video dazu stammt von Friedrich Schutz (1969). Die *sexuelle Prägung* wurde an männlichen Prachtfinken untersucht, die von Eltern einer anderen Art aufgezogen wurden. Sie zeigten später eine Prägung auf Weibchen der Pflegeart (Spektrum.de, o. J.). Sie balzten nur solche Weibchen an, hatten in diesem Sinn also eine Fehlprägung. Für uns interessant ist die Tatsache, dass die Prägung viel früher stattfindet, als das geprägte Verhalten – die Balz der Prachtfinken – dann wirklich auftritt. Auch Buchfinken lernen ihren Gesang im Alter von zwei bis drei Wochen, singen aber erstmals im nächsten Frühjahr.[32]

Das passt zu meiner Annahme, dass die erste Weichenstellung zur Entwicklung sowohl von Sexualität als auch von Gender per se vor dem Alter von zwei Jahren durch einen prägungsanalogen Vorgang entsteht, obschon die entsprechenden Verhaltensweisen sich erst in späteren Lebensphasen zu ihrer Reife entwickeln.

Speziell interessant ist der Prägungsbegriff auch deshalb, weil in einem Organismus ein neues Verhalten festgelegt wird, für das man körperlich keine Ursache findet. Hätte man die Graugans Martina, die auf Lorenz (1949, S. 137ff.) als »Muttertier« geprägt war, körperlich auf jede erdenk-

---

31 Der so verstandene Prägungsbegriff passt auch zur Beobachtung, dass eineiige Zwillinge bezüglich sexueller Orientierung oder auch Transsexualismus häufig diskordant sind, was durch empirische Forschung gestützt wird (u. a. Långström et al. 2007). Wenn der eine Zwilling eine heterosexuelle und der andere eine homosexuelle, fetischistische oder auch transsexuelle Prägung »findet«, hilft das bei der Abgrenzung voneinander.
32 https://card2brain.ch/box/20191111_ethiologie_lernen_iii (03.08.2023).

liche Weise morphologisch, physiologisch und biochemisch untersucht, man hätte nichts anderes gefunden als bei allen anderen Graugänsen auch. Die Prägung hätte bei allen nur eine teilweise Neu-Zusammensetzung des neuronalen Netzwerks bewirkt. Der einzige Unterschied in diesem Netzwerk wäre dort auffindbar gewesen, wo das *Objekt* der Prägung festgelegt wird. Ob so etwas mit heutigen Methoden überhaupt nachweisbar wäre, entzieht sich meiner Kenntnis.

Übertragen auf den Menschen hieße das, dass *rein psychisch* etwas festgelegt wird, wofür – außer auf einer Mikroebene im neuronalen Netz – somatisch überhaupt kein Korrelat feststellbar wäre. Und dasselbe gilt eben auch für die verschiedenen erwachsenen Sexualorganisationen wie auch für die verschiedenen Geschlechsidentitäten: So wie Hetero- oder Homosexualität nur über das Empfinden der Subjekte »diagnostiziert« werden kann, gibt es in Bezug auf Trans-Menschen bekanntlich keine andere diagnostische Möglichkeit als das, was sie uns über ihr Empfinden mitteilen. Es zeigt sich hier eine Priorität des Psychischen vor dem Körperlichen, das gleichwohl eine materielle Grundlage hat, eben die Prägung. Das lässt sich allen Positionen entgegenhalten, die postulieren, dass es ohne fassbare körperliche Korrelate keine Transidentität geben könne.

Im Übrigen führen ideologisch geleitete Transgender-freundliche Gruppierungen den Begriff einer angeblichen »innate gender-identity« ins Feld, wonach die rein psychisch empfundene Geschlechsidentität bereits im Mutterleib festgelegt sei. Dies entspricht m. E. – viel eher als der Prägungsbegriff in der Interpretation von Lincke und Fessler – einer biologistischen Position, und es wird auch im Sammelband von Michele Moore und Heather Brunskell-Evans (2019) scharf und mit einer Karikatur[33] kritisiert (S. 136). »Innate gender identity« kann zwanglos durch »infolge Prägung in den ersten Lebensjahren festgelegte Identität« ersetzt werden.

Mit dem Begriff *transsexuelle Prägung*, der im deutschen Transsexuellengesetz (TSG) eine entscheidende Rolle spielt, setzt sich Wilhelm F. Preuss (2019) auseinander. Er ist der Meinung, dass er »nicht verhaltensbiologisch zu verstehen [ist], sondern als schrittweise mehrfaktorielle Entwicklung der Transsexualität, die rekonstruierend bewertet werden muss« (S. 255).

Wenn ich den Prägungsbegriff für die primäre Verursachung der verschiedenen erwachsenen Sexualorganisationen heranziehe, bin ich mir bewusst, dass es sich zur Hauptsache um eine theoretische Spekulation

---

33 Entnommen aus einer Broschüre von GIRES (2008, S. 3).

handelt. Dieses Wort leitet sich seit Augustinus vom Wort *speculum* ab, das Spiegel bedeutet. In diesem Sinn hat eine ernsthafte Spekulation die Funktion einer Widerspiegelung von Tatsachen, die wir direkt nicht erkennen können, die uns aber durch andere Tatsachen in ihrem Zusammenhang erklärt werden. In unserem Fall überbrückt der Prägungsbegriff die Wissenslücke darüber, wie es möglich ist, dass erwachsene Sexualorganisationen sich so verhalten, als wären sie angeboren, obschon sie es nicht sein können.

Eine weitere Spekulation ist die von Reiche und Fessler schon geäußerte Vermutung, dass es rätselhafte Botschaften im Sinn von Laplanche wären, welche als äußere Reize diese prägungsanalogen Vorgänge auslösen. In dieser Funktion müssten sie eine irreversible Veränderung im neuropsychologischen System des noch sehr kleinen Kindes bewirken, »ohne Dazwischenkunft seelischer Vorgänge«. »Ohne Dazwischenkunft seelischer Vorgänge« hieße dann, dass die Veränderung ohne Übersetzungsversuch durch das Kind vor sich ginge. Und trotzdem müssten jeweils spezifische Eigenschaften der Botschaft eine ihnen entsprechende Veränderung auslösen – so wie der jeweils spezifische Charakter einer Gänsemutter respektive einer Schachtel die ihm entsprechenden Prägungen bewirkt.

Spekulieren wir weiter: Es gäbe also während einer sensiblen Phase, welche das Kind durchläuft, unbewusste elterliche Botschaften mit spezifischen Eigenschaften, welche die erste Weichenstellung zu den entsprechenden spezifischen erwachsenen Sexualorganisationen auslösen würden. Die Eigenschaften dieser Botschaften würden wir nicht kennen können, da sie den Eltern ja vollkommen unbewusst wären und im heranwachsenden Kind keine Gedächtnisspuren hinterließen.

Was ich damit meine, kann ich vielleicht an einem Beispiel aus meiner Herkunftsfamilie illustrieren: Ich wuchs mit zwei jüngeren Brüdern auf, die Zwillinge waren. Außenstehende konnten sie nicht unterscheiden, und Fachleute hatten sie als eineiig beurteilt[34]. Und doch entwickelten sie je eine erwachsene Sexualorganisation mit entsprechender *Sexualität in actu*, die unterschiedlicher nicht hätte sein können: Richard führte ein konventionelles heterosexuelles Familienleben. Hanspeter machte – einige Jahre nach seiner Heirat und der Geburt seiner Tochter – sein homosexuelles Coming-out, war in entsprechenden Szenen aktiv und band sich dann hintereinander an je einen bedeutend jüngeren schwarzen Mann und heiratete

---

[34] Im Zusammenhang mit einer geplanten, aber dann nicht mehr notwendigen Knochenmarkstransplantation vom einen zum anderen.

den zweiten in Südafrika, wo das früher als in der Schweiz möglich war. Diese unterschiedliche Entwicklung konnte bei eineiigen Zwillingen nicht genetisch bedingt sein, wohl aber durch äußere Reize während einer sensiblen Phase in Form unterschiedlicher rätselhafter Botschaften der Eltern an jeden Zwilling. Für diese These gibt es auch tatsächlich Anhaltspunkte: Mein Vater gab den beiden unterschiedliche Kosenamen: »Richard Löwenherz« und »Hanspeter Finsterblick«. Diese Kosenamen entsprachen womöglich den bewusstseinsfähigen Abkömmlingen unterschiedlicher unbewusster väterlicher Botschaften an die beiden, welche den Prägungsvorgang hin zu den unterschiedlichen erwachsenen Sexualorganisationen ausgelöst hätten.

Eine solche Spekulation würde zu den Vermutungen Reiches (1997) und der Konzeption Fesslers (1993) passen: Meine Brüder hätten demnach die eine oder die andere »Prägungsmöglichkeit« »gefunden«, hätten – selbstverständlich unbewusst – das »Stück Freiheit ohne Umtauschrecht« in Anspruch genommen, das Fessler meint (ebd., S. 176). Das hätte ihnen auch geholfen, aus der für Zwillinge typischen Symbiose auszubrechen und sehr unterschiedliche Lebenswege einzuschlagen.[35]

Wenn wir also »rätselhafte Botschaften« von Eltern an das Kind im Sinn von Laplanche als *auslösenden Reiz* für den prägungsanalogen Vor-

---

35 Ich darf das Beispiel meiner – inzwischen leider verstorbenen – Brüder anführen, ohne ihre Persönlichkeitsrechte zu verletzen. Bei Richard (1943–2022) plaudere ich keine Geheimnisse aus, die er als schützenswert erachtet hätte. Bei Hanspeter (1943–2017) ist der weitere Lebensweg öffentlich dokumentiert, z. B. durch Sebastian Mallaby (2006 [2004]). »Mit dem Herz eines Löwen« heiratete Richard noch als Student eine Frau, die er bis ins Alter begehrte. Er wurde Chefarzt der Radiologie in einem großen Schweizer Kantonsspital, wo er – gleichsam »königlich« – »medical leadership« praktizierte und z. B. in der Schweizerischen Ärztezeitung dazu publizierte (R. O. Binswanger 2010, 2012, 2017). Hanspeter wurde vom HIV-Virus infiziert, bevor es bekannt war, und er überlebte die Krankheit wie durch ein Wunder bis zum Aufkommen der antiviralen Dreierkombinationen. Er verbrachte den größten Teil seines Berufslebens bei der Weltbank und outete sich dort nicht nur als homosexuell, sondern auch als Aids-Betroffener. Dies half ihm, die allzu lange Untätigkeit der Weltbank gegenüber den Auswirkungen dieser Epidemie zu korrigieren. Mallaby (ebd.), ein Journalist der *Washington Post*, beschreibt anschaulich, was Hanspeter in einer entscheidenden Sitzung tat: »Hans Binswanger griff in seine Tasche. Er zog einen Umschlag mit leuchtend gefärbten Pillen hervor und legte sie auf den Tisch. ›So lebe ich‹, sagte er. ›Warum tut ihr nichts, wenn eure Brüder in Afrika sterben?‹« (S. 239, Übers. R. B.). Ob er dabei einen »finsteren Blick« aufsetzte, ist nicht dokumentiert.

gang annehmen, setzt das eine vorbestehende innere Bereitschaft im Kind voraus. Ohne diese gäbe es keinen Prägungsvorgang. Das sieht auch Fessler so. Zunächst kritisiert er Lincke, dass er *unilinear* »aus der Sicht eines biologischen Fundaments – den Es-Aufträgen – über die prägungsanaloge Wahl eines äußeren Objekts [...] die Entwicklung des psychischen Apparates« ableite (ebd., S. 177). Anschließend fährt er fort:

> »Ich habe oben in Anlehnung an Laplanche ein Urbild als rätselhaften Signifikanten eingeführt, das je nach Standpunkt *in zwei Richtungen* [Hervorh. R. B.] wie ein Passwort einen konstituierenden Charakter besitzt. Aus der Sicht des äußeren Objekts [...] konstituiert dieses Passwort *Verhalten*, aus der Sicht des Es konstituiert es ein inneres *Urobjekt*« (ebd., S. 178).

Implizit verstehe ich dies – dargestellt am *Spezialfall* prägungsanaloger Vorgänge, die bei Laplanche ja nicht vorkommen – auch als Kritik an der *unilinearen* Sichtweise von Laplanche, wonach die infantile Sexualität unilateral von außen in das Kind implantiert (Laplanche 1996 [1992], S. 111f.) wird. Darauf werde ich in Kapitel 5.3 zurückkommen. In Kapitel 4.4.1 ist das Thema *Prägung* nochmals zusammengefasst und mit einigen zusätzlichen Literaturangaben versehen.

3.2.6 Die Weichenstellungen in den Mülleimer?

Sowohl Morgenthaler als auch Le Soldat haben mit ihren Versuchen, eine spezifische Psychogenese verschiedener erwachsener Sexualorganisationen vorzuschlagen, Neuland betreten, welches weit über die spezifische Fragestellung hinaus bisher unbekannte Perspektiven eröffnet. Für Le Soldat haben wir das bereits in Kapitel 3.2.3 deutlich gemacht. Sie beschreibt auch buchstäblich ein »neues Land« jenseits des *postödipalen* »Grenzübergangs«, in dem nicht nur das »schwule Imperium« herrscht, sondern womöglich eine Art »Borderline-Imperium« mit einem Spektrum spezifischer Lebensmöglichkeiten zwischen relativer »Gesundheit« und schwerer Gestörtheit. Bei Morgenthaler liegt das Neuland im *präödipalen* Bereich, wo er zur wohlbekannten Errungenschaft der narzisstischen Entwicklung hin zur Herausbildung einer Identität die bisher wenig bearbeitete Errungenschaft der Autonomie hinzufügt. Morgenthaler und Le Soldat stellen dabei die Triebtheorie mit ihrer Konflikthaftigkeit ins Zentrum der

3.2 Zwei Gesichtspunkte im Diskurs über Sexualität

Betrachtung und eröffnen ihr breiten Zugang in Bereiche, in denen viele der bekanntesten Autor*innen andere Wege gegangen sind. Weniger die Objektbeziehungen, sondern ein besonderer Umgang mit Triebkonflikten und den zugehörigen verdrängten infantilen Fantasien schaffen das beinahe Ungeheuerliche des »Grenzübergangs«, der die Borderlinestruktur (Kernberg 1978 [1975]) konstituiert; weniger die asexuellen Selbstobjekte (Kohut 1973 [1971], 1979 [1977]) oder genügend gute reale Objekte und Übergangsobjekte (Winnicott 1969 [1953]) liefern die Schlüsselfunktion zur Aufrichtung der Autonomie, sondern die infantile Masturbation – wobei selbstverständlich die Reaktionen und Konfliktverarbeitungsmuster der realen Objekte in diesem Bereich darüber entscheiden, ob und wie weit die Aufrichtung der Autonomie gelingt oder eben nicht (vgl. Binswanger 1996).

Ferner liefert Morgenthalers erste Weichenstellung wichtige Gesichtspunkte für die allgemeine Frage des Aufbaus von Geschlechtsidentität. Die allgemein bekannte Beobachtung, dass ein Teil der Kinder schon sehr früh Verhaltensmerkmale entwickelt, welche männlichen und weiblichen Geschlechtsstereotypien entsprechen und mit denen sie ihrem Stolz auf das eigene Geschlecht Ausdruck verleihen, veranlasste uns dazu, die Bildung von Keimen der Geschlechtsidentität in der präödipalen Phase anzusiedeln (Gsell & Binswanger 2012, S. 769). Wenn sich bei der präödipalen Entwicklung der Selbstrepräsentanz eine *prioritäre Besetzung des Bedürfnisses nach Identität* ausgebildet hat, können die gesellschaftlich angebotenen Geschlechtsstereotypien diesem Bedürfnis entgegenkommen. Das Kind »bedient« sich gleichsam an diesem Angebot mit passenden Inhalten, um seiner Identität Struktur und Festigkeit zu geben. Das hilft ihm dann, gewisse »Belastungen, denen das Kleinkind in der Ablösungsphase von der Mutter ausgesetzt ist« (Morgenthaler 2004a [1984], S. 87), auszugleichen – eine progressive Funktion konventioneller Geschlechtsstereotypien in der Entwicklung bestimmter Kinder. Bei anderen Kindern ist das anders: Hat das Bedürfnis nach Autonomie die Priorität bei der Entwicklung der Selbstrepräsentanz, spielt das Identitäre eine untergeordnete Rolle. In der weiteren Entwicklung kann es eher als befreiend empfunden werden, sich von konventionellen Geschlechtsstereotypien zu lösen. Wenn dann z. B. Eltern aus eigenem prioritären Bedürfnis nach Identität heraus dem Kind konventionelle Geschlechtsstereotypien aufzudrängen versuchen, haben diese eine reaktionäre Wirkung. Sie engen das Kind in seiner Entwicklung ein.

Diese Gesichtspunkte könnten auch bei den Diskussionen und Kämpfen im Bereich neuerer gesellschaftlicher Bewegungen eine gewisse Rolle spielen. In der Queer-Bewegung wird sowohl im täglichen Leben und in politischen Aktionen als auch auf theoretischer Ebene versucht, die restriktiven Diskurse der Gesellschaft bezüglich Geschlechtsidentität und Heteronormativität zu durchbrechen. Das ist zunächst zweifellos progressiv und kann vor allem jenen Menschen, bei denen eine prioritäre Besetzung der Autonomie relevant ist, Perspektiven der Befreiung öffnen. Dabei besteht allerdings die Gefahr, dass damit neue Normen gesetzt werden, welche sich für andere wieder repressiv auswirken können – eben den »Identitätsfreaks«, welche durch klare Rollenzuschreibungen resp. Rollenübernahmen in ihrem psychischen Gleichgewicht stabilisiert werden. Es kann dann passieren, dass im Diskurs über Transsexuelle jene »Pioniere«, welche das Identitätsbedürfnis nur via Übernahme der konträren Geschlechtsrolle stabilisieren konnten und sich die Möglichkeit der »Geschlechtsumwandlung« erkämpft hatten, als reaktionär verschrien werden, weil sie mit ihrer Identität nicht spielerisch umgehen können.

Morgenthalers »Weichenstellungen« gehören also keineswegs in den Mülleimer, auch wenn sie keine Weiche auf dem Weg zu den verschiedenen erwachsenen Sexualorganisationen per se stellen können. Vielmehr erschließen sie bei allgemeineren Fragen neue Gesichtspunkte, deren Reichweite noch lange nicht ausgelotet ist.

3.3 Schluss

Wenn wir uns entschließen, Sexualität unter zwei getrennten Gesichtspunkten zu betrachten – *Sexualität per se* und *Sexualität in actu* – gehen auch die progressivsten Versuche, eine Psychogenese von Homosexualität oder anderen erwachsenen Sexualorganisationen per se herleiten zu wollen, ins Leere. Nicht nur die entsprechenden unzähligen Theorien von Psychoanalytiker*innen, sondern auch Morgenthalers Weichenstellungen und Le Soldats Grenzübergang sind offenbar kein Grund zur Homosexualität. Das scheinbar unstillbare Bedürfnis, solche Gründe zu suchen, ist m. E. die wichtigste Ursache für die reaktionäre Rolle der Psychoanalyse in den Sexualwissenschaften – Ausnahmen bestätigen die Regel. Daraus leitet sich die Empfehlung ab, auf solche Versuche mit der gleichen Selbstverständlichkeit zu verzichten, wie das bei der Heterosexualität der Fall ist.

3.3 Schluss

Da die verschiedenen erwachsenen Sexualorganisationen in vielen Fällen den Anschein machen, als wären sie angeboren, sie aber trotzdem nicht einfach genetisch determiniert sein können, greife ich auf den von Lichtenstein, Stoller und Reiche diskutierten Prägungsbegriff zurück. Dabei haben wir in Zürich das Privileg, zwei Autoren heranziehen zu können, welche die reaktionäre Tendenz und die Gefahr des Biologismus, welche diesem Begriff anhaften, in ihr Gegenteil verkehrten (Lincke 1981, Fessler 1993): Eine frühe Freiheit im Aufbau der zukünftigen erwachsenen Sexualorganisation ohne Rückgaberecht. Also doch ein Grund zur Homosexualität und allen anderen erwachsenen Sexualorganisationen, allerdings »ohne Dazwischenkunft seelischer Prozesse« (Stoller 1998 [1975]). Stoller bringt m. E. mit einem halben Satz präzise auf den Punkt, weshalb hier für die Psychoanalyse nichts zu holen ist.

4 Sexualität und Gender: Das gleiche Modell für beides?

Auch bei diesem Kapitel handelt es sich hauptsächlich um einen Reprint aus der österreichischen Zeitschrift *texte. psychoanalyse. ästhetik. kulturkritik*[36] (Binswanger 2021b). Hinzugefügt sind erneut Ergänzungen und vor allem Kapitel 4.7, das sich auf die praktische Anwendung meiner Modelle zur Sexualität und – hauptsächlich – zu Gender bezieht und auch ein ausführliches kasuistisches Beispiel enthält.

4.1 Einleitung

Als ich 1972 Lydia kennenlernte, hieß sie noch Hans und war ein 42-jähriger Verwahrungsgefangener einer Schweizer Strafanstalt. Eine mehr als 20-jährige Odyssee als Kleinkrimineller hatte dort ihr Ende gefunden. Die mittelgroße und durch und durch männliche Erscheinung mit Vollglatze und kräftiger Bassstimme schrie mich an: »Wenn ihr mir das da unten nicht endlich wegoperiert, nehme ich eine Glasscherbe und mache es selber!« Es stellte sich heraus, dass Lydia sieben Jahre zuvor von meinem heute noch verehrten Lehrer der Psychiatrie, Prof. Manfred Bleuler, im Hinblick auf die gewünschte »Geschlechtsumwandlung« begutachtet worden war. Das Begehren war abgelehnt worden mit der Begründung, Hans-Lydia könnte dank ihrer zusätzlich gewonnenen Geschlechtsrolle umso einfacher ihren kriminellen Aktivitäten nachgehen.

Seither hat sich das Blatt gründlich gewendet. Man geht heute davon aus, dass jede* ihre* Identität selber wählen kann. Unter anderem hat die

---

[36] Original: Sexualität und Gender: Das gleiche Modell für beides? *texte. psychoanalyse. ästhetik. kulturkritik, 41*, 2021, 78–98. Der Abdruck erfolgt mit freundlicher Genehmigung des Passagen-Verlags.

Aufdeckung des traumatisierenden medizinisch-psychologischen Umgangs mit *Intersexuellen* dazu beigetragen, die Zweigeschlechtlichkeit als gesellschaftlichen Unterdrückungsmechanismus zu verstehen. 2019 ging in der linken Widerstandsbewegung der Schweiz das Gerücht um, eine Gruppierung plane Anschläge auf Geburtsabteilungen, weil dort das Verbrechen begangen würde, Neugeborene entweder dem weiblichen oder dem männlichen Geschlecht zuzuordnen.

Diese Entwicklung von einem Extrem ins andere hat in den westlichen Ländern in einem sonst ganz unüblichen Gleichschritt stattgefunden. Anders als sonst in den Sexualwissenschaften, in denen eine Vielzahl sich widersprechender Auffassungen nebeneinander besteht, haben sich in den vergangenen Jahrzehnten im Bereich Transidentität[37] relativ klare und mehrheitsfähige Konzepte durchgesetzt.

Dieser Trend ist nun allerdings durch schwerwiegende Fehler, die anscheinend am Londoner Tavistock NHS Gender Identity Development Service (GIDS) gemacht wurden und zu einem Gerichtsprozess und einem gewissen Hype in den Medien führten, teilweise gebrochen worden. Dazu ist unter dem Titel »Primum nil nocere« ein ursprünglich englischer Artikel in der *Psyche* erschienen (Bell 2023) mit einem nachgereichten sehr persönlichen Kommentar des Autors. Er konnte während seiner langjährigen Tätigkeit als Facharzt für Psychiatrie am Tavistock and Portman NHS Foundation Trust die Entwicklung der Gesundheitsfürsorge von Kindern mit Geschlechtsidentitätsstörung aus nächster Nähe beobachten. Er führte auch während Jahren sehr persönliche Gespräche mit Mitarbeiter*innen, welche sich in diesem Arbeitsbereich engagiert hatten und in schwere Gewissenskonflikte gerieten, weil sie einerseits wegen Überlastung mit viel zu vielen Fällen – bis zu 140 pro Person (ebd., S. 210) – nicht mehr genügend gründlich arbeiten konnten und andererseits von der Institutsleitung mit Denkverboten und Schweigegeboten belegt worden waren.

Bell plädiert dafür, unbedingt zwischen zwei Themenkomplexen vollkommen zu trennen: dem ideologischen Druck, der von einer gut organisierten Trans-Lobby ausgeht, sowie von Diskriminierungsfragen einerseits, der Angemessenheit medizinischer und chirurgischer Interventionen – insbesondere bei Kindern – andererseits. »Ich muss auch in aller Deut-

---

37 Einem Vorschlag von Udo Rauchfleisch (2019) folgend verwende ich Transidentität als allgemeine Bezeichnung für »*eine Variante der Identitätsentwicklung,* die selbst nichts mit Gesundheit oder Krankheit zu tun hat« (S. 17).

lichkeit sagen, dass für manche Individuen die medizinische Transition die einzig vernünftige Option ist« (ebd., S. 195).

Tatsächlich stiegen die Überweisungen an den GIDS von 90 im Jahr 2009 auf 2.700 in den Jahren 2018/19 (ebd., S. 210). Dies hängt auch damit zusammen, dass zunächst eine Verpflichtung zur Übernahme aller Fälle bestand, weil das GIDS Teil des englischen National Health Systems (NHS) ist. Auf der anderen Seite tendierten die dezentralen kinder- und jugendpsychiatrischen Dienste dazu, komplexe Fälle einfach an die zentrale spezialisierte Institution zu überweisen, sobald Probleme mit der Geschlechtsidentität zur Sprache kamen (ebd., S. 201). Unter dem Druck der Fallzahlen wurden wenig qualifizierte Mitarbeiter*innen eingestellt (ebd., S. 210). Trotzdem: Von den fast 100% der Fälle, in denen Pubertätsblocker verschrieben wurden, setzten ebenfalls fast 100% die Behandlung mit Hormonen des anderen Geschlechts fort (ebd., S. 213).

Die Liste der Fehler, die die Mitarbeiter*innen am GIDS beklagten, umfasst im Artikel von Bell ca. zwei Seiten (S. 210–212), und ich zweifle nicht an der Berechtigung dieser Klagen.

Leider fehlen nicht nur Untersuchungen über die Gründe des enormen Anstiegs der Fallzahlen (ebd., S. 210), sondern auch eine genügende Evidenz über die körperlichen und psychischen Auswirkungen von Pubertätsblockern. Von außen gesehen scheint mir der größte Mangel darin zu bestehen, dass Nachuntersuchungen der fast 100% der Fälle, die Pubertätsblocker erhielten, offenbar vollständig fehlen (Preuss, mündliche Mitteilung; Cass 2022, S. 19, 39, 70). Bevor solche zur Verfügung stehen, lässt sich nämlich nicht ausschließen, dass die überwiegende Mehrzahl der Fälle von den durch das GIDS eingeleiteten Maßnahmen profitiert haben. Einen guten Überblick über den Stand der Auseinandersetzungen und eine Fülle von empirischen Untersuchungen gibt Alexander Korte (2022). Dadurch wird eine »mittlere Haltung« zwischen einer stark transfreundlichen und einer stark skeptischen Linie (Moore & Brunskell-Evans 2019) eingenommen.

Damit komme ich zu meiner Befürchtung, dass das beschriebene Pendel von der extremen, teilweise ideologisch begründeten Transfreundlichkeit ins andere Extrem zurückschlägt. Das »primum nil nocere« könnte dann von der Warnung vor übertriebenem medizinischem Aktivismus zur Warnung vor zu viel Unterlassung umschlagen.[38] Dass die Befürchtung nicht

---

[38] Das hält auch der Cass-Interim Report (Cass 2022) zumindest indirekt fest: »It should also be recognised that ›doing nothing‹ cannot be considered a neutral act« (S. 63).

unbegründet ist, kann auch Bells Artikel entnommen werden: Infolge eines Zwischenberichts einer vom NHS in Auftrag gegebenen Überprüfung, der als »Cass-Bericht« bekannt geworden ist,

>»gab der National Health Service im Juli [2022] seine Entscheidung bekannt, die Tavistock Gender Clinic (GIDS) zu schließen. Das Karolinska Institut in Schweden hat die Vergabe von Pubertätsblockern und Sexualhormonen des anderen Geschlechts an Minderjährige (außerhalb ethisch vertretbarer klinischer Studien) beendet (SEGM[39] 2021a). Und die finnischen Behörden haben neue Richtlinien aufgestellt (SEGM 2021b), denen zufolge einer Psychotherapie, und nicht die Verschreibung von Pubertätsblockern und Sexualhormonen des anderen Geschlechts, die primäre Behandlung von Jugendlichen mit Geschlechtsidentitätsstörung darstellen sollen« (Bell 2023, S. 219).

Was heißt die ganze Kontroverse für die Praxis, insbesondere wenn es um Kinder und Jugendliche geht? Meines Erachtens nichts anderes als die möglichst unideologische sorgfältige Einhaltung medizinisch-psychologischer Grundsätze, wie sie auch auf anderen Gebieten gelten. Das Grundlagenwerk von Preuss (2021) scheint mir dabei nach wie vor der beste Leitfaden zu sein.

Ich hoffe, dass die folgenden Seiten dazu beitragen, die – metaphorisch gesprochen – »richtige Piste« zwischen dem einen und dem anderen Extrem im Einzelfall zu finden. Konzepte wie die im Folgenden einzuführende Betrachtung unter den Gesichtspunkten Gender per se und Gender in actu sowie die Unterscheidung von integrativen und Abwehrfunktionen beim Erleben und Gestalten des Genders könnten mit Markierungsstangen von Skipisten verglichen werden. Sie geben Orientierung in allen Schweregraden der verschiedenen Pisten, schützen vor Abwegen ins eine oder andere gefährliche Extrem und helfen, die individuell angepassten Abfahrtslinien und das adäquate Tempo zu finden. Und natürlich dürfen die Skilehrer*innen nicht in Schnellbleichen ausgebildet werden[40], damit sie

---

39 SEGM = Society for Evidence-Based Gender Medicine
40 »Sie bleiben bildlich gesprochen oben an der Piste stehen und machen sich irgendwann aus dem Staub, anstatt mit dem Patienten gemeinsam zu schauen wo die Reise hingeht und sachkundig zu sein« (Thomas Kedaj, Psychotherapeut in Nürnberg, in einer Mail vom 5.8.2023).

die kompetente Begleitung der Skifahrer*innen auch auf roten und schwarzen Pisten gewährleisten können und dafür auch genügend Zeit haben.

4.2 Fragestellung

Sophinette Becker hatte zeitlebens in Praxis und Theorie gegen damalige und gegenwärtige Irrationalitäten angekämpft.[41] Als letztes hörte ich am Symposium zu Ehren von Martin Dannecker im Januar 2018 in Berlin ihren Vortrag, der einige Aspekte der Fragestellung der vorliegenden Arbeit thematisiert (Becker 2019):

> »Für eine ›queere‹ Übertreibung halte ich die Idealisierung von allem, was als Attacke auf die binäre Geschlechter- und sexuelle Orientierungs-Ordnung daherkommt. Manches scheint subversiv, ist es evtl. zunächst sogar, und dient dann doch (auch) ökonomischen Interessen. [...] Manches, was in Bezug auf gestern als Fortschritt erscheint, könnte sich langfristig als subtile Anpassung an nicht durchschaute Herrschaftsstrukturen von heute und morgen erweisen – etwa das Gebot der Fluidität, die nicht mit Ambiguitätstoleranz zu verwechseln ist« (S. 172).

> »Heute werden vielfach nicht nur ätiologische Theorien zur Transidentität, sondern psychodynamisches Verstehen überhaupt als transphob gebrandmarkt, dem die affirmative Begleitung als einzig akzeptable Alternative entgegengestellt wird« (ebd., S. 177).

Und zum gleichen Thema sagte sie in einem Interview:

> »Ich allein habe vielleicht zwanzig Leute gesehen, die es bereuen. Die melden sich nicht in der Öffentlichkeit, weil sie zutiefst beschämt sind. [...] Jemand hatte sich so viel erhofft an Identität und Selbstsicherheit und hat unheimlich Druck gemacht und man hat dem nachgegeben. Jetzt ist er operiert und vermännlicht, aber er hat das Gefühl: Ich weiß immer noch nicht, wer ich bin. Das gibt es durchaus« (Becker 2018, S. 13).

---

41 Vgl. dazu die von Anna Koellreuter und Margret Hauch herausgegebene Sammlung von Beckers Texten (Becker 2021).

Sophinette Becker nennt also gute Gründe, die zeitgeistige Auffassung des »Anything goes« kritisch zu hinterfragen, insbesondere im Hinblick darauf, dass dadurch womöglich therapeutische Bedürfnisse übersehen werden. Kann es sein, frage ich mich, dass die berechtigte Ablehnung von Konversionstherapien dazu führt, dass es niemand mehr wagt, Trans*-Anliegen offen zu begegnen in dem Sinn, dass nicht von Anfang an klar ist, worum es geht, dass es hier schwierig ist, hinter die Ebene des bewussten Denkens und Fühlens zu loten? Sind wir dadurch verunsichert, dass früher brutal unterdrückte Minderheiten ihren emanzipatorischen Kampf aufgenommen haben? Wir wollen ja nicht – womöglich nicht mehr, nachdem wir es besser wissen – auf der Seite derer stehen, die früher Teil dieser Unterdrückung waren.

Es sind teilweise ideologische Einflüsse, welche auf dem Gebiet von Geschlechtsidentität (GI) und Transidentität im wissenschaftlichen und praktischen Umgang Verunsicherung schaffen. Dies kann Gegenreaktionen hervorrufen, wie z. B. eine 2019 in der *Zeitschrift für Sexualforschung* ausgetragene Kontroverse illustriert. Ponseti und Stirn (2019, 2020) kritisieren dort die heutige Kritik an der Zweigeschlechtlichkeit und den daraus folgenden Anspruch, dass jede*r ihre*seine GI selber wählen kann. Sie begründen ihre klassische Auffassung der Zweigeschlechtlichkeit mit der Fortpflanzungsfunktion. Die *in sich* schlüssige Argumentation kann aber nur aufgehen, wenn eine lineare kausale Abhängigkeit des Psychischen von seiner körperlichen Grundlage angenommen und die mögliche Existenz prägungsanaloger Vorgänge beim Menschen ausgeschlossen wird. Sobald man einen dialektischen Umschlag vom Körperlichen ins Psychische annimmt, wonach dieses von jenem zwar abhängig bleibt, aber eigenen Bewegungsgesetzen folgt, läuft Ponsetis und Stirns Argumentation ins Leere. Kritisiert wird diese Position aus erkenntnistheoretischer, gendertheoretischer und soziologischer Sicht (Bauer 2019; Voß 2019; Villa 2019), während die einzige klinisch orientierte Replik (Strauß & Nieder 2019) sich auf die Widerlegung der Kritik von Ponseti und Stirn an der S3-Leitlinie (DGfS 2018; Nieder & Strauß 2019) beschränkt. Es fehlt also eine methodisch durchdachte *klinische* Sicht auf die in der Kontroverse aufgeworfenen Fragen, insbesondere im Hinblick darauf, wann und weshalb psychodynamische Therapien im Gender-Bereich indiziert sind und wann nicht.

In einem anderen Gebiet, nämlich demjenigen der Sexualität, habe ich ein Modell entworfen, das genau das leistet: Es hilft zu klären, unter welchen Bedingungen sexuelle Aktivitäten Ausdruck einer Pathologie sein können und wann nicht (Binswanger 2021a).

Die *spezifische Frage* der vorliegenden, dem Andenken an Sophinette Becker gewidmeten Arbeit lautet deshalb: Ist es möglich und sinnvoll, mein Modell zur Sexualität *auf den Diskurs über Gender,*[42] *Geschlechtsidentität und Transidentität zu übertragen?*

Zu diesem Zweck fasse ich zunächst mein Modell zur Sexualität anhand von Grafik 2 zusammen und versuche anschließend, es auf Gender zu übertragen (Grafik 3). Es kann sich im Rahmen dieser Arbeit nur um eine erste Skizzierung handeln, die an Fallbeispielen und Konzepten aus der Literatur überprüft und vertieft werden müsste.

4.3 Mein umfassendes Modell zur Sexualität

Dieses Modell habe ich ursprünglich zur Klärung des Perversionsbegriffs entwickelt (Binswanger 2011, 2016b, 2017a, 2017b, 2019b). Inzwischen habe ich es auf den ganzen wissenschaftlichen und therapeutischen Diskurs über Sexualität ausgeweitet und anhand von Fallvignetten und Texten aus der Literatur auf seine Kohärenz und Reichweite überprüft (Binswanger 2021a).

Grafik 2 gibt dazu einen Überblick. Ich kommentiere sie nur kurz: In einem ersten Schritt wird die *eine* Sexualität konsequent unter *zwei gesonderten Gesichtspunkten* betrachtet: *Sexualität per se* und *Sexualität in actu*. In einem zweiten Schritt wird die *Sexualität in actu* insofern »verdoppelt«, als jedes sexuelle Fantasieren und Verhalten als widersprüchliche Einheit von sexueller Funktion einerseits, nicht-sexuellen Funktionen andererseits verstanden wird.

Unter dem Gesichtspunkt *Sexualität per se* erschließen sich die verschiedenen erwachsenen Sexualorganisationen als »gleichberechtigt« und können deshalb nie Ausdruck einer Pathologie sein, ganz egal, ob sie konventionellerweise als »normal« empfunden werden oder nicht. »Heilungsversuche« sind in diesem Fall zu Recht als Konversionstherapien verpönt.

Die Frage, was gegebenenfalls pathologisch, psychogenetisch erklärbar und psychodynamisch behandelbar ist, erschließt sich ausschließlich unter

---

42 Vgl. zu diesen verschiedenen psychoanalytischen und gendertheoretischen Konzeptionen von GI die klärende Darstellung von Hansell (2011).

4 Sexualität und Gender: Das gleiche Modell für beides?

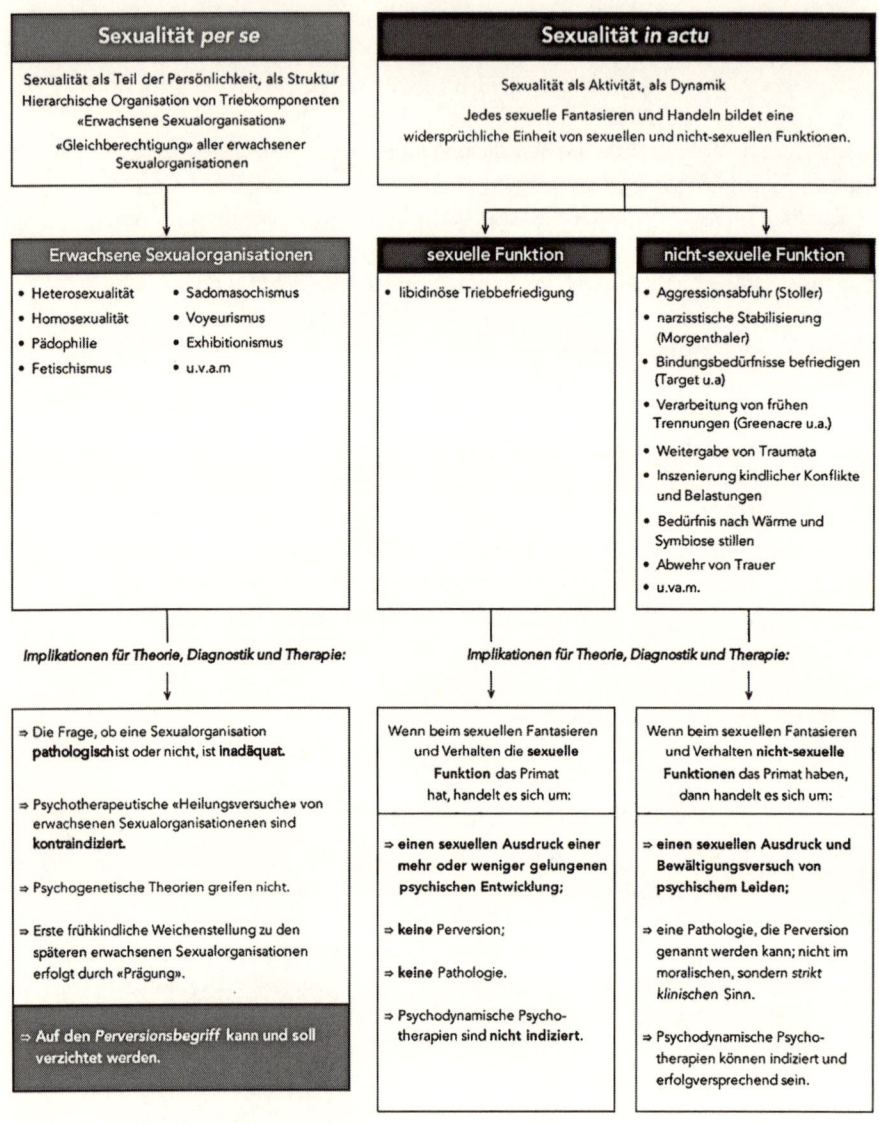

Grafik 2: Modell zur Sexualität, leicht überarbeitet (© Ralf Binswanger)

dem Gesichtspunkt *Sexualität in actu*. Hier gilt es, *jede einzelne sexuelle Aktivität* daraufhin zu befragen, welche der beiden widersprüchlichen Funktionen das Primat hat, also primär fantasie- und handlungsleitend ist: die sexuelle Funktion (libidinöse Triebbefriedigung) oder die nicht-sexuellen Funktionen. Nur im zweiten Fall kann von *perversen Aktivitäten* gesprochen und die Indikation für eine dynamische Psychotherapie gestellt werden. Dabei können sich die verschiedensten psychoanalytischen und anderen Konzepte, die ursprünglich zur psychogenetischen Herleitung von »perversen« Sexualorganisationen entwickelt worden sind, für das Verständnis verschiedener sexueller Verhaltensweisen bewähren. Darin besteht der *integrative Charakter* meines Modells.

4.4 Übertragung des Modells auf Gender

Die Frage, welcher Oberbegriff bei dieser Übertragung an der Stelle von *Sexualität* stehen soll, ist nicht einfach zu beantworten. Eigentlich würde ich *Geschlecht* oder *Geschlechtlichkeit* bevorzugen, weil der deutsche Begriff eben *sex* und *gender* umfasst, also den Bezug zur Körperlichkeit nicht ausschließt. Weil es hier aber eindeutig um das *psychische* Geschlecht geht – das ja dem körperlichen entgegengesetzt sein kann –, und weil die deutschen Wörter *auch* für Sexualität verwendet werden und zudem ungebräuchlich geworden sind, verwende ich *Gender* und meine damit das *psychische Geschlecht im umfassenden Sinn*.

4.4.1 Gender per se

Die Analogie zu den verschiedenen *Sexualorganisationen* im Modell zur Sexualität bilden die verschiedenen *Geschlechtsidentitäten* im Modell zu Gender. Sie erschließen sich unter dem Gesichtspunkt *Gender per se*. Geschlechtsidentitäten entwickeln sich von einer Keimform – einer *Proto-Geschlechtsidentität* – im Laufe der Entwicklung bis ins Erwachsenenalter zu einer mehr oder weniger festgelegten *hierarchischen Organisation von Geschlechtskomponenten*, mit unterschiedlich starker Priorität von als männlich oder weiblich empfundenen Komponenten oder Zwischenstufen davon, bis hin zur Empfindung, keinem Geschlecht zuzugehören. Das Resultat kann entweder konform, entgegengesetzt oder unabhängig von

4 Sexualität und Gender: Das gleiche Modell für beides?

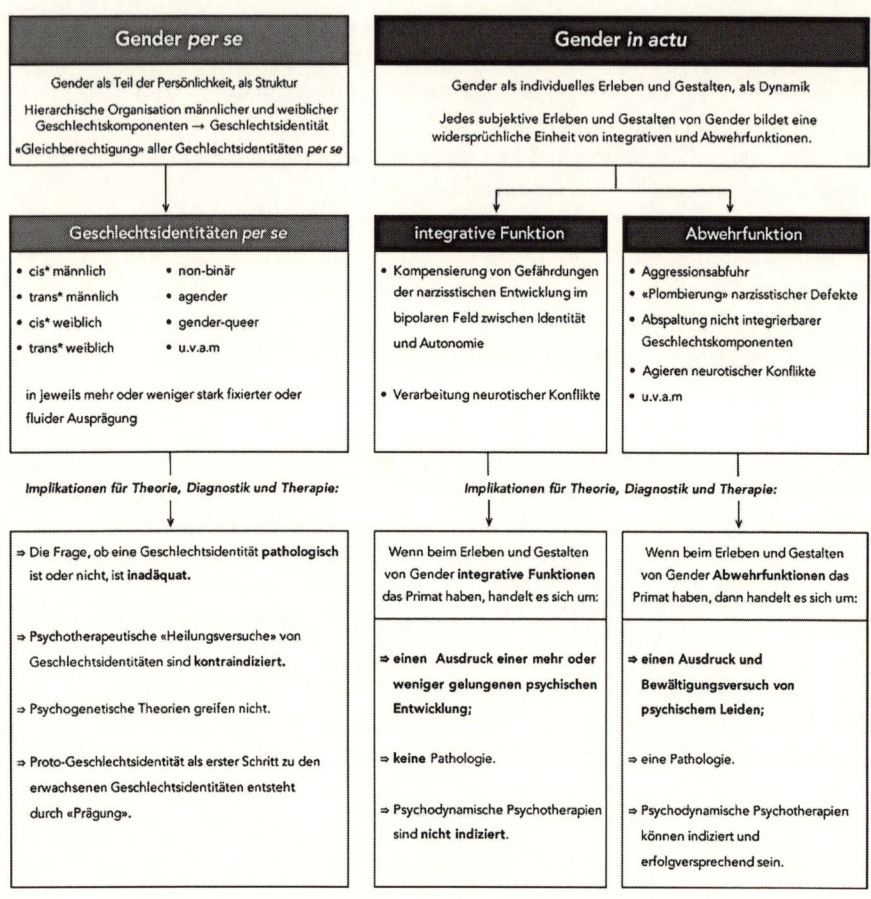

Grafik 3: Modell zu Gender, leicht überarbeitet (© Ralf Binswanger)

der körperlichen Geschlechtszugehörigkeit ausfallen (vgl. Preuss 2020). Geschlechtsidentität umfasst demnach die geschlechtsbezogenen Aspekte der menschlichen Identität.[43]

Für den Gesichtspunkt *Gender per se* träfe dann in gleicher Weise zu, was ich für *Sexualität per se* formuliert hatte: Die verschiedenen Geschlechtsidentitäten stehen quasi »gleichberechtigt« nebeneinander. Unter dem

---

43 https://de.wikipedia.org/wiki/Geschlechtsidentit%C3%A4t (02.08.2020).

4.4 Übertragung des Modells auf Gender

Gesichtspunkt Gender *per se* macht die Frage, ob eine GI »gesund« oder »krank« ist, keinen Sinn. Psychotherapie kann im Einzelfall den Charakter einer gefühlten GI näher herausarbeiten und dadurch klären, ob sie als passageres Phänomen oder gar als Symptom aufzufassen ist oder ob – im Gegenteil – ihr »coming-out« und entsprechende somatische und/oder soziale Anpassungen zu unterstützen sind.

Anders als im Fall der verschiedenen erwachsenen Sexualorganisationen dürfte diese Beschreibung von GI heute nicht mehr als wesentlich neu oder kontrovers erscheinen. Denn sie entspricht dem Resultat des in der Einleitung erwähnten »Gleichschritts«, mit der sich die wissenschaftliche und praktische Haltung gegenüber der Transidentität entwickelt hat. Das geht bis zur Wortwahl in einem repräsentativen Übersichtsartikel: »Transgeschlechtlichkeit *per se* als krankhaft zu bezeichnen, ist ein historisches Phänomen, das analog zur Pathologisierung der Homosexualität kulturell bedingt ist« (Pauli 2020, S. 171, Hervorh. R. B.).

Wenn wir nun Reimut Reiche (1997) folgen, wonach »der Kern (core) der Geschlechtsidentität und der latente Kern der erst viel später manifest werdenden sexuellen Objektwahl (hetero- und homosexuell oder aber unbelebte [perverse] Objekte) [...] gleichsinnig, in *einem* Vorgang, etabliert« werden (S. 937; Hervorh. R. B.), dann muss auch der entsprechende Vorgang derselbe sein. Meines Erachtens eignet sich der von Stoller, Lichtenstein und Reiche diskutierte Prägungsbegriff zur Charakterisierung dieses Vorgangs (Binswanger 2016b, 2017a).[44]

Prägung – bezogen auf den Menschen[45] – ist eine *irreversible* qualitative Veränderung der psychischen Struktur, die in einer *kritischen* oder

---

44 Vgl. dazu die ausführlichere Darstellung in Kapitel 3.2.5 dieses Bandes.
45 Die Frage, ob Prägungsvorgänge beim Menschen nachweisbar sind, ist wenig untersucht worden. Es gibt Arbeiten, in denen die Hypothese getestet wurde, ob Heterosexuelle erwachsene Partner*innen wählen, deren Gesichtszüge dem heterosexuellen Elternteil entsprechen, was einem Aspekt von Freuds »Partnerwahl nach dem Anlehnungstyp« entsprechen würde. Bereczkei et al. (2004) konnten einen solchen Effekt auch bei Adoptivkindern nachweisen, was den genetischen Effekt ausschließen würde. Andere Autor*innen fanden widersprüchliche Resultate (Marcinkowska & Rantala 2012; Rantala & Marcinkowska 2011). Die Beobachtung, dass bestimmte Menschen sich nur schwer von ersten Liebesobjekten der Adoleszenz oder des frühen Erwachsenenalters lösen können, könnte mit einem eigenständigen Prägungsvorgang erklärt werden, unter der Annahme einer »kritischen Phase« in diesem Alter. Dazu habe ich bis jetzt keine Literatur gefunden.

sensiblen Phase der Entwicklung erfolgt. Stoller betont, dass sie *ohne Dazwischenkunft seelischer Vorgänge* stattfindet (Stoller 1973, S. 218, Hervorh. R. B.). Reiche (1997, S. 941) fügt dem *den äußeren Reiz* hinzu, der diese Veränderung auslöst, nämlich *rätselhafte Botschaften* nach Laplanche. Der Prägungsbegriff eröffnet Perspektiven praktischer und theoretischer Natur. Er trägt der Tatsache Rechnung, dass es keinen überzeugenden psychogenetischen Mechanismus gibt, welcher den ersten Schritt zur Etablierung sowohl einer Proto-Sexualorganisation als auch einer Proto-GI erklären könnte[46], und er erklärt, weshalb Sexualorganisation und Geschlechtsidentitäten wie angeboren *erscheinen* und es doch nicht sein können[47].

»Prägung bedeutet ein Stück Freiheit der Wahl des Objekts. Im Gegensatz zum genetisch fixierten Objekt, das im phylogenetischen Jenseits angelegt ist, wird das Prägungsobjekt im ontogenetischen Diesseits erworben, allerdings ohne Umtauschrecht« (Fessler 1993, S. 176).

Wir können annehmen, dass Prägungsvorgänge beim Menschen – anders als bei den Lorenz'schen Graugänsen – nicht gemäß einem »Alles-oder-Nichts-Prinzip« vor sich gehen. Vermutlich lassen sich nicht alle Menschen in gleicher Festgelegtheit prägen. Außerdem verfügt die menschliche Psyche über vielfältige und komplexe Mechanismen, welche die Auswirkungen einer Prägung relativieren können, auch wenn es kein »Umtauschrecht« gibt.[48]

---

46 »In Analysen bleiben die Wurzeln der (core) gender identity im allgemeinen auch dann stumm, wenn diese Analysen bis zum Grund gehen« (Reiche 1997, S. 933f.). Vgl. auch Günther et al. (2019, S. 28f.).

47 Dass aber beispielsweise die Entwicklung einer homosexuellen Sexualorganisation nicht angeboren sein kann, illustriert eine neue genomweite Assoziationsstudie (GWAS) an 477.522 Personen. Das Resultat war, dass alle getesteten genetischen Varianten nur 8 bis 25% der Variation des gleichgeschlechtlichen Sexualverhaltens ausmachten, was »keine aussagekräftige Vorhersage des Sexualverhaltens eines Individuums« erlaubt (Ganna et al. 2019).

48 Aus psychoanalytischer Perspektive könnte man auch bei Spitz (1972 [1965], S. 136f.) und Bowlby (1972 [1953], S. 14, 54.) eine gewisse Annäherung an den Prägungsbegriff erkennen. In Analogie zur embryologischen Entwicklung des Körpers beschreiben sie »Organisatoren« der Persönlichkeitsentwicklung in der frühen Kindheit, für deren Wirksamkeit sie »kritische Knotenpunkte« oder »kritische Phasen« annehmen. So führt der zweite Organisator im Alter von sechs bis acht Monaten zur Konstituierung eines Objektes, das nicht mehr durch eine andere Person ersetzbar ist (Spitz 1972 [1965], S. 176ff.).

Aus dem Vergleich der Grafiken 2 und 3 ergibt sich also zwangslos eine konzeptionelle Parallele zwischen *Sexualität* per se und *Gender* per se.

4.4.2 Gender in actu

Gender *in actu* betrifft jeweils die Art und Weise, wie Gender *erlebt und gestaltet wird*. Dies umfasst die bewusste, vorbewusste und unbewusste Ebene. Betrachten wir dieses subjektive Erleben und Gestalten *im Einzelnen*, können wir es – in Anlehnung an eine Definition von Geschlechtsidentität durch Sophinette Becker[49] – als widersprüchliche Einheit von *integrativen Funktionen* und *Abwehrfunktionen* auffassen. Integrative Funktionen kompensieren äußere und innere *Gefährdungen* der Weiterentwicklung, die in bestimmten Phasen auftreten, oder tragen zur *Lösung von Konflikten* bei. Haben integrative Funktionen das Primat, trägt Gender *in actu* auf jeder Stufe zur weiteren Reifung, Differenzierung und Ausgestaltung der erwachsenen GI *per se* bei. Anders, wenn Abwehrfunktionen das Primat haben. Weiterentwicklungen und Konfliktlösungen werden dann behindert, sodass bestimmte Aspekte der GI *per se* auf starre Weise fixiert bleiben.

Es kommt also darauf an, welche Funktionen beim konkreten Erleben und Gestalten von Gender das Primat haben und welche sich diesem Primat unterordnen. Eine Pathologie und eine allfällige Indikation für eine psychodynamische Behandlung ergeben sich dann, wenn Abwehrfunktionen das Primat haben.

4.5 Gender in actu im Einzelnen

Die zuvor dargestellte methodische Herangehensweise an *Gender in actu* – als widersprüchliche Einheit von *integrativen Funktionen* und *Abwehrfunktionen* beim individuellen Erleben und Gestalten von Gender – hat

---

M. E. findet dieser Vorgang »ohne Dazwischenkunft seelischer Vorgänge« (Stoller 1973, S. 218) statt.

49 Geschlechtsidentität sei »sowohl das Ergebnis komplexen Zusammenwirkens körperlicher, seelischer und sozialer Faktoren, als auch das Ergebnis gewaltiger psychischer Abwehr- und Integrationsleistungen« (Heinrich-Böll-Stiftung 2018).

Parallelen zur Herangehensweise bei der *Sexualität in actu*, wird aber in der Praxis nicht so leicht zu vermitteln und umzusetzen sein. Anders als bei der Sexualität, wo wir einzelne Aktivitäten in Fantasie und Verhalten einigermaßen konsensfähig abgrenzen, beschreiben und dann auf die Dialektik zwischen sexueller Funktion und nicht-sexuellen Funktionen untersuchen können, ist das bei Gender komplexer. Ein Beispiel: Wenn sich heute eine junge Person als »aromantic greysexual non-binary« (Corver 2019, S. 155) fühlt und definiert, was beschreibt sie dann? Eine GI per se? Darauf verweist die Bezeichnung »nicht-binär«. Hingegen bezeichnet das Wort »grey« in »greysexual« eine Grauzone in der Nachbarschaft von »asexuell«; sie fühlen sich nur selten von jemandem sexuell angezogen und sind sich unsicher über den Charakter dieser Anziehung (ebd., S. 27, 36, vgl. auch »greygender« bei Green et al. 2020, S. 139). Gehört dies – und analog auch die Bezeichnung »aromantic« – eher zu Gender *in actu*?[50] Solche Fragen können nicht abstrakt-theoretisch entschieden werden; sie müssen jeweils im Einzelfall und mittels vertiefter psychotherapeutischer Gespräche geklärt werden.

Im Folgenden werde ich die Psychogenese von Gender *in actu* in den verschiedenen Entwicklungsphasen mit ihren unterschiedlichen Kompensationsmechanismen, Konflikten und Bewusstseinsprozessen gesondert untersuchen.

4.5.1 Narzisstische Phase

Morgenthaler (2004a [1984]) setzte der allgemein üblichen – in gewissem Sinn eindimensionalen – Auffassung, dass die narzisstische Entwicklung der Herausbildung einer stabilen *Identität* dient, gleichsam eine *zweipolige* Auffassung entgegen, indem er der Aufrichtung von *Autonomie* eine analoge Bedeutung zuschreibt wie der Ausbildung der Identität:

> »Wenn das Kleinkind beginnt, sich nicht mehr als Teil seiner Mutter, sondern als selbständiges, in sich abgegrenztes Wesen zu erfahren, bildet sich allmählich das innere Bild der eigenen Person, die *Selbstrepräsentanz* aus. Dabei entwickel[n] sich ein Bedürfnis nach *Identität* (die Errungenschaft, zu wissen wer man ist) und ein Bedürfnis nach *Autonomie* (die Gewissheit,

---

50 Natürlich gehört es eher zur *Sexualität in actu*.

selbständig entscheiden und handeln zu können). Je nach den Belastungen, denen das Kleinkind in der Ablösungsphase ausgesetzt ist, kann bei der Ausbildung der Selbstrepräsentanz entweder das Bedürfnis nach Identität oder das nach Autonomie *überbesetzt* werden und in den Vordergrund treten. Es sind Maßnahmen gegen eine Gefährdung der Weiterentwicklung, die psychische Spuren hinterlassen« (S. 87).

Da der Begriff »Überbesetzung« ein »Zuviel« suggeriert und deshalb als pathologisierend verstanden werden kann, hatte ich vorgeschlagen, ihn durch »prioritäre Besetzung« zu ersetzen (Binswanger 2016b).[51] »Prioritäre Besetzung« kann als *strukturbildende Funktion* verstanden werden, welche sich im Erwachsenenalter als bestimmte Charaktereigenschaften oder bevorzugte Verhaltensweisen zeigen. Zum Beispiel ist es bei prioritärer Besetzung von Identität dem/der späteren Erwachsenen ein ernsthaftes Anliegen, alle Aspekte von Identität – geschlechtliche, sexuelle, berufliche, politische etc. – soweit als möglich unter einen Hut zu bringen, während es ihm/ihr leichter fällt, bezüglich Autonomie Kompromisse zu machen und z. B. eine Ehe einzugehen oder sich in eine politische Organisation einbinden zu lassen. Umgekehrt bei prioritärer Besetzung von Autonomie, wo die späteren Erwachsenen mit verschiedenen Identitäten spielerisch umgehen können, während das Aufrechterhalten der autonomen Funktionen eine ernsthafte Angelegenheit ist. Damit sind *konzeptionell* zwei Pole beschrieben – die *Realität* liegt meistens irgendwo dazwischen, weil ja beide Errungenschaften erreicht werden sollen.

Auf unser Thema übertragen: Im ersten Fall besteht ein Bedürfnis nach klarer und fixierter GI, im zweiten Fall wird eine solche als einschränkend erlebt, und man wählt sich lieber situativ die passende GI. In jedem einzelnen Fall ist aber die prioritäre Besetzung des einen oder des anderen Bedürfnisses eine »Maßnahme gegen eine Gefährdung der Weiterentwicklung«. Sie hat daher eine *integrative* Funktion, welche dem jeweiligen Gender *per se* ihren Stempel aufdrückt, also strukturbildend wirkt. Kommt im konkreten Fall von Gender *in actu* dieser integrativen Funktion die Priorität zu, gibt es nichts zu pathologisieren oder zu stigmatisieren. Wenn also beispielsweise schon ein Zweijähriger männliche

---

51 Um eine Sprachverwirrung zu vermeiden, brauche ich in diesem Zusammenhang die Wörter »prioritär« oder »Priorität«; im Zusammenhang mit Gender *in actu* verwende ich bei der Dialektik von integrativen und Abwehrfunktionen das Wort »Primat«.

Stereotypien zum Ausdruck bringt, keinesfalls mit Puppen, sondern mit Bällen und allenfalls Spielzeugpistolen hantiert oder sich brennend für die Marken der geparkten Autos interessiert, hilft ihm das, die Funktion der Identität zu festigen. Er »bedient sich« zu diesem Zweck der ihm zugänglichen gesellschaftlichen Stereotypien. Dasselbe gilt – für weibliche Stereotypien – bei kleinen Mädchen. Beides wäre ein Beispiel einer kindlichen Form von Gender *in actu*, bei welcher integrative Funktionen das Primat haben. Diese integrative Funktion ist m. E. in der Pädagogik zu respektieren, sonst besteht die Gefahr, dass die alte »schwarze Pädagogik« unreflektiert durch eine neue »Regenbogenpädagogik« ersetzt wird.

Dass die alte schwarze Pädagogik repressiv und oft sehr grausam war und ist – soweit es sie durchaus noch gibt –, braucht nicht weiter ausgeführt zu werden. In bestimmten sozialen Milieus hat die neue Regenbogenpädagogik aber ähnlich autoritäre Züge angenommen, auch wenn sie kaum mit physischer Gewalt durchgesetzt wird. Die kollektive psychische Gewalt wirkt zwar subtiler, aber oft nicht weniger nachhaltig als die physische.

Wie ernsthaft Diskussionen um richtiges Gendering geführt werden zeigt eine kleine Anekdote: Eine Enkelin von mir verfasste eine Bachelorarbeit über günstige Bedingungen rund ums Gebären. Die Frage kam auf, ob sie »gebärende Frauen« oder »gebärende Personen« schreiben sollte. Die Frage hat sie sehr beschäftigt. Im Text schrieb sie schließlich von *Frauen*, erwähnte aber in der Einleitung folgendes: »Im Rahmen dieser Arbeit wird von gebärenden Frauen gesprochen. Selbstverständlich sind damit auch gebärende Personen gemeint, welche sich nicht als Frau identifizieren.«

Der Kampf gegen die binäre Geschlechterordnung ist für Menschen, welche zur prioritären Besetzung der Autonomie neigen, ein authentisches Anliegen; für die Mehrheit der Menschen, die zur prioritären Besetzung der Identität neigen, kann dieser Kampf nur Abwehrreaktionen auslösen. Sie empfinden die Auswirkungen dieses Kampfes berechtigterweise als Zumutungen, die repressiv wirken, z. B. auf Frauen mit einer prioritären Besetzung der Identität. Sie fühlen sich in ihrer weiblichen Rolle und in ihrem weiblich kreativen Körper wohl und authentisch.

Obschon die gesellschaftliche und die individuelle Ebene ineinandergreifen, sollten sie *konzeptionell* nicht vermischt werden. Was auf der einen Ebene emanzipatorischen Charakter hat, wird auf der anderen Ebene leicht repressiv und triebfeindlich.

Die gegenwärtige queere und non-binäre Bewegung kann aber nicht einfach als Modeströmung abgetan werden. Sie ist für Viele zu einem kollektiven Jugenderlebnis geworden, vergleichbar mit der Punkbewegung oder dem gesellschaftlichen Aufbruch in den 1960er Jahren. Aber so, wie damals die langen Haare und später die Irokesenfrisur provozierend wirkten und zur kollektiven Identitätsbildung einer Generation beitrugen, geschieht dies heute dort, wo sich Jugendliche mit Begeisterung für queere und non-binäre Anliegen zusammentun. Preuss (2023) verweist auf die allzu frühe Konfrontation einer ganzen Generation mit explizit sexuellen Bildern und Zumutungen und damit verbundenem »Leistungsdruck«, welche die Freude an Erotik und erwachender Sexualität vergällen kann. Die Möglichkeit, sich – vielleicht nur vorübergehend – als asexuell zu empfinden, kann deshalb als eine Form von Gender in actu gedeutet werden, die vor zu frühen Zumutungen durch sexuelle Aktivitäten schützt. Diese Art von Gender in actu hat auf individueller Ebene zwar Abwehrfunktion, spielt aber auf der sozialen Ebene trotzdem eine progressive Rolle, solange nicht irreversible medizinisch-chirurgische Maßnahmen ergriffen werden, die sich später als falsch erweisen könnten. Preuss formuliert das mit anderen Worten:

»Auch viele empfindsame Jugendliche, die nie therapeutische Hilfe suchen, schützen sich mit Selbstbezeichnungen wie ›non-binär‹, ›queer‹ oder ›gender-fluid‹; oder mit Etiketten wie ›asexuell‹, ›polysexuell‹ oder ›polyamor‹ vor hetero-normativ empfundenen Anforderungen. Damit gewinnen sie Zeit für ihre individuelle Entwicklung. So betrachtet halte ich die meisten Neo-Geschlechtsidentitäten für durchaus kreative Konstrukte. Jugendliche sollten mit ihren selbst gewählten Geschlechtsidentitäten ernstgenommen werden, weil diese zunächst die Funktion einer wichtigen Übergangsidentität haben, und weil sie ihnen zugleich vital wichtige Bindungen an Peer-Gruppen aus dem Gender-Spektrum ermöglichen« (ebd., S. 127).

Gender in actu unter diesen Gesichtspunkten zu betrachten kann einem also Werkzeuge in die Hand geben, um sich in der verwirrenden Vielfalt von Neo-Sexualitäten und Neo-Gender zu orientieren. Ein Beispiel: Wir hatten früher Personen als »echte Transsexuelle« betrachtet, die eine derart starke Besetzung der Identität zeigten, dass sie die primären und sekundären Geschlechtsmerkmale ihres Geburtsgeschlechtes als total aversiv erlebten – wie z. B. die eingangs erwähnte Lydia. »Krank« ist nicht ihre Transidentität, sondern ihre *körperlich* gesunden Geschlechtsorgane erhalten einen *psychischen* Krankheitswert, was ihre operative Korrektur rechtfertigt, auch auf Kosten der Krankenversicherungen. Trans*-Personen mit einer prioritären Besetzung der Autonomie, so sagten wir, könnten spielerischer mit ihrem Gender umgehen und, wie etwa Transvestiten, daraus Befriedigung ziehen. Heute wird ein solcher Anspruch in bestimmten Szenen an *alle* Transsexuellen herangetragen und jene »Pioniere«, welche das Identitätsbedürfnis nur via Übernahme der konträren Geschlechtsrolle stabilisieren konnten und sich die Möglichkeit der »Geschlechtsumwandlung« erkämpft hatten, als reaktionär gebrandmarkt.[52]

Wenn in dieser Phase Gender *in actu* das durch die Prägung etablierte Proto-Gender per se aufgreift und dieses entlang der bei der Ausbildung der Selbstrepräsentanz prioritären Bedürfnisse weiter ausdifferenziert, entsteht ein bis zu einem gewissen Grad gefestigtes Gender *per se* – sei es in einer stark identitär fixierten Form von GI, sei es in einer Form, bei der verschiedene Arten von Geschlechtsidentitäten je nach Situation autonom gewählt oder gestaltet werden sollen und können.

Anders ist die Situation, wenn das Erleben und Gestalten von Gender in actu sich dem Zweck unterordnet, schwerere narzisstische »Defekte« zu »plombieren« – in Analogie zu Morgenthalers (1974) Plombenfunktion im Fall perverser sexueller Aktivitäten. Dann dient sie der *Abwehr* der schweren Desintegrationsängste, welche durch solche Defekte ausgelöst werden können. GI muss dann auf übertriebene, starre oder das Verhalten einschränkende Weise erlebt und gestaltet werden. Eine integrierende Strukturbildung wird dadurch behindert.

4.5.2 Bisexualität und ödipale Phase

Schauen wir nochmals zurück: Welche Gesichtspunkte haben uns auf den Stufen Prägung und Narzisstische Phase weitergeführt? Auf der

---

52 Judith Butler (2006) beschreibt ihre Auseinandersetzung mit einer Transsexuellen, welche sie öffentlich mit »Fuck you, Judith Butler« beschimpfte. Sie fühlte sich von Butlers »Subversion von geschlechtlicher Stabilität« (S. 71) angegriffen und verteidigte ihr Recht und Bedürfnis, in das binäre Geschlechtssystem hineinzupassen.

ersten Stufe war es die Annahme, dass eine Veränderung »ohne Dazwischenkunft seelischer Vorgänge« stattfindet, auf der zweiten, dass es um die Setzung von Prioritäten in der *Strukturbildung* geht, bei der im günstigen Fall integrative psychische Funktionen gestaltend wirken. Folglich kommen psychische *Konflikte* auf der ersten Stufe gar nicht ins Spiel – es geht dort ausschließlich um Gender per se –, und auf der zweiten sind Konflikte hauptsächlich als Reaktionen auf »Belastungen, denen ein Kleinkind in der Ablösungsphase ausgesetzt ist«, zu verstehen. Auf der dritten Stufe stehen nun *Konflikte* im Zentrum, welche einer Lösung zugeführt werden müssen. Eine häufig anzutreffende und unschwer durchschaubare Konstellation besteht darin, dass das Geschlecht eines Kindes nicht den Erwartungen der Eltern entspricht – vielleicht hätten sie sich nach zwei Töchtern dringend einen Sohn gewünscht. In der ödipalen Phase, in welcher die Objektbeziehungen ihre spezielle Bedeutung gewinnen, wird das Kind unbewusst auf die elterlichen Wünsche reagieren und ihr Gender diesen Wünschen anzupassen versuchen. Es wird sein gegebenes Geschlecht entwerten und entgegengesetzte Geschlechtsstereotypien entwickeln, was bedeutet, dass *Abwehr-Funktionen* beim Erleben und Gestalten ihres Genders das Primat erhalten. Gelingt es diesem Kind in späteren Jahren, sich aus diesem Konflikt zu befreien und die Entwertung seines Geburtsgeschlechtes aufzugeben, wird eine Betonung der entsprechenden GI *integrative* Funktion haben.

Es sind die Konflikte mit der Bisexualität – verstanden als das gleichzeitige Vorhandensein männlicher und weiblicher Anteile in der gleichen Person z.B. Imhorst (2019) –, welche in dieser Phase zentrale Bedeutung erhalten und Verwirrung stiften können. Um sich darin zurechtzufinden, muss die *umgangssprachliche* und auf gesellschaftlicher Ebene gebräuchliche Bedeutung von Bisexualität von einer »radikal anderen« (Gsell & Zürcher 2011, S. 703) *wissenschaftlichen* Bedeutung unterschieden werden. Gsell und Zürcher haben unter akribischer Analyse der widersprüchlichen Äußerungen Freuds zu diesem Thema eine Lesart herausgearbeitet, die »Licht ins Dunkel der Bisexualität« bringen kann:

> »Jeder Trieb hat zwei mögliche Richtungen (im Sinne eines Vektors): [...] Der aktive Trieb strebt vom Ich zum Objekt: das Ich will mit dem Objekt etwas machen. Der passive Trieb strebt zum Ich: das Ich will, dass das Objekt mit ihm etwas macht« (S. 703–704).

»Unsere These lautet, dass Bisexualität bei Freud im strengen psychoanalytischen Sinn nichts anderes als das gleichzeitige Vorhandensein von aktiven und passiven *Triebzielen* meint« (S. 405).

»Erst *sekundär und als Resultat einer unbewussten Verlötung* werden aktiv und passiv mit männlich und weiblich assoziiert« (ebd., S. 699, Hervorh. R. B.).

Der Ausgangspunkt von Konflikten um die so verstandene Bisexualität ist, dass der Geschlechtsunterschied in der ödipalen Phase so interessant wird, weil das Kind spürt, dass etwas »nicht geht« (Gsell & Binswanger 2012, S. 380). Im Gegensatz zur oralen und analen Phase, in der sowohl aktive als auch passive Triebziele an den vorhandenen Organen oder erogenen Zonen abgeführt werden können, ist das Kind in der infantil-genitalen Phase nur für die Abfuhr *eines* Pols organisch ausgestattet: Der Bub für den aktiv-genitalen, das Mädchen für den passiv-genitalen. Die Aufgabe, die damit zusammenhängenden Konflikte zu verarbeiten, könnte auf die Kurzformel gebracht werden, dass die bisexuelle Psyche mit den Anforderungen des monosexuellen Körpers »fertigwerden« muss.[53] Diese Aufgabe stellt sich für beide Geschlechter in »gleichberechtigter« Weise.[54] Sofern diese einigermaßen gelöst werden kann, werden *integrative* Funktionen bei Gender in actu das Primat haben. Die Übernahme der Geschlechtsrolle, welche dem Körpergeschlecht entspricht, können Cis-Personen als befriedigend und lustvoll erleben.[55] Haben jedoch *Abwehrfunktionen* das Primat, gibt es zwei Möglichkeiten: Entweder werden die nicht integrierbaren gegengeschlechtlichen Geschlechtskomponenten verdrängt, sodass die zum Körpergeschlecht passende Gender-Rolle auf rigide Art erlebt und gestaltet wird, oder die Sehnsucht nach der »weiblich-männlichen Omnipotenz« kann nicht aufgegeben werden. Das Bedürfnis, Gender zu queeren, kann dann dem Primat einer *Abwehrfunktion* entsprechen.

---

53 Judith Le Soldat hat auf der Grundlage der psychischen Bisexualität eine komplexe Neuformulierung des gesamten Ödipuskonfliktes vorgeschlagen, auf die ich aber in diesem Zusammenhang nicht näher eingehen kann.
54 Der problematische phallische Monismus Freuds und seine Reduktion des Wunsches nach einem gegengeschlechtlichen Organ (Peniswunsch resp. -neid) auf das weibliche Geschlecht sind dadurch überwunden.
55 Bei Trans-Personen wären nach dieser Logik zusätzliche Konflikte zu erwarten. Sie müssen hier noch unverstanden bleiben – auch aus Platzgründen.

4.5.3 Pubertät, Adoleszenz, Erwachsenenalter

Da sich die GI vor allem auch darauf bezieht, *als was* ich meinen Liebes- und Sexualobjekten gegenübertrete, spielen »die Umgestaltungen der Pubertät« (Freud 1905d) eine entscheidende Rolle, gleichgültig, ob GI gemäß dem prioritären Bedürfnis nach Identität klar umrissen und festgefügt oder gemäß dem prioritären Bedürfnis nach Autonomie eher »fluide« ist.

Bei diesen »Umgestaltungen« handelt es sich wahrscheinlich nicht um etwas Neues, sondern um Neuformulierungen und/oder ein Bewusstwerden respektive ein *Coming-out* von Etwas, das bewusst, vorbewusst oder unbewusst schon vorhanden war. Solche Neuformulierungen sind Ausdruck von Gender *in actu*.

Unter *Coming-out* verstehe ich – in Anlehnung an Morgenthaler (2004a [1984], S. 93, 129f. [92f., 127f.]) und sein Konzept erweiternd – den *inneren* Prozess, der die je eigene Sexualität und das je eigene Gender per se mit den gesellschaftlichen Ansprüchen in eine lebbare Form zu bringen versucht. Dieser Prozess betrifft m. E. nicht nur sexuelle Minderheiten und Trans*-Personen, sondern kann auch auf Heterosexuelle und Cis-Personen ausgeweitet werden. Ihr »Coming-out« kann dann die Form annehmen, die von alters her »Adoleszentenkrise« genannt wird. Für eindeutige Cis-Personen, bei denen die innere Entwicklung einigermaßen mit den gesellschaftlichen Erwartungen übereinstimmt, beschränkt sich das Coming-out auf die weitere Stabilisierung ihrer GI *per se* in der Auseinandersetzung mit den anstehenden Lebensaufgaben. Für eindeutige Trans-Personen ist dies entschieden beschwerlicher[56], auch wenn die Voraussetzungen dafür heute wesentlich günstiger sind als bei der eingangs erwähnten Lydia, für die nur eine prekäre Existenz als von der Sozialhilfe abhängiger hormonbehandel-

---

56 Thomas Kedaj kommentierte diese Stelle in einer E-Mail vom 5.8.2023 – völlig zu Recht – wie folgt: »Die Pubertät ist für Transsexuelle eine große Zäsur! Vielleicht weil […] sie bis zur Pubertät an dem Glauben festhalten, dass sie in die richtige und nicht in die falsche Pubertät kommen, nachts einschlafen und hoffen am Morgen im richtigen Geschlecht aufzuwachen […] Die Krise der Pubertät ist für Transsexuelle ungleich fundamentaler denn für Cismenschen und m. E. qualitativ etwas anderes. Alle Hoffnung ist zerstört und sie landen in einer Sackgasse, aus der es keinen Ausweg gibt. Das soll nicht heißen, dass es allen transsexuellen Individuen gleichermaßen ergeht. Von Sigusch stammt auch der schöne Satz: Es gibt so viele Transsexualitäten wie es Transsexuelle gibt.«

ter lesbischer Frau ohne Neovagina ermöglicht werden konnte – was sie trotz aller Widrigkeiten nie bereut hatte.

Und wie steht es nun mit allen anderen, die sich nicht von vornherein eindeutig als Cis oder als Trans definieren, die den Geschlechtsdimorphismus ablehnen oder sich als non-binär oder fluide erleben oder die anderen, die eine Transidentität erst im späteren Lebensalter entwickeln? Kann die Einnahme der Gesichtspunkte Gender per se und in actu helfen, sich als Betroffene*r und/oder Psychotherapeut*in in der Vielfalt der Neo-Geschlechtsidentitäten zurechtzufinden? Gibt es diesbezüglich eine Analogie zur Art und Weise, wie ich die Gesichtspunkte *Sexualität per se* und *in actu* auf die Neosexualitäten angewendet habe (Binswanger 2021a, S. 24)[57]? Dort bin ich unter dem Gesichtspunkt *Sexualität per se* zum Schluss gekommen, dass es die von Sigusch als »Paläohetero- und Paläohomosexualität« bezeichneten, relativ festgefügten und m. E. nicht nur »kulturell produzierten« erwachsenen Sexualorganisationen nach wie vor gibt. Analog legt es die *hierarchische Organisationsweise von Geschlechtskomponenten*, die aus den zwei Polen »männlich« und »weiblich« zusammengesetzt ist, nahe, dass die »Paläo-Geschlechtsidentitäten« männlich und weiblich als Gender *per se* nach wie vor die Mehrheit bilden – meistens in einer klaren Cis-Variante, mit der sich die Betroffenen quasi »von selbst« identifizieren, seltener in einer ebenfalls klaren Trans-Variante. Wie weit »non-binäre«, »agender«, »gender-queer« oder »fluide« Geschlechtsidentitäten ebenfalls Ausdruck von Gender per se sein können, muss in jedem Einzelfall durch vertiefte Introspektion oder Exploration geklärt werden. Erscheinen sie als stabil bleibende Voraussetzung dafür, dass entsprechendes Gender *in actu* unter dem Primat integrativer Funktionen stattfindet, rechtfertigt sich die Annahme einer solchen GI. Im anderen Fall kann und soll die ganze Vielfalt von Neo-Geschlechtsidentitäten unter dem Gesichtspunkt Gender *in actu* betrachtet werden, unter Berücksichtigung des Primats von integrativen oder Abwehr-Funktionen. Als integrativ erscheint ab der ödipalen Phase alles, was die Konflikte um die Bisexualität entschärft und nicht-integrierbare Aspekte der Pole »männlich« und »weiblich« *desexualisiert*, sodass ein relativ entspannter, spielerischer und kreativer Umgang damit möglich ist. Als regressiv erscheint alles, was den Charakter einer *Abwehr* hat und die mit der Bisexualität einhergehenden Konflikte inszeniert statt löst. In diesem zweiten Fall kann es vorkommen, dass ein

---

[57] Vgl. Kapitel 2.5.4 in diesem Band.

spät auftretender Transsexualismus auf neurotische Weise am gegengeschlechtlichen Pol der Bisexualität festhalten will oder dass ein zwanghafter Aktivismus im Hinblick auf die Bekämpfung der Zweigeschlechtlichkeit unbewusst einer neurotischen Aufrechterhaltung der bisexuellen Omnipotenz zu dienen hat.

4.6 Schlussfolgerung

Die am Anfang des vorliegenden Kapitels gestellte Frage, ob es möglich und sinnvoll ist, das Modell, das ich für mehr Klarheit im Diskurs über Sexualität vorgeschlagen habe, auf den Diskurs über Gender zu übertragen, kann weitgehend zustimmend beantwortet werden.

Gender *per se* ist Teil der Persönlichkeit und kann als hierarchische Organisation von Geschlechtskomponenten aufgefasst werden, mit unterschiedlich starker Priorität einer als männlich oder weiblich empfundenen Komponente oder Zwischenstufen davon, bis hin zur Empfindung, keinem Geschlecht zuzugehören. Sie kann mehr oder weniger mit dem körperlichen Geschlecht übereinstimmen, ihm entgegengesetzt oder unabhängig von ihm sein. Unter diesem Gesichtspunkt macht die Frage nach einer allfälligen Pathologie und ihrer Behandlungsbedürftigkeit keinen Sinn.

Gender *in actu* fokussiert das individuelle Erleben und Gestalten von Geschlechtsidentität, das wir als widersprüchliche Einheit von integrativen Funktionen und Abwehrfunktionen auffassen. Wenn innerhalb dieser widersprüchlichen Einheit *integrative Funktionen* das Primat haben, können *Gefährdungen kompensiert* oder *Konflikte gelöst werden*, die in bestimmten Phasen der Entwicklung auftreten. In diesem Fall liegen keine Pathologie und keine Indikation für eine psychodynamische Psychotherapie vor. Umgekehrt, wenn *Abwehrfunktionen* das Primat haben, also *narzisstische Defekte plombiert* oder ödipale *Konflikte inszeniert* statt gelöst werden müssen. Dies entspricht einer Pathologie und kann die Indikation zu einer psychodynamischen Psychotherapie darstellen.

Dieses Modell kann den eingangs erwähnten Verunsicherungen von uns Therapeut*innen entgegenwirken. Es kann auch Betroffenen helfen, sich in der Selbstreflexion zu orientieren, wenn es darum geht, herauszufinden, welches Erleben und Gestalten von GI sie in einer authentischen Entwicklung weiterbringt und wo allenfalls die Stolpersteine liegen, die zu Erstarrungen ihrer GI oder zu neurotischen Inszenierungen und zu entsprechendem Leiden für sich und andere führen. Aktivist*innen auf diesem Gebiet mag es ein Instrument in die Hand geben, um besser zu durchschauen, wann und wo ihr Engagement wirklich emanzipatorisch ist und wann und wo es – wie Sophinette Becker sich ausdrückte – um »queere« Übertreibungen handelt, bei denen Unterdrückungsmechanismen womöglich nur das Vorzeichen wechseln.

4.7 Praktische Anwendung meiner Modelle zu Sexualität und Gender, mit Fallbeispiel 1

4.7.1 Allgemeine Überlegungen

In den bisherigen Kapiteln sind wir immer wieder auf die Frage gestoßen, wie meine Modelle von Sexualität und Gender in der konkreten Arbeit umgesetzt werden sollen und können. Ich verweise insbesondere auf Kapitel 2.3, in dem ich erste Ansätze zur Unterscheidung von *Sexualität per se* und *Sexualität in actu* aufgezählt habe. Wenn ich die Metapher der Skipisten auf Seite 15 und 94 aufgreifen darf, dann waren das die ersten Markierungsstangen. Die beiden Fallvignetten unter Kapitel 2.5.1 markieren ebenfalls die Richtung, in der unterschieden werden kann, wann bei einzelnen sexuellen Aktivitäten die libidinöse Triebbefriedigung und wann nicht-sexuelle Funktionen das Primat haben. In einer Ergänzung zu Kapitel 2.5.1 findet sich eine dritte Fallvignette, bei dem die Frage, ob es sich um Homosexualität oder Heterosexualität per se handelt, offengelassen wurde.

Es gibt aber einen wesentlichen Unterschied zwischen der Anwendung meines Modells auf Sexualität und auf Gender. Beim Sexualitätsmodell geht es um ein Werkzeug zur Orientierung *innerhalb* der Arbeit mit einem*r Patient*in oder Klient*in. Wenn ich mich bei dieser Arbeit irre, kann der*die Patient*in oder der therapeutische Prozess korrigierend eingreifen, oder der*die Patient*in fühlt sich missverstanden und bricht die Therapie ab. Bei der Übertragung meines Modells auf Gender geht es um mögliche Konsequenzen der Therapie *außerhalb* der Arbeit mit Patient*innen oder Klient*innen. Wenn ich mich irre, kann es sein, dass der*die Patient*in lebenswichtige Entscheidungen trifft – insbesondere operative Eingriffe –, die sich im Nachhinein als falsch erweisen. Sehr oft müssen wir unter Zeitdruck arbeiten, besonders wenn es sich um Jugendliche handelt. Das sind die Gründe, weshalb ich die praktischen Fragen nicht am Ende

4.7 Praktische Anwendung meiner Modelle zu Sexualität und Gender, mit Fallbeispiel 1

der Kapitel zur Sexualität, sondern zu Gender zusammenfassend angehe, auch mit einem ausführlichen Fallbeispiel (S. 116), bei dem es – mit einem längeren Unterbruch – zwölf Jahre dauerte, bis der*die Patient*in im Alter von 69 Jahren das Coming-out als Trans-Frau per se machen und die Transition in Angriff nehmen konnte. Wir fuhren gleichsam auf der schwarzen Piste, auf welcher die richtige Abfahrtslinie – wenn möglich unfallfrei – gefunden werden musste.

In Kapitel 2.8 schrieb ich, dass die Unterscheidung zwischen *sexuellen* Aktivitäten mit Primat der libidinösen Triebbefriedigung von anderen, die als pervers bezeichnet werden können, oft leicht zu machen sind. So ist es in vielen Fällen – leider zunächst nicht in allen – nicht schwierig, das Verhalten eines stürmischen Liebhabers von dem eines Vergewaltigers zu unterscheiden. Bei den von mir in Kapitel 2.5.1 aufgeführten Fallvignetten geht es um den einfach feststellbaren Unterschied zwischen der sexuellen Aktivität eines homosexuellen Mannes, welche ihm vorwiegend psychisches Leiden verursacht, und einer anderen sexuellen Aktivität, die den anderen homosexuellen Mann zwar beunruhigt, aber vor allem beglückt, die ihn gleichsam »verwandelt« und auf die er niemals verzichten möchte.

In anderen Fällen kann von außen betrachtet häufig nicht entschieden werden, ob bei bestimmten Aktivitäten die sexuelle Triebbefriedigung oder nicht-sexuelle Funktionen das Primat haben. Dazu braucht es oft ausführlichere Explorationen oder aufdeckende psychotherapeutische Prozesse. Dieselbe sexuelle Aktivität kann bei der einen Person unter dem Primat der libidinösen Triebbefriedigung und bei der anderen unter dem Primat nicht-sexueller Funktion stattfinden. Ferner können sich bei der gleichen Person Aktivitäten, bei denen die Triebbefriedigung das Primat hat, mit anderen abwechseln, bei denen nicht-sexuelle Funktionen im Vordergrund stehen – je nach äußerer und innerer Situation. Ein kasuistisches Beispiel dafür findet sich in Kapitel 8.2.

Analoge Verhältnisse bestehen, mutatis mutandis, bei der Bestimmung der Frage, ob beim Erleben und Gestalten von *Gender* integrative oder Abwehrfunktionen das Primat haben. Insbesondere wenn es um Trans*-Fragen geht, flitzen die Fahrer oft selbstständig über die Piste, ohne dass wir viel machen können, wenn etwas schief geht. Die Intensität der notwendigen psychotherapeutischen Begleitung variiert natürlich je nach Piste, aber oft weiß man zu Beginn noch nicht, auf welchem Schweregrad man sich befindet, weil unabhängig von der Genderfrage mehr oder weniger schwere Psychopathologien oder Traumafolgestörungen mit im Spiel sind. Es braucht dann zusätzlich Wegweiser, um zu klären, was zuerst angegangen werden muss: die Transition oder einzelne Schritte dorthin, um überhaupt die anderen Befunde therapeutisch angehen zu können, oder Psychotherapie, damit der*die Patient*in fähig wird, die Belastungen der Transition zu stemmen. Je schwerer und komplizierter die Piste, desto langsamer muss eben gefahren werden.

4.7.2 Fallbeispiel 1

Mit der Geschichte von Heinz-Heidi[58] – geschieden, zwei erwachsene Kinder – möchte ich aufzeigen, wie schwierig es sein kann, bei Trans*-Fragen die korrekte Piste zu finden und »unfallfrei« zu befahren. Eine schier unendliche Geschichte verschiedenster ernsthafter Psychopathologien seit der Kindheit, ein Schlaganfall im Alter von 48 Jahren, der Heinz'-Heidis hoch qualifizierte berufliche und komfortable finanzielle Existenz ruinierte, sowie immer wieder neue, langjährige Psychotherapien bei einer Reihe von Psychotherapeut*innen mündeten im Alter von 69 Jahren in ein beinahe festlich anmutendes Coming-out als Trans-Frau, wobei glückhafte äußere Umstände diesen Prozess unterstützten.

Ich war der Letzte in dieser Reihe von Psychotherapeut*innen. Nach einer kurzen psychotherapeutischen Intervention mit ca. fünf Sitzungen im Jahr 2010 kehrte – (damals noch) er – im Jahr 2015 zu mir zurück. Eine krankenkassenfinanzierte psychoanalytische Therapie fand bis 2019 mit zwei und seither mit einer Stunde pro Woche statt.

Mit der folgenden Darstellung dieser zweifellos atypischen Geschichte möchte ich vor allem *eines* vermitteln: Mein Modell verhinderte in keiner Weise, dass ich während einer Zeitspanne von 13 Jahren nicht wusste und nicht wissen konnte, ob ich eine *Trans-Frau per se* vor mir hatte oder ob neurotische Abwehrvorgänge für die periodisch auftretenden und zwischendurch auch wieder abklingenden Sehnsüchte, eine Frau zu sein, verantwortlich waren. Ich war Heinz-Heidi gegenüber immer offen für beide Möglichkeiten, wobei ich zeitweise die zweite für wahrscheinlicher hielt als die erste. Wir fuhren also eine »schwarze Piste«, auf der mir die »Markie-

---

58 Einige äußerliche Details der Geschichte sind geändert. Für mich als Psychotherapeut war sie natürlich früher Herr B. und ist heute Frau G., weil sie nach der Personenstandsänderung auch das dringende Bedürfnis hatte, ihren Geschlechtsnamen zu ändern.

rungsstangen« meines Modells (vgl. S. 94) während all dieser Jahre halfen, nicht vom Weg abzukommen. Als zusätzlicher »Wegweiser« diente mir eine nach einer erfolgreichen psychotherapeutischen Arbeit auftretende, befremdlich wirkende Stagnation, die sich erst mit dem erwähnten Coming-out löste. Plötzlich war der Point of no Return überschritten und die Blockade in der Therapie überwunden.

Wie das alles zuging, möchte ich nun im Einzelnen erzählen und hoffe, nicht zu langfädig oder kompliziert zu werden. Anamnestische Angaben werde ich jeweils nur dann liefern, wann und soweit sie zum Verständnis der jeweils aktuellen Themen während der Therapie notwendig sind.

Die *erste Überweisung* erfolgte 2010 im Rahmen eines Verfahrens der Invalidenversicherung im Zusammenhang mit den psychischen und sozialen Folgen des Schlaganfalls acht Jahre zuvor. Heinz-Heidi hatte sich körperlich vollständig davon erholt. Das schmälerte die Chancen für eine Berentung. Der zuständige Psychiater eröffnete Ihm/ihr, dass er/sie nicht mit einer Rente rechnen könne.[59] Darauf brach er/sie psychisch zusammen. Aus dem Gefühl heraus »nichts mehr zu verlieren« zu haben, sprach er/sie *zum ersten Mal im Leben* mit einer Fachperson über den Trans-Wunsch. Obschon er/sie auch damals in einer regelmäßigen psychoanalytisch orientierten Psychotherapie bei einer Kollegin war, überwies der Gutachter ihn/sie an mich mit einer einzigen Begründung: »Es muss da einen anderen Zugang geben.« Vom Trans-Wunsch sagte er mir kein Wort.

Wir führten fünf Sitzungen durch, ohne dass die damalige Therapeutin – bei der er/sie weiterhin in Behandlung war – davon erfuhr. Sein Trans-Wunsch wurde ausführlich thematisiert. Ich ließ offen, ob er/sie eine Trans-Frau per se sei oder ob eine besonders intensive und bewusstseinsnahe Problematik mit der bisexuellen Identität vorlag. Er – in der männlichen Rolle – hatte zwar immer wieder Sex mit Frauen, doch war der Geschlechtsverkehr oft mühsam, weshalb er andere Praktiken bevorzugte.

Ich hatte den Eindruck, den »anderen Zugang« gefunden zu haben. Deshalb bot ich ihm/ihr an, mit mir weiterzumachen, sofern seine Therapeutin über den »Fremdgang« mit mir aufgeklärt und die Therapie mit ihr abgeschlossen würde. Heinz-Heidi wirkte sehr erleichtert und glaubte,

---

59 Zum Glück hatte die Invalidenversicherung kurz darauf anders entschieden, denn ohne eine Rente, die wenigstens das Existenzminimum deckte, hätte die Behandlung nicht durchgeführt werden können.

das Thema Transidentität nun abschließen zu können. Die Worte »ich mit Schuhgröße 44 und in meinem Alter, das geht nicht« wirkten überzeugend.

Im September 2015 meldete sich Heinz-Heidi erneut. Er/sie stand in einer Beziehung mit einer sehr schönen, etwa gleichaltrigen türkischen Seconda, welche in den letzten Jahren in einer Touristendestination ihrer Heimat ein kleines Hotel aufgebaut hatte und definitiv dorthin gezogen war. Er/sie war ihr gefolgt, auch mit der Perspektive, dort finanziell besser durchzukommen als in der Schweiz. Eine berufliche und soziale Eingliederung in der Türkei erwies sich aber – unter anderem wegen Eifersuchtsreaktionen der Partnerin – als unmöglich, was zur Heimkehr in die Schweiz führen musste – desillusioniert und depressiv. Bei der ganzen Erzählung und ihrer Bearbeitung blieb das Thema Transidentität im Hintergrund.

Es handelte sich also um eine der vielen Trennungserfahrungen in Heinz'-Heidis Leben, die ich als Ursache für das Hauptsymptom jener Jahre vermutete: schwere psychoreaktive Depressionen mit immer wiederkehrenden »Abstürzen«, welche durch starken Drang gekennzeichnet waren, sich umbringen zu müssen. Frühere Therapeut*innen waren deshalb zu wiederkehrenden Kriseninterventionen gezwungen, welche blockierend auf analytische Prozesse wirken mussten. Dazu kam, dass Heinz-Heidi die weiblichen Wünsche – und wohl vieles andere auch – konsequent verschwieg.

Ich begann also mit der bereits erwähnten psychoanalytischen Psychotherapie, wobei ich die Bedingung stellte, niemals für die Verhinderung eines Suizides zuständig sein zu müssen. Das klappte während gut drei Jahren ausgezeichnet. Einerseits konnten wir die Trennung von der türkischen Partnerin, die ich irgendwie wie die »Frau seines Lebens« empfand, ein Stück weit verarbeiten und auch mit früheren, ungenügend bearbeiteten Trennungen in einen Zusammenhang bringen. Andererseits brachten wir die suizidalen »Abstürze« mit realen Abstürzen in der Kindheit in Verbindung. Heinz-Heidi war »accident-prone« gewesen und erlitt während der Primarschulzeit mehrere Knochenbrüche, die längere Spitalaufenthalte nach sich zogen. Die Deutung dieser Vorfälle als Realisierungsversuche eines »Hammerschlag«-Wunsches im Sinne von Le Soldat (2015, S. 58f., 70–75 u. a.) schien zu passen und zu wirken.[60]

---

60 Beim »Hammerschlag-Wunsch« handelt es sich um einen gleichsam ultimativen passiv-aggressiven Wunsch, durch ein als übermächtig fantasiertes Objekt – Le Soldat nennt

4.7 Praktische Anwendung meiner Modelle zu Sexualität und Gender, mit Fallbeispiel 1

Die »Abstürze« in schwere Depression und Suizidalität verschwanden vollständig – bis ich an einem Freitagnachmittag im November 2019 folgende E-Mail erhielt:

> »Grüezi Herr Binswanger
> Es ist Freitag Mittag, ein Uhr und ich hab mein Leben nicht beendet, will wohl auch nicht – aber ich habe geduscht, ging mit dem Gurt ins Bett und klebte an die Türe ein Post-it mit dem Text: ›Niemand trägt Schuld – aber ich konnte einfach nicht mehr‹. Unterdessen ist es im Abfallsack.«

Es folgte – in derselben E-Mail – ein Geständnis über den Besuch eines Spielcasinos: »Die Dezemberrente ist schon wieder fast weg.«

Ich war *entsetzt* und befürchtete, mit Suizidveranstaltungen auf ähnliche Weise »kastriert« zu werden wie wahrscheinlich die früheren Therapeut*innen. Bis zur Montagsstunde hatte ich mich soweit gefangen, dass ich Heinz-Heidi zwar heftig zur Rede stellen und mit meiner Befürchtung konfrontieren konnte, ohne aber den guten emotionalen Rapport aufgeben zu müssen. Nun war Heinz-Heidi ihrerseits schockiert und wies mich darauf hin, dass er/sie mir ja erst geschrieben hatte, als alles schon vorbei war. Wie Recht er/sie hatte! Retrospektiv halte ich diese Episode für eine gelungene Inszenierung des »Hammerschlag«-Wunsches innerhalb der Übertragung, den ich mit meiner entsetzten Reaktion in der Gegenübertragung zuerst mitagierte. Nach der Durcharbeitung dieser Übertragungs-Gegenübertragungsreaktion konnten wir einigermaßen entspannt weiterarbeiten.

Es waren Judith Le Soldats Konzepte, die mir in diesem Fall weitergeholfen haben. Ich möchte diese aber nicht weiter erläutern, denn jemand anders hätte ebenso gut mit anderen Konzepten arbeiten können, weil psychische Phänomene ja überdeterminiert sind. Ich möchte einfach zeigen, dass während mehr als vier Jahren eine fruchtbare genuin psychoanalytische Arbeit möglich war und dass diese aber 2020 – zunächst beinahe un-

---

es »Apoll« – mit vernichtender Intensität anal penetriert zu werden. Der Wunsch ist Resultat der während des Ödipuskonfliktes erlebten Frustrationen. »Der Hammerschlag-Wunsch ist unerfüllbar. Die passiv-aggressive Lust ist imaginär; die Erwartung der radikalsten Lust wird durch eine gleich große Quantität von Todesangst und Vernichtungsangst in Schach gehalten« (Le Soldat 2015, S. 187). Ein pathologisches Resultat kann die erwähnte »accident-proneness« sein.

merklich – an Grenzen stieß. Seit dem erwähnten Geständnis, sich durch den Gang in ein Spielcasino finanziell in große Bedrängnis gebracht zu haben, wusste ich, dass solche »Casinogänge« immer mal wieder vorkamen. Sie wirkten auf mich – angesichts der prekären finanziellen Situation am Existenzminimum – wie suizidale Ersatzhandlungen, nachdem die »Abstürze« definitiv aufgehört hatten. Es geschah jeweils aus einem chronischen Gefühl des Unausgefülltseins heraus, das ihn/sie immer beschlich, wenn er/sie allein zu Hause war. Er/sie kämpfte immer wieder entschlossen mit Initiativen gegen diese Gefühle an, z. B. mit kompetenter Freiwilligenarbeit im Migrationsbereich u. v. a. m. In der männlichen Rolle bemühte er sich um neue Frauenbeziehungen, was dazu führte, dass noch zweimal schmerzliche Trennungserfahrungen bearbeitet werden mussten. Er/sie pflegte einen großen Freundeskreis, auch mit Menschen, die nicht wirklich zu ihm passten. Über all das gab es in den Stunden immer genug zu reden, aber das wirkte mehr und mehr wie ein Gespräch unter Freunden im Kaffeehaus. Schließlich kam mir der Verdacht, dass da Wesentliches verschwiegen wurde, und ich fragte nach erneuten Casinogängen. Prompt erfuhr ich von einem, der acht Monate früher vorgefallen war, und einem zweiten vor wenigen Wochen. Dieses Verschweigen kam mir total befremdlich vor, aber Heinz-Heidi bestand darauf, dass er/sie doch das Recht habe, allein damit fertig zu werden.

Schließlich vermutete ich, dass es nicht weiterging, weil Heinz-Heidi im Grunde genommen doch eine Trans-Frau per se ist. Im September 2022 brachte ich diese Vermutung zur Sprache. Heinz-Heidi sagte mir, dass er/sie tatsächlich immer wieder schmerzlich daran denke, stimmte mir aber zu, dass dies wohl eher bisexuellen Omnipotenzfantasien geschuldet sei als einem zu realisierenden Trans-Wunsch. Ich legte die Frage meiner Intervisionsgruppe vor, wobei ich viel zu langfädig erzählte und die Kolleg*innen zum Teil *ungehalten reagierten* und das Vorliegen einer viel tieferen Störung vermuteten, als wir sie bis jetzt bearbeitet hatten.

Kurze Zeit später wurde ein runder Geburtstag von Heinz'-Heidis Mutter gefeiert. Dabei kam es zu *ungehaltenen Reaktionen* seiner älteren Geschwister ihm/ihr gegenüber, weil er/sie spielerisch an der Tischdekoration herummachte und die Tischordnung verändern wollte. Schlagartig erkannte ich die Parallele zwischen Heinz'-Heidis Situation am Geburtstagsfest und meiner eigenen in der Intervisionsgruppe. Meine Deutung, dass er/sie als Jüngste*r die Geschwister, die ihn beneideten, unablässig *provozierte*, kam gut an. Die Mutter habe nach der Feier gefragt, ob er/

4.7 Praktische Anwendung meiner Modelle zu Sexualität und Gender, mit Fallbeispiel 1

sie denn nie gemerkt habe, dass die Geschwister zeitlebens eifersüchtig auf ihn/sie waren.

Die Angst zu provozieren, scheint mir heute ein Schlüssel dafür zu sein, um die hartnäckige, beinahe absurde Neigung zum Verschweigen verstehen zu können: Der Trans-Wunsch kam erst bei einer Fachperson zur Sprache, als »alles verloren« schien – und ich erfuhr später, dass Heinz-Heidi mir nichts darüber erzählt hätte, wenn er/sie gewusst hätte, dass der damalige Gutachter mich *nicht* entsprechend informiert hatte. Die Transition konnte wegen der Befürchtung, damit die Geschwister, andere Familienmitglieder und andere nahestehende Menschen so zu provozieren, dass es zu vernichtenden Reaktionen kommen würde, lange nicht in Angriff genommen werden. Diese Furcht sollte sich im weiteren Verlauf leider als realistisch erweisen.

Nun zum weiteren Verlauf: Einige Wochen zuvor hatte sich Heinz-Heidi auf ein Inserat eines Züricher Theaters für eine Produktion beworben, bei der fünf Laiendarsteller*innen im Alter von 60 bis 70 Jahren gesucht wurden, die zum Thema »all the sex we ever had« besondere sexuelle Entwicklungen oder Vorkommnisse aus ihrer Lebensgeschichte beitragen sollten. Diese Beiträge wurden von den Autor*innen der Produktion bühnengerecht aufbereitet. Heinz-Heidi konnte teilnehmen und über seine/ihre lebenslange Gender-Problematik berichten. Im Lauf der verschiedenen – erfolgreichen – Vorstellungen outete sie sich immer mehr als Heidi.

Zwei Wochen nach der letzten Vorstellung machte Heidi bei sich zu Hause ein Fest, an dem sie erstmals als Frau auftrat. Bei den Vorbereitungen wurde sie vom Kollektiv der Mitwirkenden begeistert unterstützt. Die Theaterleute konnten sie mit äußerst passenden Frauenkleidern und professionellem Make-up unterstützen.

Eine solidarische Friseurin bot Heidi wöchentliche Gratistermine an, und eine junge Non-Binäre machte sie zum Thema ihrer Bachelorarbeit an der Kunsthochschule und organisierte ein professionelles Fotoshooting in Heidis neuer Geschlechtsrolle. Auf den Fotos wirkt sie wie eine altersentsprechend aussehende, natürlich gekleidete, frisierte und geschminkte Frau, ohne dass irgendetwas »aufgemotzt« erschien.

Ich war von diesem Prozess mehr oder weniger ausgeschlossen, bis sie mir die Fotografie zeigen konnte. Seither ist unsere Beziehung wieder völlig authentisch, die quälenden Restsymptome verschwanden, und es gab genug zu tun, um die verschiedenen Schritte der Transition sowie die negativen Reaktionen der Mutter, der älteren Geschwister und der beiden längst erwachsenen Kinder zu begleiten. Diese Reaktionen waren so vernichtend wie Heidi befürchtet hatte. Die Mutter ist inzwischen gestorben, ohne dass sie sich mit der Transition hätte abfinden können. Die Geschwister weigern sich, sie mit »Heidi« anzusprechen. Einzig die Tochter näherte sich ihr einige Monate nach Bekanntgabe der Personenstandsänderung wieder an. Andererseits erweiterte sich Heidis Freundeskreis auf beglückende Weise, vor allem in der queeren Community.

Alles in allem also ein überraschender Verlauf. Heidi hat den »Point of no Return« auf ihrem Weg der Transition in aller Klarheit überschritten. Sie fühlt sich und handelt authentisch wie nie zuvor im Leben. Bei Drucklegung des vorliegenden Buches waren weder die Transition noch die Therapie abgeschlossen. Ich halte mein nicht-direktives Vorgehen aufrecht und die »Markierungsstangen« weiterhin im Blick. Vielleicht warten noch andere Überraschungen auf uns.

Exkurs
Mehr Klarheit beim Reden über Psychoanalyse

5 Meine methodischen und inhaltlichen Schwerpunkte innerhalb der verschiedenen Strömungen der Psychoanalyse

Das vorliegende Kapitel hat den Zweck, meine wichtigsten methodischen und erkenntnistheoretischen Positionen explizit festzuhalten, um mein Vorgehen im zweiten Teil des Buches zu begründen und insbesondere auch um darzulegen, weshalb ich Freuds ursprüngliche Sexual- resp. Libidotheorie – deren Kern seine Partialtriebtheorie ist – ins Zentrum meiner Argumentation stelle. Diese *methodische* Klarheit zu erreichen ist auch die Voraussetzung dafür, anschließend die intendierte *inhaltliche* Klarheit beim Reden über Trieb zu erreichen.

Mit der Psychoanalyse sieht es ja ähnlich aus, wie es Sophinette Becker – in einer E-Mail an mich – für die Sexualwissenschaft beschrieben hat (vgl. Kapitel 2.1). Sophinettes Text möchte ich in von mir abgewandelter Form in Tabelle 1 nebeneinanderstellen.

Bei den »alten Normen« denke ich an Freuds »Schibboleths«[61], die erfüllt sein müssen, damit jemand als Psychoanalytiker*in gelten kann, bei den »neuen« an den Vorwurf, dass Freud eine »hydraulische Trieb- und Konflikttheorie« entwickelt habe, die heute obsolet sei, und dass es nur noch auf Beziehung oder Begegnung ankomme, u. v. a. m. Das »Verunsichert-ratlos-sein« entsteht ja schon zwangsläufig angesichts der schieren Masse anzueignender Literatur, aber auch angesichts der verschiedenen erkenntnistheoretischen Positionen, welche bewusst und explizit oder unbewusst resp. vorbewusst, also implizit hinter den verschiedenen Strömungen der Psychoanalyse stehen.

---

61 Freud nennt als Schibboleth explizit den Traum (1933a [1932], S. 6), die Anerkennung des Ödipuskomplexes (1905d, S. 128 am Ende der Fußnote) und das Unbewusste (1923b, S. 239, 1914d, S. 101). Bei dieser letzten Stelle geht es um die Kritik an Adler und Jung. Aus Seite 108 lässt sich sinngemäß herauslesen, was wohl ebenfalls zu den Schibboleths gehört: die sexuelle Libido, der Konflikt »zwischen ichwidrigen erotischen Strebungen und der Ichbehauptung« und das neurotische Schuldbewusstsein.

Tabelle 1

Sexualwissenschaften (Zitat Sophinette Becker)	Psychoanalyse (meine Formulierung, in Analogie zu Sophinette Becker)
»dass ja gerade in der Sexualität alte und neue Normen (betr. Geschlechtsidentität, sexueller Orientierung, sexuellen Wünschen, ›Perversion‹, Mutterschaft, u. v. m.) eine Normendiffusion/Normenauflösung stattgefunden hat bzw. alte und neue Normen nebeneinander i. S. der ›Gleichzeitigkeit von Ungleichzeitigem‹ existieren. Das macht viele TherapeutInnen verunsichert-ratlos im Umgang mit den sexuellen Wünschen/Praktiken (z. B. SM, außerpartnerschaftliche sexuelle Kontakte etc.) ihrer PatientInnen – im Extremfall geht bei manchen die Norm, ja nicht zu pathologisieren, so weit, dass sie kaum mehr nach der Bedeutung fragen können bzw. sich eigene Gefühle zu den sexuellen Wünschen der PatientInnen verbieten und dann wischiwaschi reagieren – oder in anderen Fällen auch extrem normativ, ohne es zu merken; z. B. rasches Deuten als ›Agieren‹, bevor etwas verstanden wurde.«	»dass ja gerade beim psychoanalytischen Arbeiten alte und neue Normen (betr. Triebtheorie, Konflikttheorie, unbewusste seelische Vorgänge, Entwicklungspsychologie, Objektbeziehungstheorie, Selbstpsychologie, Theory of mind, Klein, Lacan u. v. m.) eine Normendiffusion/Normenauflösung stattgefunden hat bzw. alte und neue Normen nebeneinander i. S. der ›Gleichzeitigkeit von Ungleichzeitigem‹ existieren. Das macht viele TherapeutInnen verunsichert-ratlos im Umgang mit den Anforderungen der psychoanalytischen Praxis und ihrer theoretischen Einordnung – im Extremfall geht bei manchen die Norm, ja nichts falsch zu machen, so weit, dass sie es kaum mehr wagen, Übertragungsphänomene zu konzeptualisieren und zu deuten bzw. sich eigene Gefühle zu den genitalen und prägenitalen Wünschen der PatientInnen verbieten und dann wischiwaschi reagieren – oder in anderen Fällen auch extrem normativ, ohne es zu merken; z. B. rasches Deuten als ›Agieren‹, bevor etwas verstanden wurde.«

Kapitel 5.1 und 5.2 haben den Zweck, innerhalb dieser verwirrenden Vielfalt von Positionen und Konzepten Orientierungen zu geben. Kapitel 5.3 setzt sich mit Laplanche auseinander, denn nähme man seine »kopernikanische Wende« einfach als gegeben hin, wäre meine Beschäftigung mit Freuds (Partial-)Triebtheorie obsolet.

Im ganzen Kapitel 5 geht es mir zudem darum, in Analogie zum »eigenständigen Recht der Sexualität« (vgl. Kapitel 2.5.3) ein »eigenständiges Recht einer materialistisch und nicht nur metaphorisch verstandenen libidinösen Triebtheorie« einzufordern und zu begründen.

5.1 Zwei materielle Gegebenheiten der individuellen Menschwerdung

Den Gedanken, die materiellen Gegebenheiten der individuellen Menschwerdung zu fokussieren, aus denen die Psychoanalyse ihre Arbeitsanforderungen bezieht, habe ich zusammen mit Monika Gsell entwickelt (Gsell & Binswanger, 2012, 2023). Ich zitiere das damals Ausgearbeitete in einer überarbeiteten Form:

Es sind zwei materielle Gegebenheiten der individuellen Menschwerdung, denen die Psychoanalyse ihre Existenzberechtigung verdankt:
1. Im Vergleich zu anderen Säugern kommt der Mensch als *physiologische Frühgeburt* zur Welt. »Am Ende des ersten Lebensjahres liegt der Moment, der bei einem echten Säugetier von menschenartiger Organisation als Geburtszeit angenommen werden muss« (Portmann 1956, S. 49ff.).
2. Im Vergleich zu anderen Säugern wird der Mensch erst zwischen 13 und 15 Jahren geschlechtsreif. Das impliziert, dass er einen *zweizeitigen Ansatz der Sexualentwicklung* (Freud, 1923a [1922], S. 221, 1940a [1938], S. 113) durchläuft.

Diese beiden materiellen Gegebenheiten erfordern mindestens *zwei qualitativ verschiedene* theoretische Ansätze, die beide in der psychoanalytischen Theorie und Praxis ihren Platz haben müssen.

5.1.1 Zur ersten materiellen Gegebenheit

Der menschliche Säugling ist in der frühkindlichen Phase objektiv hilflos und auf ständige Pflege angewiesen. Um sich entwickeln zu können, muss die emotionale Beziehung zu seinen Pflegepersonen »genügend gut« sein (Winnicott 1973 [1971]). Der Psychoanalytiker und Säuglingsforscher René Spitz (1946) hat in speziell hygienisch geführten Säuglingsheimen der 1940er Jahre beobachtet, dass dort Kinder an sogenannten anaklitischen Depressionen starben, weil aus hygienischen Ängsten kein naher Kontakt mit den Pflegepersonen zugelassen war, während sie in »altmodischen« Heimen trotz Infektionsgefahren gut gediehen.

Deshalb haben sich schon Freud (1914c) und vor allem Psychoanalytiker*innen neuerer Zeit unter dem Begriff der *narzisstischen Entwicklung* und verwandter Konzepte mit dem Prozess befasst, bei dem das Kind »das innere Bild der eigenen Person, die sogenannte *Selbstrepräsentanz*« entwickelt (Morgenthaler 2004a [1984], S. 87). Dabei entdeckt es die Grenze zwischen der Außenwelt und sich selbst und verschafft sich so allmählich seine *Identität* und ein sicheres Selbstgefühl. Begriffe wie »Grund- oder Urvertrauen« sind auch in die Alltagssprache eingegangen.

Nun ist es nicht etwa so, dass in der narzisstischen Entwicklungsphase keine sexuell triebhaften Vorgänge mitwirken würden. Vielmehr spielen in der präödipal-narzisstischen Phase (von der Geburt bis ins zweite und dritte Lebensjahr) körperliche Erregungsabläufe beim Aufbau einer stabilen Selbstbesetzung eine bedeutende Rolle. Der Körper wird mit libidinöser Triebenergie überflutet – ein Vorgang, der mit deutlich sichtbaren Zeichen physiologischer Erregung einhergehen kann: Erektionen, Anschwellen von Vulva und Klitoris, Rötungen im Gesicht. Auch die entsprechenden Abläufe auf der Ebene der Selbsterhaltungsfunktionen unterstützen die (zunehmend differenzierte) Wahrnehmung der erogenen Zonen (Mund, Anus, Genitalien), aber auch der gesamten Hautoberfläche sowie des Muskelapparats. Freud (1923b, S. 253) wies mit seiner Bemerkung »Das Ich ist vor allem ein körperliches« auf die Bedeutung dieses Besetzungsvorganges für die Entwicklung der Ich-Struktur und für die Etablierung von Identität hin.

Aus der Säuglingsforschung weiß man, dass Babys diese Erregungszustände durch Herbeiführung von Orgasmus-ähnlichen Vorgängen abzuführen und so eine Entspannung zu erreichen vermögen: entweder durch Manipulation der Sexualorgane (Säuglingsmasturbation) oder durch rhythmische Muskelkontraktionen (Yang et al. 2005).

Eine Voraussetzung für das Erlernen der Fähigkeit, solche Erregungszustände selbst abzubauen, ist die Erfahrung helfender Objekte: die Eltern und Pflegepersonen, die das Kind halten, wenn es schreit, und dessen Erregung damit auffangen, limitieren und abbauen helfen. Aus diesem Grund ist eine »genügend gute« Objektbeziehung auch eine wichtige Voraussetzung dafür, dass das Kind die Masturbation entdeckt, bei der es sich um eine gezielte, wiederholbare und selbstständig herbeiführbare Form der Entspannung handelt. Gleichzeitig wird auch verständlich, weshalb die Masturbation wichtig für die Entwicklung von narzisstischem Stolz und Autonomie ist: Das Kind fühlt sich den eigenen Triebanstürmen nicht mehr hilflos ausgeliefert und abhängig von äußeren Objekten zu deren Bewältigung, sondern kann selbst etwas zur Entspannung des »psychischen Systems« beitragen.

Innerhalb dieser Entwicklung der Selbstrepräsentanz spielt die Entdeckung und lustvolle Besetzung der eigenen Genitalien die Rolle eines »Organisators«[62], der qualitative Sprünge in der Entwicklung der Selbst-

---

62 Der Begriff ist aus der Embryologie entlehnt und wurde von Spitz (1972, S. 135ff.) in die psychoanalytische Säuglingsforschung eingeführt. Er meint damit affektiv hoch besetzte »Entdeckungen« respektive »Knotenpunkte« psychischen Erlebens, die einen qualitativ neuartigen Entwicklungsschritt einleiten und dabei organisierend wirken, wie

repräsentanz ermöglicht. Im Lauf der ersten Lebensjahre muss das Kind nämlich – außer der Identität – noch eine andere Errungenschaft erwerben: nicht nur zu wissen, wer man ist, sondern auch sicher zu wissen, dass man autonom handeln kann – allenfalls auch ohne genau zu wissen, wer man ist.[63] Die beschriebene infantile Masturbation dient nach Morgenthaler (2004a [1984], S. 87ff.) der *Aufrichtung der Autonomie*. In den Worten von Erwachsenen könnte das Erleben des masturbierenden Kindes etwa so ausgedrückt werden: »Ich kann mich selber, ganz allein befriedigen und brauche die Mutter nicht.« Eine »genügend gute« Beziehung zu einem mütterlichen Objekt muss vorhanden sein, damit das Kind überhaupt die Masturbation entdeckt, wie schon Spitz (1976, S. 34ff.) aufgezeigt hat. Sie ist auch die Voraussetzung für eine gelingende *Wiederannäherung* des Kindes an das mütterliche Objekt (Mahler, 1985; Mahler et al., 1975), von dem es sich mittels der masturbatorischen Aufrichtung autonomen Erlebens abgegrenzt hat. Eine ganze Reihe von späteren Pathologien lassen sich unter dem Gesichtspunkt verstehen, dass die kindliche Masturbation aus verschiedenen Gründen ihre Funktion nicht erfüllen kann und die Aufrichtung der Autonomie über Masturbations*äquivalente* gesucht werden muss (Binswanger 1996). Bei einigermaßen geglückter Verarbeitung der ödipalen Situation wird die kindliche Onanie im Übergang in die sexuelle Latenzphase der Amnesie verfallen, sodass sich Erwachsene meist nicht daran erinnern.

Fazit: Wenn sich die Psychoanalyse mit der ersten materiellen Gegebenheit der Menschwerdung beschäftigt, dann geht es ihr vor allem um die Entwicklung der frühen Selbst- und Objektbesetzungen und ihrer Schicksale, wobei die genannten Triebvorgänge als Begleiterscheinungen und Mittel zum Zweck zur Erreichung dieser Entwicklungsziele dienen.

5.1.2 Zur zweiten materiellen Gegebenheit

Der zweizeitige Ansatz der Sexualentwicklung[64] begründet das historisch erste »Kerngeschäft« der Psychoanalyse, denn aus ihr leiten sich das Kon-

---

z. B. das Erkennen anderer Personen als »Fremde« oder die Entdeckung der Fähigkeit, »nein« zu sagen.
63 Vgl. dazu die entsprechenden Ausführungen in Kapitel 4.5.1.
64 Vgl. dazu Freud (1923a [1922]): Unter dem Untertitel »Der zweizeitige Ansatz der Sexualentwicklung« schreibt er: »Diese Frühperiode des Sexuallebens findet gegen das fünfte

zept der infantilen Sexualität mit ihren typischen Entwicklungsstufen oral, anal und infantil genital ab sowie der Ödipuskonflikt als zentrale Kategorie, auf den die Latenzzeit und die »Umgestaltungen der Pubertät« (Freud 1905d, S. 108 [53]) zu folgen haben.

Das Kind macht im Alter von drei bis fünf Jahren, wenn andere Primaten geschlechtsreif werden, einen Triebschub durch, der aus der Sicht des kindlichen Erlebens durchaus »ausgewachsene« Dimensionen annimmt. Die Psychoanalyse beschreibt das Drama dieses Triebschubes und die damit verbundenen Konflikte und Verarbeitungsprozesse kulturspezifisch als ödipale Situation. In der Beziehung zum gegengeschlechtlichen und zum gleichgeschlechtlichen Elternteil versucht das Kind, seine Triebbedürfnisse als sogenannten »Inzestwunsch« unterzubringen und abzuführen, was mit Eifersuchtsreaktionen auf den jeweils störenden Dritten verbunden ist, den es »weghaben« will – der sogenannte »Todeswunsch« gegen den Rivalen. Ob es sich dabei um »inzestuöse« Objekte wie Vater oder Mutter handelt oder um nicht verwandte Pflegepersonen – z. B. bei kollektiven Formen der Kinderbetreuung im Kibbuz –, ist meines Erachtens irrelevant. Deshalb ist das Thema weniger ein Inzestwunsch, sondern der Wunsch, den ödipalen Triebschub bei einem erwachsenen Objekt unterzubringen und zu vollziehen (vgl. dazu auch Le Soldat 2015, S. 148, Anm. 7 sowie Gsell & Binswanger 2023, S. 159). Das ganze Drama spielt sich in der asymmetrischen Situation zwischen dem Erwachsenen und dem Kind ab – von Laplanche (2017 [2007], S. 91) als »anthropologische Grundsituation« bezeichnet.

Das ödipale Kind ist aber weder organisch noch emotional noch intellektuell dafür ausgestattet, um zu erfassen, was in ihm vorgeht, geschweige denn dafür, mit dem erwachsenen Objekt Sexualität zu vollziehen. *Unser Liebesleben beginnt demnach mit einer unvermeidlichen Niederlage.* Die entscheidende Frage für die psychische Entwicklung des Kindes ist, wie diese Niederlage von den Erwachsenen aufgefangen und vom Kind verarbeitet wird. Für eine gelingende kindliche Entwicklung darf der reife er-

---

Jahr hin normalerweise ein Ende und wird von einer Zeit mehr oder minder vollständiger *Latenz* abgelöst, [...] Erst die Pubertätszeit entwickelt die Sexualtriebe zu ihrer vollen Intensität. [...] Diese zweizeitige, durch die Latenzzeit unterbrochene Entwicklung des Sexuallebens scheint eine biologische Besonderheit der menschlichen Art zu sein und die Bedingung für die Entstehung der Neurosen zu enthalten« (S. 221f.). Vgl. dazu auch Freud (1923e, S. 293 und 1940a [1938], S. 75).

wachsene Elternteil weder direkt sexuell noch destruktiv auf das (libidinös und aggressiv) triebhafte Kind reagieren; die Reaktion soll vielmehr »zielgehemmt« sein, wie Freud sich ausdrückt (1921c, S. 123): Auf die libidinösen Triebimpulse des Kindes antwortet er – zumindest auf der bewussten, manifesten Ebene – mit desexualisierter Emotionalität, die durchaus bis zu einem gewissen Grad erotisch gefärbt sein darf, auf die aggressiven Impulse mit adäquaten, nicht destruktiven Gegenimpulsen, ohne seine Liebe vom Kind abzuziehen. Hat er selbst eine neurotische Entwicklung durchgemacht, werden unbewusste Abwehrreaktionen mobilisiert, auf die das Kind auch nicht anders als neurotisch reagieren kann. Entsprechend der Unreife des kindlichen Denkens und Fühlens sind es magische und konkretistische Konzeptualisierungen seiner Situation, mit denen es diese zu verarbeiten versucht – und damit an gewissen Punkten scheitert. Im Zusammenhang mit diesem Scheitern setzt ein Verdrängungsschub ein, der in die sogenannte sexuelle Latenzphase führt. Mit der Verdrängung werden unbewusste seelische Vorgänge zu einem weiteren zentralen Gegenstand der psychoanalytischen Theorie und Praxis. In der psychoanalytischen Situation werden die damaligen asymmetrischen Verhältnisse in methodischer Form mit erwachsenen Patient*innen reproduziert. Dabei werden, infolge des sogenannten Wiederholungszwangs, die alten Schicksale aus der ödipalen Situation in einem intensiven emotionalen Prozess neu inszeniert. Es kommt zur »Wiederkehr des Verdrängten«, das vom erwachsenen Bewusstsein jetzt als unpassend bis absurd erkannt und neu verarbeitet werden kann (Gsell & Binswanger 2012, S. 372ff.).

Fazit: Wenn sich die Psychoanalyse mit der zweiten materiellen Gegebenheit der Menschwerdung beschäftigt, dann geht es ihr vor allem um die Triebe und Triebschicksale und die damit verbundenen Konflikte, insbesondere um den Ödipuskonflikt. Dabei spielen die Selbstbesetzungen und die Objektbeziehungen eine entscheidende Rolle für das Gelingen oder Scheitern der Konfliktverarbeitung.

Selbstverständlich wirken die gesellschaftlichen Verhältnisse gestaltend in die kindlichen Entwicklungsprozesse ein, die im Rahmen der beiden materiellen Gegebenheiten der individuellen Menschwerdung stattfinden. Auf der Makroebene stellen sich die gesellschaftlichen Verhältnisse im Kern als Klassenverhältnisse innerhalb der kapitalistischen Produktionsweise dar. Sie wirken direkt auf das Wohlergehen oder die Nöte und Ängste der Eltern und anderer Erziehungspersonen ein, was die Entwicklungsmöglichkeiten oder -behinderungen der Kinder entscheidend mitbestimmt. Die Trennung zwischen gesellschaftlicher Produktions- und privater Reproduktionsarbeit führt zu den Doppelbelastungen, denen nach wie vor hauptsächlich die Mütter ausgesetzt sind. Diese direkte Einwirkung der gesellschaftlichen Verhältnisse – sie folgt den Bewegungsgesetzen, die Gegenstand der Soziologie und insbesondere der marxistischen Analyse sind – wird auf der Mikroebene durch die psychischen Konflikte der Eltern und der unbewussten seelischen Vorgänge, welche in ihrer Beziehung zu den Kindern ständig wirksam sind, potenziert. Diese indirekte Einwirkung folgt den Bewegungsgesetzen, die Gegenstand der Psychoanalyse sind. Selbstverständlich interagieren beide Arten der Einwirkung ständig miteinander. Auf der Mikroebene sind die Mechanismen, die Laplanche beschrieben hat – rätselhafte Botschaften innerhalb der anthropologischen Grundsituation und das Scheitern des Kindes bei ihrer Übersetzung –, ein genialer theoretischer Fortschritt. Sie beschreiben die gesellschaftlichen Einflüsse innerhalb der »Währung in der Psychoanalyse« (Binswanger 1985, 2003a). Auf Laplanche werde ich unter Kapitel 5.3 genauer eingehen.

Trotz all dieser gesellschaftlichen Einflüsse auf unsere psychische Entwicklung kann ich sozialkonstruktivistischen Ansätzen nicht folgen. Sie tendieren dazu, den Körper und alle von seiner Anlage und seiner somatischen Entwicklung bestimmten Einflüsse auszublenden, insbesondere auch die hier thematisierten materiellen Gegebenheiten der Menschwerdung. Ohne diese ist aber eine in Freuds Sinn verstandene Trieb- und Konflikttheorie nicht zu haben, aber auch keine Narzissmus- und Objektbeziehungstheorie. Anstelle von »sozial konstruiert« setze ich deshalb lieber »sozial wesentlich mitgestaltet«.

5.1.3 Das dialektische Verhältnis zwischen den beiden materiellen Gegebenheiten

Die Fokussierung auf die Frage, welche der beiden materiellen Gegebenheiten welcher der verschiedenen Strömungen der Psychoanalyse zugrunde liegt, könnte eine gewisse Orientierung in die »Gleichzeitigkeit des Ungleichzeitigen« im Sinn von Sophinette Becker bringen. Dazu nur kursorisch einige Beispiele aus der vielfältigen Geschichte der Psychoanalyse:
1. Das Zentrum der Aufmerksamkeit verschiebt sich im Lauf der Geschichte weg vom Trieb und hin zur Psychologie des Ichs (Hartmann, Kris & Löwenstein und viele andere). Was als eine umschriebene

Methode der Aufdeckung unbewusster seelischer Vorgänge begonnen hatte, sollte zu einer allgemeinen Psychologie weiterentwickelt werden. Dadurch gerät die zweite materielle Gegebenheit der Menschwerdung aus dem Blick. Wohin das vor allem im angelsächsischen Raum in der Zeit nach dem Zweiten Weltkrieg führte, hat Dagmar Herzog (2023 [2017]) in nicht zu überbietender Klarheit herausgearbeitet: zur Entsexualisierung der Psychoanalyse (S. 44) und ihrer objektiven Unterwerfung unter das Christentum. Sexualität wird nur noch als »reif« akzeptiert, wenn sie im Rahmen einer heterosexuellen Liebesbeziehung stattfindet – von Herzog »Liebesdoktrin [love doctrine]« genannt (S. 82ff.)

2. Die Triebtheorie wird grundsätzlich als überholt betrachtet oder ganz abgelehnt, wie dies in den verschiedenen Strömungen, die aus dem »relational turn« hervorgegangen sind, der Fall ist. Der zweizeitige Ansatz der Sexualentwicklung verschwindet dadurch vollkommen aus der Psychoanalyse. Paul Parin (1986 [1985]) nannte das die »Verflüchtigung des Sexuellen aus der Psychoanalyse«, wodurch sie »kaputt« geht (S. 82).

3. »Ein wichtiger Teil der Pizza« (Carveth, Dezember 2018, 1h:43 Min.) wird für die »ganze Pizza« gehalten.[65] Carveth illustriert sein Bonmot am Unterschied zwischen dem frühen Heinz Kohut und der späteren Selbstpsychologie: Für Kohut waren Einsicht in die psychogenetischen Zusammenhänge und ihre Deutung nicht entwertet, sondern sie blieben ein zentraler Punkt seiner Praxis. Ein Großteil seiner Schüler*innen »ließen diesen Schwerpunkt fallen« und gerieten in eine »versorgende Haltung«, wonach sie den Analysand*innen nachzuliefern hätten, was die Eltern verpasst hatten. Das sei nicht nur gefährlich und könne zu Grenzverletzungen führen, sondern es setze Einsichten von Freud, Klein, Lacan, Bion und anderen schlicht außer Kraft. Solche Ansätze lösen sich weitgehend vom Bezug auf die materiellen Gegebenheiten, psychoanalytischen Arbeitens und verlieren sich im diffusen Kosmos des Idealismus.

4. Trieb-Struktur-Theorie und Narzissmus-Objektbeziehungstheorien werden als unvereinbar aufgefasst (Greenberg & Mitchell 1983).

---

65 Auf die didaktisch hervorragenden Arbeiten des kanadischen Soziologen und Psychoanalytikers Donald L. Carveth, (2018 sowie eine Reihe von Video-Vorträgen) bin ich erst vor kurzer Zeit dank eines Hinweises von Monika Gsell gestoßen.

Diese Autoren wagten eine detaillierte und umfangreiche Untersuchung der historischen Entwicklung psychoanalytischer Konzepte. Beginnend bei Freuds Trieb-Struktur-Modell über die interpersonale Psychoanalyse zu alternativen Konzepten von Melanie Klein, Fairbain, Winnicott, Guntrip, Hartmann, Margaret Mahler, Edith Jacobson, Kernberg, Kohut und Sandler kommen sie schließlich zum hauptsächlichen Schluss, dass das Trieb-Struktur-Modell Freuds mit den verschiedenen Ansätzen einer Objektbeziehungstheorie unvereinbar sei, weil es sich bei beiden um je ein einheitliches und integrales System handle. Deshalb müsse man sich entscheiden, welchem Modell man sich anschließen wolle. Dem kann ich schon deshalb nicht folgen, weil Freud ja gerade bestritt, ein einheitliches und integrales System geschaffen zu haben, von dem aus alles Psychische erklärt werden könnte. Deshalb forderte Freud, dass jedes psychische Phänomen von verschiedenen Gesichtspunkten her betrachtet werden müsse – genetisch, dynamisch, ökonomisch (Freud 1915e, S. 281). Das Bemühen, aus der Psychoanalyse eine einheitliche und integrale Psychologie zu machen, ist – wie gesagt – eher ein Produkt der Emigration in die angelsächsischen Länder, insbesondere der Ich-Psychologie. Ihr Einfluss wirkte aber auch auf den psychoanalytischen Mainstream des deutschen Sprachraums zurück. Das hat zur konservativen Wende geführt und musste letztlich misslingen, denn die beiden materiellen Gegebenheiten der individuellen Menschwerdung erfordern, wie schon in der Einleitung gesagt, mindestens *zwei qualitativ verschiedene* theoretische Ansätze, die beide in der psychoanalytischen Theorie und Praxis ihren Platz haben müssen. Carveth (2018) formuliert seine Kritik an Greenberg und Mitchell pointiert: Die Arbeit von Mitchell und Greenberg sei zwar in die richtige Richtung gegangen, »obwohl sie sowohl durch ihre relationale Voreingenommenheit als auch durch ihr undialektisches Beharren darauf, dass psychoanalytische Theorien entweder dem ›Trieb-Struktur‹- oder dem ›Beziehungs-Struktur‹-Modell folgen sollten, ernsthaft beeinträchtigt wurde« (S. 6, Übers. R. B.).

5. Die Triebtheorie sei ausschließlich von den Objektbeziehungen her zu betrachten (Kernberg 1982, 1992; Parsons 2000). Auch das setzt die zweite materielle Gegebenheit außer Kraft. Bei Kernberg ist diese Haltung vorhanden, wenn auch nicht immer ausdrücklich, da er die klassischen Begriffe der Triebtheorie weiter benützt. Darauf

hatten schon Greenberg und Mitchell (1983) hingewiesen: Kernberg »behält in seiner Arbeit, im Gegensatz zu Jacobson, die wesentlichen Prinzipien des Triebmodells nicht bei, sondern nur dessen Vokabular« (S. 327). Das führt dazu, dass auch Kernberg schließlich bei einer »love doctrine« landet, bei der eine reife Sexualität nur im Rahmen einer reifen Objektbeziehung stattfinden kann. Eine etwas anders konzipierte »love doctrine« kommt in neuerer Zeit bei Parsons (2000) zum Ausdruck. Er nimmt eine sozialkonstruktivistische Perspektive ein, gesteht aber der Sexualität trotzdem eine irreduzible biologische Grundlage zu. Dies wird dadurch wieder relativiert, dass Sexualität als »Konzept« verstanden wird und nicht als ein aus der menschlichen Entwicklung hervorgegangenes Phänomen. Der Trieb erscheine in einem neuen Licht, wenn er vom Objekt aus beleuchtet werde. Das führt allerdings zur üblichen Verwirrung um den Perversionsbegriff: Wie soll ein Fetischismus per se vom gelben Stiefel her beleuchtet oder als »Abwehrprodukt« gegen Objektbeziehungen definiert werden? Auch viele Heterosexualitäten in actu sind Abwehrprodukte gegen Objektbeziehungen. Parsons Version der »love doctrine« kommt am Schluss des Aufsatzes am deutlichsten zum Ausdruck: »Schließlich macht es die herkömmliche analytische Konstruktion von Sexualität nicht gerade einfach, Sex mit Liebe zu verbinden. Eine Darstellung der Sexualität, die in der Biologie verwurzelt bleibt, aber ein Gleichgewicht zwischen dem Ziel und der Qualität der Objektbezogenheit herstellt, könnte stattdessen die Verbindung zwischen Sexualität und Liebe betonen. Wenn die Psychoanalyse unserer Kultur eine solche Konstruktion der Sexualität anbieten würde, wäre das kein schlechter Anfang für die nächsten hundert Jahre« (S. 47, Übersetzung Sabine Cassel-Bähr und Monika Gsell, mit bestem Dank).

6. Freuds Triebtheorie symbolisch verstehen – das hatte Freud (1914d) schon an Jung kritisiert: »Wenn man von *Jung* hört, der Inzestkomplex sei nur *symbolisch*, er habe doch keine *reale* Existenz, [...] so ist man versucht, anzunehmen, dass ›symbolisch‹ und ›keine reale Existenz‹ eben das bedeuten, was man in der Psychoanalyse mit Rücksicht auf seine Äußerungen und pathogenen Wirkungen als ›unbewusst existent‹ bezeichnet« (S. 111). Carveth sagt: Wenn man Lacan gelesen habe, werde man Freud nicht mehr auf dieselbe Art lesen, weil Lacan Freud völlig metaphorisch verstehe (2016, Min. 15).

Damit – so würde ich hinzufügen – verlöre Lacan aber die materielle Basis des zweizeitigen Ansatzes der Sexualentwicklung. Hingegen bezieht er sich – Carveth zufolge – explizit auf das Kind als physiologische Frühgeburt, wie Freud sie formuliert hat (ebd., Min. 9ff.). Mit Lacan sieht Carveth das Hauptproblem des Menschen in der Notwendigkeit, den pathologischen Narzissmus zu überwinden. Aus dieser Optik betrachten beide, Lacan und Carveth, den Ödipuskonflikt einseitig und undialektisch aus der Perspektive der narzisstischen Entwicklung.

Das Überraschende an dieser Aufzählung ist, dass keine dieser Strömungen auf die materiellen Gegebenheiten der Menschwerdung zurückgreift – außer Lacan auf die erste –, um die Berechtigung der vertretenen Strömung geltend zu machen. Wäre das anders, hätten wir uns womöglich viele Streitigkeiten, Abgrenzungen und Schulenbildungen mit ihren Konkurrenzverhältnissen ersparen können. Das ist auch Carveths Anliegen. Er beruft sich auf eine »dialektisch dekonstruktive« Methode, um die verschiedenen Strömungen der Psychoanalyse miteinander zu vergleichen und dabei auch innerhalb dieser Strömungen den Weizen von der Spreu zu trennen. Bezüglich eklektischer Integrationsversuche schreibt er: »Auf einer Ebene ist das alles gut, aber eine solche pragmatische Integration erfordert die kritische Bewertung konkurrierender Theorien und Praktiken, um festzustellen, welche (oder welche Teile davon) unsere weitere Aufmerksamkeit verdienen und welche einfach verworfen werden sollten« (2018, S. 6; Übers. R. B.). Wie nützlich diese Herangehensweise ist, zeigen schon die zuvor aufgeführten Hinweise auf Carveths didaktisch ausgezeichnete Video-Lektionen.

Wie schon mehrfach gesagt, spielen in beiden Phasen der individuellen Menschwerdung immer beide materiellen Gegebenheiten eine Rolle und interagieren miteinander. Deshalb kann man sie als *dialektische Einheit* betrachten, bei der in jeder individuellen Situation die eine Seite die hauptsächliche, prioritäre ist und sich die andere Seite unterordnet. Genauer: Bei der ersten materiellen Gegebenheit geht es hauptsächlich um die Entwicklung des Selbst und der Objektbeziehungen. Dabei spielt aber auch triebhaftes Geschehen eine wichtige Rolle. Es *beteiligt sich* an der Entwicklung der Selbst- und Objektbesetzungen, aber es sind die Entwicklung des Selbst und der Objektbeziehungen, welche der hauptsächliche Gegenstand der Betrachtung dieser ersten Phase sind. Dieser kann auch unter zeitweiliger Abstraktion vom triebhaften Geschehen weiterverfolgt werden.

Auf der anderen Seite geht es bei der zweiten materiellen Grundlage um den »ausgewachsenen Triebschub«, der im Rahmen des Ödipuskonflikts zur obligaten ersten Niederlage unseres Liebeslebens führt. Dabei spielen natürlich die wichtigen Personen aus der Kindheit als Objekte des kindlichen Triebschubs eine zentrale Rolle. Die Schicksale der Entwicklung von Objektbeziehungen, aber auch der narzisstischen Entwicklung in der ersten Phase greifen *gestaltend* in diesen Prozess ein und sind durchaus matchentscheidend, an wen und wie sich der kindliche »ausgewachsene« Triebschub richten kann und wie hilfreich respektive schädigend diese Objekte bei der Bewältigung des Ödipuskonflikts sind. Aber es sind das Triebgeschehen, der Ödipuskonflikt und seine Umgestaltung in der Pubertät, welche bezüglich der zweiten materiellen Gegebenheit im Zentrum der Betrachtung stehen und deshalb unter normalen Umständen das Primat haben. Diese können auch unter zeitweiliger Abstraktion der Entwicklung des Selbst und der Objekte weiterverfolgt werden. So werde ich in Kapitel 6 bis 8 vorgehen.

Das *Fazit* für die weiteren Kapitel dieses Buches lautet daher: In der Dialektik zwischen Triebtheorie und den beschriebenen verschiedenen Strömungen innerhalb der Psychoanalyse ist es methodisch legitim, unter Abstraktion von der jeweils anderen Seite tief in die eine Seite einzudringen und auf diese Weise neue Erkenntnisse zu gewinnen oder alte Erkenntnisse neu zu formulieren. Voraussetzung dafür ist, dass die andere Seite nicht für irrelevant erklärt wird.

5.2 Dialektische Methode

Was ich nun ins Auge fasse, ist nicht die in Kapitel 5.1 behandelte widersprüchliche Einheit *der verschiedenen theoretischen Ansätze* innerhalb der Psychoanalyse, sondern die widersprüchliche Einheit *der Metapsychologie mit der Theorie der Technik*. Diese geht aus Morgenthalers Technikbuch (2005 [1978]) hervor, welches den Untertitel »Zur Dialektik der psychoanalytischen Praxis« trägt. Um die Berechtigung dieses Untertitels darzulegen, hole ich etwas aus:

Morgenthaler nähert sich der Theorie der Technik über eine Beschreibung ihres Verhältnisses zur Metapsychologie:

»Metapsychologie und Theorie der Technik sind Systeme theoretischer Erfassung psychoanalytischer Erkenntnisse, die in einer dialektischen Beziehung zueinander stehen. Das heißt, dass die Widersprüchlichkeit, die jeder Theorie über Lebensvorgänge inhärent ist und sein muss, sich nochmals, und nun genauer fassbar, in den Konzepten der beiden theoretischen Systeme widerspiegelt« (ebd., S. 14).

Die Worte sind präzis gewählt: Die beiden Pfeiler der psychoanalytischen Theorie werden als *Systeme* in einer *dialektischen Beziehung* erfasst, wobei das Dialektische in erster Annäherung korrekt definiert wird. Dialektik macht *genauer fassbar*, was im Gegensatz zur »dialektischen Ausrede« steht, die Dinge seien halt widersprüchlich und deshalb nicht so genau fassbar: »Einerseits sind die beiden Theorien miteinander verbunden, hängen voneinander ab und ergänzen sich. Andererseits stehen sie einander diametral gegenüber« (ebd.).

Morgenthaler beschreibt so die *Einheit zweier Gegensätze*, die doch untrennbar miteinander verbunden sind. Die beiden Gegensätze werden gleichzeitig »*in ihrer Entwicklung*« gesehen, in ihrer Bewegung, in der sie »*tendieren*«:

»Die Metapsychologie tendiert in ihrer Entwicklung zu immer vollständigerer Klärung und Durchsichtigkeit des menschlichen Seelenlebens. Sie zielt auf ein in sich abgeschlossenes Ganzes. Die Theorie der Technik hingegen tendiert in ihrer Entwicklung dazu, bestimmte Standorte zu lokalisieren und begrifflich zu fassen, die der lebendigen Beziehung und der Auseinandersetzung der Menschen untereinander möglichst nahe kommen« (ebd.).

Beide Systeme haben ihre eigenen Bewegungsgesetze, die je eine eigene Begrifflichkeit erfordern. Mit anderen Worten: Die Theorie der Technik *folgt eigenen Bewegungsgesetzen*, die von den Bewegungsgesetzen der Metapsychologie völlig verschieden sind. Es geht darum, sie gesondert darzustellen. Das Definieren eigener Stand- und Gesichtspunkte spielt bei Morgenthaler eine entscheidende Rolle. M. E. ist das ein zentraler Bestandteil der dialektischen Methode. Wenn wir davon ausgehen, dass alles widersprüchlich ist, alles mit allem zusammenhängt, alles in Bewegung ist, und weiter, dass das forschende Subjekt Teil dieses Ganzen ist, dann wird offensichtlich, dass nur die Klarheit über den eigenen Standpunkt sowie den Gesichtspunkt, den wir in einem bestimmten Moment einnehmen, ein präzises Erfassen einer Besonderheit des Ganzen ermöglicht.

Damit befinden wir uns in der Tradition der klassischen Psychoanalyse. Freud lehrte, dass psychische Phänomene nicht unter einen einheitlichen

5.2 Dialektische Methode

theoretischen Hut gebracht werden können, sondern dass sie unter verschiedenen Gesichtspunkten zu betrachten sind, genannt *topisch, dynamisch, ökonomisch, genetisch,* später zusätzlich *strukturell* und *adaptiv.* Zwar soll ein Phänomen unter allen Gesichtspunkten verständlich werden, doch ist es nicht zufällig, von welchem Gesichtspunkt aus eine konkrete Situation zuerst oder hauptsächlich zu betrachten ist.

Das führt uns zu einer Schlüsselstelle in Morgenthalers Technikbuch, um die es mir im aktuellen Kapitel 5.2 geht:

> »Worauf es mir hier aber ankommt, ist folgendes: Für mich ist das ganze wissenschaftliche System der Metapsychologie, *von der Theorie der Technik aus betrachtet,* stets nur insofern berechtigt, als es aus der klinischen Erfahrung stammt, die wir mit Analysanden gewinnen, und andererseits dazu dient, Gesetzmässigkeiten der Theorie der Technik zu formulieren und damit die Grundlagen für die praktische Anwendung der Psychoanalyse zu entwickeln« (ebd., S. 18, Hervorh. R. B.).

Wegen der Vielfalt der Möglichkeiten von Interventionen oder Deutungsschritten muss der*die Analytiker*in Mittel finden, sich zu orientieren, Prioritäten wahrzunehmen in einem Zustand von Bewegung, nämlich von Schwankungen, denen er/sie unterworfen ist. Seine/ihre Gedanken und Gefühle »oszillieren [...] um verschiedene, miteinander zusammenhängende Einfallsmodelle«, woraus sich schließlich ein »Summationseffekt« ergibt. Das *quantitative* Anhäufen von Impulsen und Eindrücken *schlägt um* in eine neue *Qualität,* vom unbestimmten Zustand des Oszillierens zur Bestimmtheit, jetzt etwas sagen zu können und zu sollen, »was ich dann auch ausspreche« (ebd., S. 43 – ein anschauliches Beispiel für den *Umschlag von Quantität in Qualität*). Der Summationseffekt bezieht sich, wie jede*r Analytiker*in an sich selbst beobachten kann, auf Vorstellungen in unserem Kopf.

> »Die Dynamik wird von der Emotionalität, der Inhalt von der Einfallsfolge bestimmt, wobei beide Teile zusammenwirken und im Verlauf einer Stunde, einer Woche, oder im Verlauf von wenigen Minuten, einen Summationseffekt von bestimmten Vorstellungen erzeugen« (ebd.).

Gleichzeitig geht es also auch um Dialektik zwischen *Form = Dynamik,* bestimmt durch Emotionalität, und *Inhalt = Einfallsfolge* oder *Sukzession.*

Mit anderen Worten: Ausgehend vom Primat der psychoanalytischen Technik werden mir in bestimmten Momenten meiner Arbeit jeweils passende metapsychologische Konzepte einfallen, welche Teil des jeweiligen Summationseffektes sind.[66]

Eine solche Herangehensweise könnte sehr wohl als eklektisch wahrgenommen werden, als eher willkürliche, opportunistische Auswahl von Theorien, wie sie mir eben gerade in den Kram passen. Das wird aber umso weniger der Fall sein, je besser es gelingt, unter dem Primat der Theorie der Technik einen authentischen psychoanalytischen Prozess in Gang zu setzen. Dann werden sich in der psychoanalytischen Situation Konflikte, Lücken in der Entwicklung des Selbst oder der Objekte oder auch Traumata auf spezifische Weise aktualisieren. Dadurch ist es auch nicht mehr dem Zufall überlassen, welche metapsychologischen Konzepte einem einfallen, um die Situation verstehen zu können. Dadurch gewinnen wir Orientierung im Fluss der emotionalen Bewegung. Gleichzeitig zeigt sich das integrative Potenzial einer solchen Herangehensweise.

Ich werde nun noch etwas allgemeiner auf die dialektische Methode eingehen, denn sie ist die Grundlage, auf der meine Modelle und Konzepte aufgebaut sind: Erstens die Dialektik von Sexualität (und Gender) *per se* und *in actu*, zweitens die Dialektik zwischen sexueller (respektive integrativer) und nicht-sexueller (respektive Abwehr-)Funktionen bei Sexualität (und Gender) in actu, drittens die Dialektik zwischen der ersten und der zweiten materiellen Gegebenheit der individuellen Menschwerdung (Kapitel 5.1.3).

Ich hatte immer wieder Gelegenheit, die Berechtigung des Untertitels »Zur Dialektik der psychoanalytischen Praxis«, den Morgenthaler seinem Technikbuch gegeben hatte, im Unterricht zu vermitteln. Unvergesslich ist mir ein Seminar 1998–99 in Bern, an welchem erfahrene Psychoanalytiker*innen – sowohl Psychiater*innen als auch Psycholog*innen – teilnahmen. Nachdem wir mit etwa zwei Dritteln von Morgenthalers Technikbuch durch waren, erlaubte ich mir ein Experiment: Ich gab den Teilnehmer*innen einen Ausschnitt aus Notizbüchern, die ein russischer Asylant im Jahr 1914 beim Studium von Hegels *Wissenschaft der Logik* (1969) verfasst

---

66 Freud hat das noch schöner an Ferenczi geschrieben: »Ich halte darauf, daß man Theorien nicht machen soll – sie müssen einem als ungerufene Gäste ins Haus fallen, während man mit Detailuntersuchungen beschäftigt ist« (Freud & Ferenczi 1996, S. 138, zit. n. Imhorst 2010, S. 12f.).

5.2 Dialektische Methode

hatte. Dies ist bekanntlich Hegels Grundlagenwerk, in dem er die dialektische Methode mit eben dieser Methode untersucht und dargestellt hat. Auf den Seiten 212 bis 214 dieses Textes findet sich eine Aufzählung von 16 Eigenschaften oder »Elementen« der dialektischen Methode, welche der russische Asylant – es handelt sich natürlich um W. I. Lenin – bei seiner Lektüre extrapolierte (Lenin 1964a [1914]). Die Teilnehmer*innen meines Seminars reagierten perplex darauf. »Das ist doch das, was wir in unserer Praxis jeden Tag machen!« war die mehr oder weniger übereinstimmende Reaktion. Die Teilnehmer*innen erkannten offenbar spontan und unmittelbar, dass psychoanalytisches Arbeiten den Gesetzen der Hegel'schen Dialektik folgt, wie Lenin sie rezipiert hatte.[67] Diese Erfahrung konnte ich in späteren Lehrveranstaltungen öfters wiederholen.

Die Reaktion der Seminarteilnehmer*innen wird verständlich, wenn ich die 16 Elemente in leicht veränderter Reihenfolge wiedergebe und mit Aspekten der psychoanalytischen Praxis in Verbindung bringe:
1. »Die *Objektivität* der Betrachtung (nicht Beispiele, nicht Abschweifungen, sondern das Ding an sich selbst).«

Das »Ding an sich selbst« wäre das *Zweipersonenfeld der psychoanalytischen Situation*, in welchem wir die Assoziationen beider Partner*innen mit allen Begleiterscheinungen der »denkenden Betrachtung«[68] unterziehen. Unsere »geistige Tätigkeit« (oder »das Denken«[69]) ist für Marx und Engels genauso Gegenstand »der denkenden Betrachtung« wie »die Natur« und »die Menschengeschichte« (oder »die Menschengesellschaft«), also Gegenstand materialistischer Erforschung – was allerdings keine Frage der Theorie, sondern eine »*praktische* Frage« sei[70]. Auch meine Gefühlsreaktionen sind Gegenstand meiner denkenden Betrachtung. In diesem Zusammenhang verstehe ich das Wort »Objektivität«[71].

---

67 Die 16 Elemente sind natürlich nur ein besonders prägnanter Ausdruck von Lenins Hegel-Rezeption, die umfassender und differenzierter ist. Sein damaliges Vorhaben, ein Grundlagenwerk der marxistischen materialistischen Dialektik zu verfassen (wie man aus Lenin 1964b [1915], S. 340 ableiten kann), musste offenbar hinter dringlichere Aufgaben zurücktreten.
68 Engels, *Die Entwicklung des Sozialismus von der Utopie zur Wissenschaft*, MEW 19, S. 202.
69 Engels, *Anti-Dühring*, MEW 20, S. 132.
70 Marx, *Thesen über Feuerbach*, MEW 3, S. 5.
71 Und sicher nicht im Sinn einer Vorstellung, »Wahrheit« könne unabhängig von historischen, gesellschaftlichen und subjektiven Zusammenhängen gefunden werden.

Auf der anderen Seite sehe ich darin auch den Unterschied zu positivistischen Ansätzen in der Psychologie, die dem Modell experimenteller Naturwissenschaften folgen: Das »Ding« wird dort nicht »an sich selbst« untersucht, sondern in seiner Komplexität reduziert respektive verändert, damit es in diese Denkweise passt und gegebenenfalls, wie im naturwissenschaftlichen Experiment, auf eine Variable reduziert werden kann. In den Naturwissenschaften war und ist diese (von den marxistischen Klassikern auch *metaphysisch* genannte) Denkweise derart erfolgreich, dass dialektisches Denken sich in unserer Gesellschaft weitgehend *verflüchtigt* hat.

2. »x^{72}
die ganze Totalität der mannigfaltigen *Beziehungen* dieses Dinges zu den anderen«.

8. »x
die Beziehungen jedes Dinges (jeder Erscheinung etc.) sind nicht nur mannigfaltig, sondern allgemein, universell. Jedes Ding (Erscheinung, Prozess etc.) ist mit *jedem* verbunden«.

Die Elemente 2 und 8 beziehen sich auf das Phänomen der *Totalität*: Erfahrungsgemäß sind z. B. in *einer* Analysestunde oder in *einem* Traum Beziehungen zur *ganzen* Analyse enthalten.

3. »die *Entwicklung* dieses Dinges (resp. der Erscheinung), seine eigene Bewegung, sein eigenes Leben«.

Wir verfolgen mit unserer nicht-direktiven Haltung die *Selbstbewegung* des analytischen Prozesses und wie sich darin die *Entwicklung* der Persönlichkeit und der Konflikte darstellt. Wir wenden eine *historische Methode* an; Entwicklungspsychologie ist daher *ein* wichtiger Gesichtspunkt innerhalb der Totalität einer dialektisch verstandenen Psychoanalyse.

4. »die innerlich widersprechenden *Tendenzen* (und # Seiten) in diesem Ding«.

5. »das Ding (die Erscheinung etc.) als Summe # *und Einheit der Gegensätze*«.

---

72 Das eingefügte Zeichen x verweist auf den Zusammenhang zwischen den Elementen 2 und 8, bei denen es um den Begriff der Totalität geht, das Zeichen # auf den Zusammenhang zwischen den Elementen 4 und 5, welche auf die Einheit der Gegensätze verweisen.

6. »*Kampf* resp. Entfaltung dieser Gegensätze, der widersprechenden Bestrebungen etc.«.

Diese drei Elemente führen uns direkt in die *Konfliktpsychologie*, die damit als Kern einer dialektisch verstandenen Psychoanalyse gelten kann. Jedes Symptom enthält die Einheit der Gegensätze Trieb und Abwehr; die Analyse verläuft im Kampf zwischen Widerstand und progressiver Tendenz, im Kampf zwischen Agieren und Deuten in Übertragung und Gegenübertragung – die Reihe lässt sich beliebig fortsetzen.

Auch in jedem der folgenden Elemente erkennen wir Widerspiegelungen von Eigenschaften unserer psychoanalytischen Arbeit:

7. »Vereinigung von Analyse und Synthese – das Zerlegen in einzelne Teile und die Gesamtheit, die Summierung dieser Teile«.
9. »nicht nur Einheit der Gegensätze, sondern *Übergänge jeder* Bestimmung, Qualität, Eigenheit, Seite, Eigenschaft in *jede andere* [in ihren Gegensatz?]«
10. »unendlicher Prozess der Erschließung *neuer* Seiten, Beziehungen etc.«
11. »unendlicher Prozess der Vertiefung der Erkenntnis des Dinges, der Erscheinungen, Prozesse usw. durch den Menschen, von den Erscheinungen zum Wesen und vom weniger tiefen zum tieferen Wesen«.
12. »vom Nebeneinander zur Kausalität und von der einen Form des Zusammenhangs und der wechselseitigen Abhängigkeit zu einer anderen, tieferen, allgemeineren«.

Element 12 beschreibt direkt das Prinzip der *freien Assoziation*: Das scheinbar zufällige Nebeneinander der Einfälle verdeckt den dahinterliegenden kausalen Zusammenhang.

13. »die Wiederholung bestimmter Züge, Eigenschaften etc. eines niederen Stadiums in einem höheren und
14. die scheinbare Rückkehr zum alten (Negation der Negation)«

Zu Element 13 kann uns die Wiederkehr überwundener Symptome in einem fortgeschrittenen Stadium der Analyse einfallen, in dem dieselben dann eine neue Bedeutung haben (hier ergibt sich eine Verbindung zum Phänomen der *Überdeterminierung*), während sowohl der *Wiederholungszwang* als auch die *Durcharbeitungsphänomene* als Beispiele für Element 14 gesehen werden können.

15. »Kampf des Inhalts mit der Form und umgekehrt. Abwerfen der Form, Umgestaltung des Inhalts«.

Wir benutzen das Setting als Form, und am Kampf um das Setting stellen sich die unbewussten Inhalte und Konflikte dar. Den gleichen Kampf erleben wir in jedem Traumseminar: Um zu einer Traumdiagnostik (Morgenthaler 2004b [1986], S. 53ff.) zu kommen, versuchen wir, von den *Inhalten* eines Traums zu abstrahieren und uns nur auf seine *formalen* Merkmale zu konzentrieren. Dass das ein Kampf ist, erleben wir immer dann, wenn wir merken, wie schwer uns das fällt.

16. »Übergang der Quantität in die Qualität und vice versa. (15 und 16 sind Beispiele von 9)«.

Der von Morgenthaler beschriebene *Summationseffekt* ist dafür ein gutes Beispiel.

Lenin (1964a [1914]) schließt die Aufzählung wie folgt ab: »Die Dialektik kann kurz als die Lehre von der Einheit der Gegensätze bestimmt werden. Damit wird der Kern der Dialektik erfasst sein, aber das muss erläutert und weiterentwickelt werden« (S. 214). Das passt zu meinem Gesichtspunkt *Sexualität in actu*, bei dem jedes sexuelle Fantasieren und Verhalten als widersprüchliche Einheit der libidinösen Triebbefriedigung und nicht-sexuellen Funktionen aufgefasst wird.

Das *Fazit* für die weiteren Kapitel dieses Buches lautet daher: Die methodische Anwendung der Dialektik zwischen Theorie der Technik und Metapsychologie erschließt in der jeweils konkreten psychoanalytischen und psychotherapeutischen Situation konkrete metapsychologische Konzepte aus den verschiedenen Strömungen der Psychoanalyse, die spezifisch zur Situation passen. Dabei handelt es sich nicht um eine eklektische Aneinanderreihung, sondern um einen kohärenten, integrativen Ansatz.

5.3 Kopernikanische Wende?

Im zweiten Teil des Buches wende ich mein Modell zur Sexualität auf Freuds libidinöse Triebtheorie an – genauer gesagt auf seine Partialtriebtheorie, wie er sie in den *Drei Abhandlungen zur Sexualtheorie* (Freud 1905d) entwickelt hat. Damit setze ich mich in Widerspruch zu der von

Laplanche ausgerufenen »kopernikanischen Wende« in der Psychoanalyse. Deshalb gehe ich nun etwas ausführlicher auf Laplanche ein.

Laplanche wirft Freud bekanntlich vor, seine ursprüngliche Verführungstheorie aufgegeben und sich stattdessen ganz dem Triebhaften *im* Subjekt und damit einer *intrinsischen* Konflikthaftigkeit zugewandt zu haben. Damit habe Freud den Blick vom Erwachsenen, der mit dem Kind interagiert, abgewandt. Mit seiner »Allgemeinen Verführungstheorie« postuliert Laplanche eine *extrinsische* Genese der Triebe und des Unbewussten. Dadurch kehrt er die Freud'sche Bewegung um und stellt – teilweise in der Nachfolge Lacans – den erwachsenen »Anderen« ins Zentrum. Dementsprechend ist die infantile Sexualität auch eine erwachsene, weil unübersetzbare rätselhafte Botschaften aus der unbewussten Sexualität der Erwachsenen stammen und dem Kind implantiert werden. Weil das Kind mit der »Übersetzung« dieser Botschaften scheitert, muss es sie verdrängen, wodurch sie die infantile Sexualität und das kindliche Unbewusste konstituieren. In seiner zum geflügelten Wort gewordenen Metapher von der »kopernikanischen Wende in der Psychoanalyse« wäre Freuds Sichtweise vergleichbar mit der vorkopernikanischen – ptolemäischen – Zentralität der Erde in der Kosmologie und damit völlig veraltet und überholt.[73]

Ich finde Laplanches Konzept der »rätselhaften Botschaften«, welches »das Andere« in den analytischen Blick rückt und damit gleichsam einen Übersetzungsprozess von den gesellschaftlichen Verhältnissen in die individuelle Entwicklung einleitet (vgl. Kapitel 5.1.2, S. 131f.), genial. Das Problem ist seine Einseitigkeit: Laplanche tut so, als ob die Konstitution des Unbewussten und der infantilen Sexualität auf einem unbeschriebenen Blatt erfolgte, statt auf dem Boden einer angeborenen Ausstattung mit einem Es und Partialtrieben, bei denen – gemäß meiner Hypothese – schon früh durch prägungsanaloge Vorgänge festgelegt ist, welche später Lust und welche Unlust erzeugen. Diese unterschiedliche angeborene und prägungsbedingte Ausstattung könnte man – metaphorisch – als ein Set

---

73 Dagegen empfiehlt Müller-Pozzi (2008), die »kopernikanische Wende« nicht so zu vollziehen, dass sie auf Kosten der inneren Vorgänge geht: »Wenn die Psychoanalyse heute ihre intersubjektive Wende proklamiert […] und dem Anderen seinen ihm gebührenden Platz wieder zugesteht, sollte sie Sorge tragen, die *intersubjektive* Wende nicht auf Kosten der Einsichten in die inneren *subjektiven* Vorgänge zu vollziehen, die nach wie vor die Psychoanalyse letztlich ausmachen« (S. 45).

von Rezeptoren auffassen, welche die äußeren Reize – die elterlichen rätselhaften Botschaften – aufnähmen und den Übersetzungsversuchen zuführten. Dieses Set von Rezeptoren hätte sich bei jedem Kind unterschiedlich entwickelt: Das eine hätte für bestimmte Botschaften keine oder wenig empfindliche Rezeptoren, das andere sehr viele und empfindliche. Diese unterschiedliche Ausstattung mit Rezeptoren würde dann bestimmen, welche elterlichen Botschaften überhaupt eine Wirkung auf das jeweilige Kind haben und welche nicht, welche für das jeweilige Kind leichter und welche schwerer bis gar nicht zu übersetzen sind etc. Dies würde zu individuell unterschiedlichen Inhalten des Unbewussten und zu unterschiedlichen Formen kindlicher Sexualität führen.

Aber auch mit der Metapher von Reiz und Rezeptoren ist das Problem, das Laplanche mit seiner »kopernikanischen Wende« stellt, nicht vollständig erfasst. Das Kind bliebe nämlich mit seinen Rezeptoren und seinen Übersetzungsversuchen den Eltern gegenüber nach wie vor passiv. Das kann nicht sein, denn Kinder geben auch den Eltern unlösbare Rätsel auf – natürlich nicht mittels erwachsener Sexualität, sondern mittels ihrer infantilen. Ihre von Geburt an aktive Triebhaftigkeit aktualisiert bei den Eltern neurotische Konflikte, die auch wieder ungünstig auf das Kind zurückwirken können. Beispiele dafür sind Poludas »lesbischer Komplex« resp. Hollers »schwuler Komplex«, wie ich sie in Kapitel 7.1.1 bis 7.1.3 aufgreife.

Die Psychoanalyse unterscheidet sich von vielen anderen Auffassungen nicht zuletzt dadurch, dass sie dem Kind von Anfang an eigene Initiative zuschreibt. Erst im Rahmen der *zweiseitigen* Wechselbeziehung mit dem Erwachsenen erfolgt die Entwicklung der einzelnen Partialtriebe zu den erwachsenen Sexualorganisationen und zu den reiferen Formen des Sexuellen, das – nach Morgenthaler – den nicht-sexuellen Aktivitäten Farbe und Lebendigkeit verleiht (vgl. dazu Kapitel 6.7).

Eine zusätzliche Problematik sehe ich in Folgendem: Es ist ja nicht nur eine *Verführungs*theorie, die Freud bezüglich der Mehrzahl seiner neurotischen Patient*innen aufgegeben hat, sondern gleichursprünglich eine *Trauma*theorie. Ausgehend von Breuers Erfahrung, *»dass die Symptome der Hysterie [...] ihre Determinierung von gewissen traumatisch wirksamen Erlebnissen herleiten, als deren Erinnerungssymbole sie im psychischen Leben desselben reproduziert werden«* (Freud 1896c, S. 427, Hervorh. i. O.), vertrat Freud ursprünglich die Auffassung, dass hinter diesen Symptomen regelmäßig Erinnerungen an *infantile* sexuelle Aggressionen stehen (ebd.,

5.3 Kopernikanische Wende?

S. 447f.). Was Freud aufgab, ist bekanntlich die Hypothese, dass abgewehrte Erinnerungen an *reale* infantile sexuelle Traumata *immer* die Ursache hysterischer Symptome seien – was leider dazu führte, dass mögliche traumatische Ursachen im psychoanalytischen Mainstream während Jahrzehnten vergessen gingen.

Laplanche verallgemeinert nicht nur Freuds Verführungstheorie, sondern – zumindest implizit – auch seine Traumatheorie, indem er unübersetzbaren, rätselhaften sexuellen Botschaften *generell* eine traumatisierende Wirkung auf das Kind zuschreibt (vgl. dazu auch Passett 2004). Dieser Ansatz verwischt jedoch den Unterschied zwischen zwei qualitativ verschiedenen Schicksalen:

1. Beim ersten führt die »normale« psychische Interaktion zwischen Erwachsenen und Kind zu einer einigermaßen funktionierenden Abwehrorganisation. Das Kind scheitert zwar an unübersetzbaren rätselhaften Botschaften, baut aber dennoch einen einigermaßen intakten »Reizschutz« auf (Freud 1920g, S. 26ff.). Die Folge können Störungen der Konfliktverarbeitungsfähigkeit sein.
2. Beim zweiten kommt es zu schweren realen Traumatisierungen, die den Reizschutz mehr oder weniger irreversibel durchbrechen. Es entstehen Traumafolgestörungen, die sich qualitativ von neurotischen Syndromen unterscheiden.

Die Verwischung dieses fundamentalen Unterschieds führt objektiv zu einer erneuten Belastung der bereits Traumatisierten.

Das *Fazit* für die folgenden Kapitel lautet: Laplanche hat mit seinem Ansatz auf geniale Weise einen neuen Gesichtspunkt in die Psychoanalyse eingeführt. Mit der Ausrufung der »kopernikanischen Wende« bestreitet er hingegen das, was ich »das eigenständige Recht der Freud'schen libidinösen Triebtheorie« in der Psychoanalyse nenne, in Analogie zum »eigenständigen Recht der Sexualität« in den Sexualwissenschaften (vgl. Kapitel 2.5.3). Dass dieses »eigenständige Recht« nicht außer Kraft gesetzt ist, zeige ich im zweiten Teil des Buches. Damit ist die »kopernikanische Wende« abgesagt.

Zweiter Teil
Mehr Klarheit beim Reden über Trieb

Im *ersten Teil* des Buches habe ich mein Modell zur Sexualität entwickelt, das methodisch auf der Unterscheidung der beiden Gesichtspunkte *Sexualität per se* und *Sexualität in actu* aufbaut. Unter dem Gesichtspunkt *Sexualität per se* habe ich die verschiedenen erwachsenen Sexualorganisationen als »hierarchische Organisation von Triebkomponenten« resp. – psychoanalytisch gesprochen – »von Partialtrieben« definiert. Damit habe ich stillschweigend die Partialtriebtheorie Freuds auf mein Modell angewendet.

Im *zweiten Teil* des Buches drehe ich die Richtung der Argumentation um: Mein Modell zur Sexualität soll auf Freuds Partialtriebtheorie angewendet werden. Diese hat Freud in seinen *Drei Abhandlungen zur Sexualtheorie* (Freud 1905d, S. 62–72 [22–30]) – entwickelt. Seine Argumentation werde ich zunächst gemäß meiner persönlichen Lesart nachzeichnen, wie ich sie in meiner Arbeit »›Die Neurose ist sozusagen das Negativ der Perversion‹ – die bekannte Formel neu interpretiert« (Binswanger 2011) dargestellt habe. Schon damals hatte ich einige begriffliche Veränderungen vorgeschlagen, beispielsweise den Perversionsbegriff, wie ihn Freud in diesem Zusammenhang verwendet, durch »sexuelle Orientierung« zu ersetzen. Schon damals wurde mir auch klar, dass nicht alle Partialtriebe in die jeweilige erwachsene Sexualorganisation Eingang finden, sondern nur diejenigen, welche zu ihr passen. Diejenigen, die nicht zu ihr passen, erzeugen im Individuum Unlust, weshalb der Begriff *Trieb* nicht durch *Begehren* ersetzt werden kann. Denn wie soll ich etwas begehren, das nur Unlust erzeugt?

Diesen Faden werde ich nun wieder aufnehmen. Denn die Logik meines Modells zur Sexualität erlaubt es auch, eine ganze Reihe von zentralen triebtheoretischen Begriffen, die bereits von Freud selbst, vor allem dann aber in seiner Nachfolge und bis heute widersprüchlich oder uneinheitlich verwendet werden, systematisch zu klären. Ziel dieser Begriffsklärungen ist nicht die Revision von Freuds Triebtheorie. Es geht im Gegenteil darum, den Zugang zu ihr zu erleichtern, indem die Konsistenz von Freuds Argumentation unter der bisher nicht ganz konsistent verwendeten Begrifflichkeit freigelegt wird. Das ist gemeint, wenn im Titel des vorliegenden Buches auch »Mehr Klarheit über Trieb« eingefordert wird. Zu den Begriffen, die im Folgenden geklärt werden, gehören namentlich: Sexualisierung, Erotisierung, Desexualisierung, Sublimierung sowie latente Homosexualität und Homophobie, zwei Begriffe, die sich – mutatis mutandis – nicht nur auf die Homosexualität, sondern auch auf alle anderen Sexualorganisationen übertragen lassen. Ferner werde ich Morgenthalers Dialektik zwischen dem »Sexuellen« und der »organisierten Sexualität« in die modifizierte Partialtriebtheorie integrieren.

Aus diesen theoretischen Überlegungen werden sich vier parallele Argumentationsebenen ergeben, auf denen jeweils eine Reihe von Konzepten »gleichberechtigt« nebeneinander stehen:

1. die verschiedenen erwachsenen Sexualorganisationen
2. die Partialtriebe, unter deren Primat sie entstanden sind
3. die »Negative« der erwachsenen Sexualorganisationen: latente Homo- und Heterosexualität, latenter Sadomasochismus, neurotische Exhibitions- und Neugierdehemmung usw.
4. die als »Phobien« bezeichneten Abwehrreaktionen: Homophobie bei der Heterosexualität und analoge Abwehrreaktionen bei allen anderen erwachsenen Sexualorganisationen

Die ausführliche Darstellung und theoretische Begründung dieser Reihe »gleichberechtigter Konzepte« und ihre Einordnung in mein Modell zur Sexualität finden sich in Kapitel 6.9.

In Kapitel 7 behandle ich die praktische Anwendung dieser Sichtweise auf die Therapie bestimmter neurotischer Syndrome – Prototyp *latente Homosexualität*. In Kapitel 8 nehme ich meine Kritik an der bisherigen Verwendung des Perversionsbegriffs wieder auf, um sie zu ergänzen und an ausgewählten Beispielen aus der psychoanalytischen Literatur und mit einem ausführlichen kasuistischen Beispiel zu illustrieren.

6 Freuds Partialtriebtheorie aktualisiert[74]

Wir werden nun Freud bei der Entwicklung seiner Partialtriebtheorie gleichsam zuschauen, indem wir einige Stellen aus den *Drei Abhandlungen zur Sexualtheorie* (1905d) herausgreifen. Dabei kommen wir zu Freuds Formel »Die Neurose ist sozusagen das Negativ der Perversion«. Diese stelle ich grafisch dar, auch unter Heranziehung einer m.E. strategischen Schlüsselstelle in Freuds Text, die bisher kaum beachtet wurde. Die Grafik werde ich anschließend unter Anwendung meines Modells zur Sexualität schrittweise modifizieren. Das Resultat dieser Modifikation beinhaltet, wie gesagt, keine Revision von Freuds Partialtriebtheorie, sondern deren begrifflich konsistente Rekonstruktion.

6.1 Leitlinien bei der Lektüre

Bei der Interpretation von Freuds Darstellung der Partialtriebtheorie in den *Drei Abhandlungen zur Sexualtheorie* (1905d) orientiere ich mich zunächst an seinem Vorwort zur dritten Auflage (1914): »Es sei also vor allem betont, dass die Darstellung hierin durchweg von der alltäglichen ärztlichen Erfahrung ausgeht, welche durch die Ergebnisse der psychoanalytischen Untersuchung vertieft und wissenschaftlich bedeutsam gemacht werden soll« (S. 29).

Es ist also die Optik eines Praktikers, mit der ich diese Schrift lese. Zwar möchte ich sie zunächst möglichst genau und authentisch verstehen und in den gesamten Kontext von Freuds Werk einordnen können, aber danach interessiert es mich nicht in erster Linie, »was der Autor wirklich gemeint hat«,

---

[74] Die Ausführungen auf den folgenden Seiten lehnen sich stark an meine in der *PSYCHE* (Binswanger 2011) und teilweise in *texte. psychoanalyse. ästhetik. gesellschaftskritik* (Binswanger 2017b) erschienenen Arbeiten an.

sondern auf welche Weise der Text für die heutige Praxis am meisten hergibt. Vielleicht werde ich da und dort auch Dinge »hineinlesen«, die nicht explizit so dastehen, sofern sie dem Gesamtzusammenhang von Freuds Denken nicht widersprechen und erkenntnistheoretisch begründet werden können. Stoße ich auf Textstellen, die widersprüchlich erscheinen oder vielleicht auf unterschiedliche Weise interpretiert werden können, wähle ich womöglich »einseitig« jene Lesart aus, die meiner Herangehensweise am besten entspricht. Das ist zwar nicht wertneutral, aber für die Praxis, um die es letztlich geht, am produktivsten.

Ein Beispiel: Freud nimmt eine widersprüchliche Haltung zwischen Pathologisierung und Entpathologisierung ein, wenn er über »sexuelle Abirrungen« spricht. Reiche (1991) beschreibt diese Haltung wie folgt:

> »Zwar beginnen die *Drei Abhandlungen* scheinbar ganz konventionell: mit einer Gegenüberstellung von ›normaler‹ und ›abweichender‹ Sexualität – aber nur, um alsbald alle vorgefundenen Lehren über die Psychopathia sexualis zu verneinen und um die Homosexualität und die Perversionen in einen sachlichen Erkenntniszusammenhang und in eine Ergänzungsreihe mit den Neurosen und der ›Normalität‹ zu stellen« (S. 9f.).

Ich gewichte bei der Lektüre Freuds Tendenz zur Entpathologisierung stärker, vor allem aus pragmatischen Gründen, wie es Freud auch handhabt, wenn er die »Unzweckmäßigkeit einer vorwurfsvollen Verwendung des Namens Perversion« (Freud 1905d, S. 60 [20]) hervorhebt. Die Entpathologisierung wird besonders deutlich in der 1915 hinzugefügten Fußnote: »Im Sinne der Psychoanalyse ist also auch das ausschließliche sexuelle Interesse des Mannes für das Weib ein der Aufklärung bedürftiges Problem und keine Selbstverständlichkeit« (S. 44, Fn. 1). Durch diese Auffassung entsteht eine Gleichwertigkeit von Heterosexualität und »sexuellen Abirrungen«, worunter bei Freud auch die *Inversion*, also die Homosexualität fällt. Diese Gleichwertigkeit oder Gleichstellung aller erwachsenen Sexualorganisationen ist ja ein roter Faden, welcher sich durch die im ersten Teil meines Buches wiedergegebenen Arbeiten zieht.

6.2 Eine strategische Schlüsselstelle

Um das Neue meiner Interpretation verständlich zu machen, muss ich von altbekannten Textstellen ausgehen:

> »Die Psychoanalyse beseitigt die Symptome Hysterischer[75] unter der Voraussetzung, dass dieselben der Ersatz – die Transkription gleichsam – für eine Reihe von affektbesetzten seelischen Vorgängen, Wünschen und Strebungen sind, denen durch einen besonderen psychischen Prozess (die *Verdrängung*) der Zugang zur Erledigung durch bewusstseinsfähige psychische Tätigkeit versagt worden ist. Diese also im Zustande des Unbewussten zurückgehaltenen Gedankenbildungen streben nach einem ihrem Affektwert gemäßen Ausdruck, einer *Abfuhr*, und finden eine solche bei der Hysterie durch den Vorgang der *Konversion* in somatischen Phänomenen – eben den hysterischen Symptomen« (Freud 1905d, S. 63 [22f.]).

Das ist die geniale Kurzform der Neurosenlehre Freuds auf dem Stand von 1905: Symptome werden durch die Psychoanalyse *nur unter bestimmten Voraussetzungen* ihres Zustandekommens beseitigt; nicht jedes Symptom kann auf psychoanalytischem Weg beseitigt werden; sie sind *Ersatz* für »affektbesetzte seelische Vorgänge«, die dem Bewusstsein wegen der »Verdrängung« nicht zugänglich sind und deshalb nicht durch »bewusstseinsfähige psychische Tätigkeit erledigt« werden können. Damit sie doch erledigt werden, streben sie nach »Abfuhr« – was Freud sogleich definiert: ein »ihrem Affektwert gemäßen Ausdruck« – und sie finden diese Abfuhr in den Symptomen. Eingeschlossen ist die Aussage, dass es sich beim Verdrängten um »Gedankenbildungen« handelt.[76] Ferner enthält diese Stelle den Keim einer Affekttheorie (Green 2000, S. 112ff.).

Woher kommen die »affektbesetzten psychischen Vorgänge«? Die Psychoanalyse

> »zeigt, dass die Symptome keineswegs allein auf Kosten des sogenannten normalen Sexualtriebes entstehen (wenigstens nicht ausschließlich oder vorwiegend), sondern den konvertierten Ausdruck von Trieben darstellen, welche man als *perverse* (im weitesten Sinn) bezeichnen würde, wenn sie sich ohne Ablenkung vom Bewusstsein direkt in Phantasievorsätzen und Taten äußern könnten. Die Symptome bilden sich also zum Teil auf Kosten abnormer Sexualität; *die Neurose ist sozusagen das Negativ der Perversion*« (Freud 1905d, S. 65 [24]).

---

[75] »[D]er hier zum Muster für alle Psychoneurotiker genommenen Hysteriker« (Freud 1905d, S. 63 unten [23]).
[76] Von hier aus kann der Weg zu Lacans *Signifikanten* führen (Kläui 2008, insb. S. 199–203).

Damit sind wir beim geflügelten Wort Freuds angekommen. Um die weiteren Ausführungen möglichst verständlich zu machen, füge ich hier Grafik 4 ein, welche das geflügelte Wort und einige seiner Konsequenzen illustriert. Freud bedient sich ja einer Metapher, die aus der Fotografie stammen könnte, mit dem Unterschied, dass »das Negativ« und »das Positiv« sich gleichzeitig entwickeln – über die möglichen Positionen oral – anal – phallisch resp. infantil-genital – genital. Das Schema hat gleichsam zwei Äste: der linke Ast zeichnet die Entwicklung des »Positivs« und der rechte die Entwicklung des »Negativs« nach.

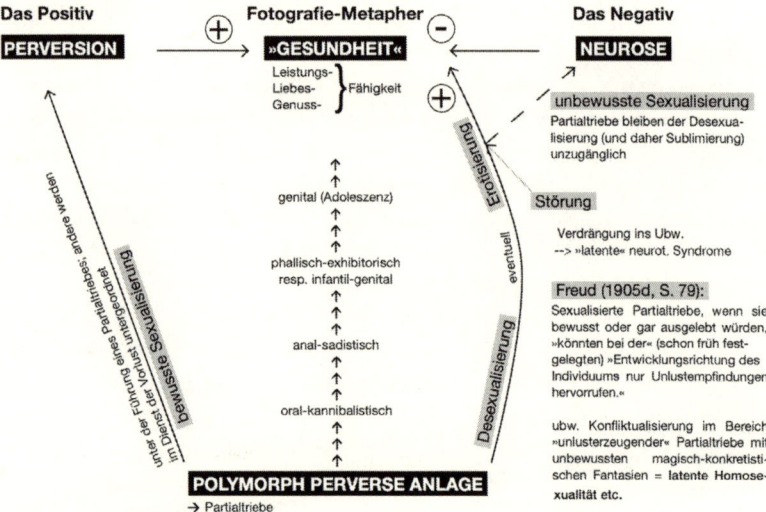

Grafik 4: Illustration der Fotografie-Metapher in Freuds Nomenklatur (© Ralf Binswanger)

Auf dem linken Ast ist – gemäß Freuds Formel – die Entwicklung zu einer »Perversion« sehr schematisch dargestellt. Sie führt – unter der Führung eines Partialtriebes – aus der »polymorph-perversen Anlage« in eine der »Perversionen«. Andere lusterzeugende Partialtriebe ordnen sich dieser Führung in je individueller Zusammensetzung unter. Auf dieser Seite geht es um bewusst erlebte Vor- und Endlust und um bewusstseinsfähige sexuelle Fantasietätigkeit.

Selbstverständlich geht die Entwicklung nicht so gradlinig, wie es hier eingezeichnet ist. Vielmehr durchläuft sie bestimmte Stufen, die von unterschiedlichen *Triebquellen* gestaltet werden: von der oralen, der analen, der infantil-genitalen und schließlich – durch die Pubertät – der genitalen. Jede der oralen, analen und infantil-genitalen Quellen konstituiert eine der *prägenitalen Organisationsstufen der Libido*.[77] Diese habe ich in die Grafik eingefügt, um an den in der Realität verschlungenen Verlauf der Entwicklung auf dem linken Ast zu erinnern. Weil die Entwicklung der Abwehrorganisation des Ichs ebenfalls durch die Stufen der Libidoentwicklung gleichsam »getaktet« wird, haben sie auch einen bestimmenden Einfluss auf die ganze Grafik.

Auf dem rechten Ast führt die Entwicklung zur »Neurose«, von der Freud in diesem Zusammenhang spricht. Die im oberen Teil der Grafik eingekreisten Zeichen + resp. – bedeuten einen positiven respektive negativen Einfluss auf so etwas wie »Gesundheit«. Die ganze Grafik sollte durch die Erörterungen, mit denen wir hier beschäftigt sind, Schritt für Schritt verständlicher werden.

---

[77] Freud (1923a [1922]) beschreibt dies in einer Kurzversion wie folgt: »Der Sexualtrieb, dessen dynamische Äußerung im Seelenleben *Libido* genannt sei, ist aus Partialtrieben zusammengesetzt, in die er auch wieder zerfallen kann, und die sich erst allmählich zu bestimmten Organisationen vereinigen. Quelle dieser Partialtriebe sind die Körperorgane, besonders gewisse ausgezeichnete *erogene Zonen*, aber Beiträge zur Libido werden auch von allen wichtigen funktionellen Vorgängen im Körper geliefert. Die einzelnen Partialtriebe streben zunächst unabhängig voneinander nach Befriedigung, werden aber im Lauf der Entwicklung immer mehr zusammengefasst, zentriert. Als erste (prägenitale) Organisationsstufe lässt sich die *orale* erkennen, in welcher entsprechend dem Hauptinteresse des Säuglings die *Mundzone* die Hauptrolle spielt. Ihr folgt die sadistisch-anale Organisation, in welcher der Partialtrieb des *Sadismus* und der *Afterzone* sich besonders hervortun« (S. 220). In der Folge wäre zu erwarten, dass Freud von einer »phallischen« Organisationsstufe der infantilen Sexualität sprechen würde. In »Die infantile Genitalorganisation« (Freud 1923e) nennt er sie »infantile Genitalorganisation« (S. 294) und kennzeichnet sie mit dem von ihm angenommenen phallischen Monismus. Wir sprechen heute lieber von einer *infantil-genitalen* Organisationsstufe der Libido. Im »Abriss der Psychoanalyse« schreibt Freud (1940a [1938], S. 77): »Es wäre missverständlich zu glauben, dass diese drei Phasen einander glatt ablösen; die eine kommt zur anderen hinzu, sie überlagern einander, bestehen nebeneinander«. Und gleich führt er als *vierte Stufe* die *genitale* ein: »Die volle Organisation wird erst durch die Pubertät in einer vierten, genitalen Phase erreicht« (ebd.). Damit wäre die definitive erwachsene Sexualorganisation erreicht. Weshalb also nicht von »erwachsenen Genitalorganisationen« sprechen? Weil Freuds »genitale Phase« eben mit seinem Genitalprimat verbunden ist und deshalb ein normativer Anspruch von ihr ausgeht. Diesen vermeide ich mit dem Begriff *erwachsene Sexualorganisation*.

Was subsumiert Freud im obigen Zitat unter die Triebe, »welche man als perverse [...] bezeichnen würde«? Es sind »Regungen von Inversion«, »anatomische Überschreitungen« und »die zumeist in Gegensatzpaaren auftretenden Partialtriebe« (Freud 1905d, S. 65f. [25]).

Einerseits ist die Liste unvollständig. Ein Teil bezieht sich auf erwachsene Sexualorganisationen, in denen *ein Partialtrieb* aus der *polymorph-perversen Anlage* gleichsam »die Führung übernimmt« oder das Primat bildet. Andererseits enthält sie »anatomische Überschreitungen«. Gemeint sind wohl Cunnilingus, Fellatio, Analverkehr u. a., denn Freud präzisiert: »[...], unter ihnen mit besonderer Häufigkeit diejenigen, welche für Mund- und Afterschleimhaut die Rolle von Genitalien in Anspruch nehmen« (ebd., S. 66 [25]). Wir würden sie heute kaum mehr als perverse Aktivitäten bezeichnen, obschon sie »bei den Psychoneurotikern [...] im Unbewussten und als Symptombildner« (ebd.) natürlich nach wie vor eine wichtige Rolle spielen. Sie beziehen sich also auf Freuds *erogene Zonen*, die im Sexualverhalten Erwachsener – ob sie nun homosexuell, heterosexuell oder »pervers«[78] geworden sind – libidinös besonders besetzt sind.

Schließlich die *Inversion*: Freud vermeidet es, von einem »homosexuellen Partialtrieb« zu sprechen, und es gibt bei ihm erst recht keinen »heterosexuellen Partialtrieb«. Denn Partialtriebe werden bei Freud grundsätzlich nicht nach ihren Objekten, sondern nach ihren Quellen (oral, anal, phallisch beziehungsweise infantil-genital) oder nach ihren Zielen (Voyeurismus/Exhibitionismus sowie Sadismus/Masochismus) benannt. Eine Ausnahme bildet eine Stelle in »›Psychoanalyse‹ und ›Libidotheorie‹« (Freud 1923a [1922]): »Jeder Partialtrieb war unabänderlich charakterisiert durch seine *Quelle,* nämlich die Körperregion oder Zone, aus welcher er seine Erregung bezog. Außerdem war an ihm ein *Objekt* und ein *Ziel* zu unterscheiden« (S. 230).

Gemäß dieser Stelle hätten alle Partialtriebe eine Quelle, ein Objekt und ein Ziel, wobei – offenbar aus Konvention – die ersten nach der Quelle und die zweiten nach dem Ziel *benannt* sind. Und an dieser Stelle ließe sich zwanglos einfügen, dass die dritten – der heterosexuelle, homosexuelle, fetischistische und (homosexuell resp. hetero-

---

[78] Ich setze das Adjektiv »pervers« dann in Anführungszeichen, wenn ich mich auf andere erwachsene Sexualorganisationen als die Hetero- und die Homosexualität beziehe. Das Substantiv »Perversion« vermeide ich in diesem Zusammenhang so gut es geht.

sexuell) pädophile Partialtrieb – nach dem Objekt *benannt* werden können. Übernähme z. B. der heterosexuelle Partialtrieb, der nach seinem Objekt benannt ist, bei der Entwicklung die Führung, wären gleichzeitig auch die bevorzugte genitale Quelle und das in der Regel bevorzugte Ziel – Vereinigung der Genitalien – bestimmt. Oder ein anderes Beispiel: Übernähme der sadomasochistische Partialtrieb, der nach seinem Ziel benannt ist, bei der Entwicklung die Führung, wären gleichzeitig die bevorzugte anale Quelle und das bevorzugte Objekt – entweder homo- oder heterosexuell – bestimmt.

Nicht nur diese Ausdrucksweise Freuds, sondern auch die Logik meiner weiteren Gedankengänge, die neurotische Syndrome im Fokus haben, welche »das Negativ« von Homosexualität, Heterosexualität und allen anderen erwachsenen Sexualorganisationen sein können, führen mich zwangsläufig zur Annahme auch von homosexuellen und heterosexuellen Partialtrieben.[79] Gemeint ist dabei immer ein (Partial-) Trieb, der an ein homo- resp. heterosexuelles Objekt geknüpft ist oder von einer homo- resp. heterosexuellen Fantasie getragen wird. Auch andere erwachsene Sexualorganisationen – nämlich der Fetischismus oder die heterosexuelle oder homosexuelle Pädophilie – sind gemäß

---

79 Freud schreibt: »Das *Objekt* des Triebes ist dasjenige, an welchem oder durch welches der Trieb sein *Ziel* erreichen kann. Es ist das variabelste am Triebe, nicht ursprünglich mit ihm verknüpft, sondern ihm nur infolge seiner Eignung zur Ermöglichung der Befriedigung zugeordnet« (1915c, S. 215). Auch hier kommt es m. E. auf den Gesichtspunkt an, von dem aus argumentiert wird. Und zwar kommen hier verschiedene Gesichtspunkte in Betracht: Erstens unterscheidet sich der menschliche Trieb vom tierischen Instinkt. Bei diesem ist das Objekt zumindest weniger variabel als beim menschlichen Trieb. Zweitens argumentiert Freud hier strikt vom Trieb aus, den nach Befriedigung sucht. Freud erwähnt an gleicher Stelle, dass das Objekt des Triebes nicht »notwendig ein fremder Gegenstand« sein müsse, »sondern ebensowohl ein Teil des eigenen Körpers« sein könne. Ferner können viele zur Hauptsache heterosexuelle Menschen auch homosexuelle Beziehungen eingehen, wenn kein heterosexuelles Objekt zur Verfügung steht – beispielsweise Männer im Gefängnis. Diese Gesichtspunkte sprechen für die Variabilität des Objektes. Aber nicht alle können das, weil bei vielen Heterosexuellen »die Entwicklungsrichtung« schon sehr früh derart festgelegt ist, sodass homosexuelle Aktivitäten »nur Unlustempfindungen hervorrufen könnten« (Freud 1905d, S. 79 Mitte [35]). Dieser Gesichtspunkt spricht gegen die Variabilität des Objektes. Unter dem Gesichtspunkt der Entwicklung erwachsener Sexualorganisationen ist das Objekt des Triebes also schon früh festgelegt. Vgl. dazu auch Parsons (2000, S. 42f.).

ihrem Sexualobjekt benannt.[80] Deshalb nehme ich auch die Existenz fetischistischer und pädophiler Partialtriebe an.[81] Mit anderen Worten: In der infantilen Sexualität koexistieren alle Triebrichtungen unabhängig voneinander; sie können unabhängig voneinander bearbeitet oder z. B. verdrängt werden. In diesem Sinn sind alle »partiell«, woraus ich eine weitere Rechtfertigung ableite, auch von homosexuellen, heterosexuellen, fetischistischen und homo- resp. heterosexuell pädophilen Partialtrieben zu sprechen und sie der »polymorph-perversen« Anlage zuzuordnen. In der Entwicklung zur erwachsenen Sexualität setzen sich die Partialtriebe zu einem komplexen Ganzen zusammen, das in eine erwachsene Sexualorganisation und in die entsprechende Objektwahl mündet.

Da wir also auch einen hetero- und einen homosexuellen Partialtrieb annehmen, ist für uns auch Freuds Begriff »polymorph-*perverse* Anlage« obsolet, weil Homo- und Heterosexualität ja nicht zu »perversen«, sondern zu »normalen« Sexualorganisationen gehören. Ich werde ihn im Folgenden durch »polymorphe *Partialtrieb*anlage« ersetzen. Und da ich bei den Leser*innen dieses Textes die wichtigsten Kenntnisse aus dem ersten Teil dieses Buches voraussetzen darf, habe ich auch den Begriff »Perversion«, wie Freud ihn im Zusammenhang der *Drei Abhandlungen* benützt – nämlich im Sinn von *Sexualität per se* –, durch »erwachsene Sexualorganisation« ersetzt. Die Grafik hat sich dadurch wie folgt verändert:

---

80 Einen »bisexuellen Partialtrieb« kann ich mir nicht vorstellen. Vielmehr nehme ich an, dass bei der Bisexualität sowohl der homo- als auch der heterosexuelle Partialtrieb in die erwachsene Sexualorganisation eingehen. Vgl. dazu Kapitel 2.2, S. 31, Fußnote 11.

81 Sophinette Becker kam am 09.11.2014 nach Zürich, um mit mir über diverse Meinungsverschiedenheiten zu »mäandern«, wie sie sich ausdrückte. Dabei gab es Meinungsverschiedenheiten, die nicht auflösbar waren, insbesondere bezüglich meiner Annahme von fetischistischen und hetero- resp. homosexuell pädophilen Partialtrieben. Während bei Heterosexualität, Homosexualität, Sadomasochismus, Exhibitionismus etc. sich die Manifestationen entsprechender Partialtriebe bis in die frühe Kindheit zurückverfolgen ließen, gebe es das bei Fetischismus und Pädosexualität nicht. Ich werde im Folgenden von anderen Argumentationssträngen her Gründe anführen, welche die Annahme auch dieser Partialtriebe als gerechtfertigt erscheinen lassen.

6.2 Eine strategische Schlüsselstelle

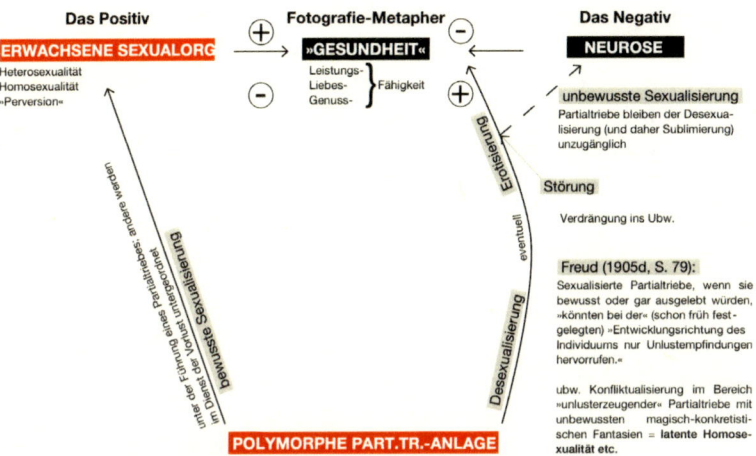

Grafik 5: Illustration der Fotografie-Metapher in der Nomenklatur meines Modells (© Ralf Binswanger)

Unter dem Gesichtspunkt meines Modells zur Sexualität leiten wir ab: Die erwachsene Sexualorganisation entsteht im Rahmen der Libido- und Ich-Entwicklung aus bewusstseinsfähigen Teilen der polymorphen Partialtriebanlage, die sich »ohne Ablenkung vom Bewusstsein direkt in Fantasievorsätzen und Taten äußern« können, weil sie als lustvoll erlebt werden. Welcher Partialtrieb, ob der heterosexuelle, der homosexuelle oder z. B. der exhibitionistische oder der sadomasochistische die »Entwicklungsrichtung des Individuums« schließlich bestimmt, ist, wenn wir uns auf die nun folgende Schlüsselstelle in Freuds Text stützen, bereits im frühen Kindesalter mehr oder weniger festgelegt – aus der Sicht meines Modells durch einen frühen prägungsanalogen Vorgang beim Menschen. Diese Festlegung führt dazu, dass die direkte Sexualbetätigung mittels eines Teils der *anderen* Partialtriebe nicht Lust, sondern Unlust erzeugt. Freud schreibt: Bestimmte sexuelle Regungen im Kindesalter

> »wären an sich pervers, das heißt von erogenen Zonen ausgehend und von Trieben getragen, welche bei der Entwicklungsrichtung des Individuums nur Unlustempfindungen hervorrufen könnten« (1905d, S. 79 Mitte [35]).

Um diese Textstelle unter Anwendung meines Modells richtig würdigen zu können, müssen wir zunächst das Adjektiv »pervers« weglassen. Freud spricht nämlich am Anfang des zitierten Satzes von den »sexuellen Regungen dieser Kinderjahre«. Nach meiner Interpretation sind damit *alle* Partialtriebe gemeint, und alle sind nach meinem Modell so wenig »pervers« wie die erwachsenen Sexualorganisationen, in deren Entwicklung sie eingehen werden. Um genau zu sein, können wir einfach die Wörter »an sich pervers, das heißt« weglassen. Das Zitat lautet dann einfach:

»wären von erogenen Zonen ausgehend und von Trieben getragen, welche bei der Entwicklungsrichtung des Individuums nur Unlustempfindungen hervorrufen könnten«.

Diese modifizierte Textstelle aus der zweiten der *Drei Abhandlungen zur Sexualtheorie* ist *die Schlüsselstelle* für unsere weitere Beschäftigung mit Freuds Partialtriebtheorie und die daraus abgeleitete Auffassung bestimmter Neurosen. Sie hat dafür gleichsam eine »strategische« Bedeutung, und dies aus drei Gründen:

Erstens spricht Freud von Trieben, welche nicht Lust, sondern »nur Unlustempfindungen hervorrufen könnten«, »wenn sie sich ohne Ablenkung vom Bewusstsein direkt in Phantasievorsätzen und Taten äußern könnten«. Dadurch verbietet es sich von selbst, den Begriff »Trieb« durch »Begehren« zu ersetzen, wie es z. B. Quindeau (2008) vorschlägt. Durch eine solche Ersetzung würde ein wesentlicher Anteil der Partialtriebtheorie ausgeblendet, der – wie zu zeigen sein wird – vor allem für wichtige Aspekte der Neurosenlehre von entscheidender Bedeutung ist.

Zweitens können wir aus dem Satzteil »bei der Entwicklungsrichtung des Individuums« herauslesen, dass Freud annimmt, dass es schon früh zu Weichenstellungen kommt, welche die Entwicklung zur späteren erwachsenen Sexualorganisation mehr oder weniger stark festlegen. Diese Festlegung wäre – folgt man seinen Ausführungen aus »Das ökonomische Problem des Masochismus« (1924c) – »biologisch und konstitutionell zu begründen« (S. 373). Meines Erachtens beruht diese Festlegung – wie vor allem in Kapitel 3.2.5 des vorliegenden Bandes ausgeführt – auf einem prägungsanalogen Vorgang beim Menschen, welcher der Entwicklung neurotischer Konflikte zeitlich vorausgeht. Aus diesem Grund wäre schon früh – individuell in unterschiedlicher Stärke – festgelegt, welche Partialtriebe Lust und welche nur Unlust hervorrufen können, »wenn sie sich ohne Ablenkung vom Bewusstsein direkt in Phantasievorsätzen und Taten äußern könnten«.

Drittens ermöglichen die beiden aufgeführten Zitate (Freud 1905d, S. 65 [24] und S. 79 Mitte [35]) das Verständnis bestimmter neurotischer Zustände, z. B. der *latenten Homosexualität* im Rahmen einer heterosexuellen erwachsenen Sexualorganisation. In Analogie zur latenten Homosexualität werde ich auch von *latentem Sadomasochismus, latentem Fetischismus, latenter Pädophilie* etc. sprechen. Im Rahmen einer Entwicklung zur Homosexualität oder einer anderen nicht-heterosexuellen erwachsenen Sexualorganisation gäbe es dementsprechend auch eine *latente Heterosexualität*.

Der Begriff *latent*, wie er beim Ausdruck *latente Homosexualität* verwendet wird und wie ich ihn auf entsprechende Syndrome übertrage, die alle anderen erwachsenen Sexualorganisationen betreffen, ist allerdings verwirrend. Er suggeriert, dass das, was »latent« genannt wird, im Rahmen der Entwicklung oder einer Therapie als Möglichkeit sexueller Befriedigung manifest werden müsste. Das Gegenteil ist der Fall, denn latente Homosexualität verweist auf den – nur Unlust hervorrufenden – homosexuellen Partialtrieb bei Heterosexualität, der im sexualisierten Zustand verdrängt wurde. Er liegt gleichsam als »Halbleiche der organisierten Sexualität im Keller des Unbewussten« und verursacht »tant de bruit pour si peu d'homosexualité« – so viel Lärm um so wenig Homosexualität (beides mündlich von Morgenthaler). Deshalb geht es keineswegs darum, z. B. eine latente Homosexualität in eine manifeste zu verwandeln, damit sie gelebt werden kann. Ein solches Vorhaben entspräche einer therapeutischen Hilfe bei einem *neurotisch verhinderten Coming-out* der homosexuellen erwachsenen Sexualorganisation. Diese Situation gehört auf den linken Ast der Grafiken 4 und 5, die latenten Syndrome auf den rechten. Der rechte Ast dieser Grafiken dient also der Erläuterung der soeben erwähnten »strategischen Textstelle«: Bestimmte sexuelle Regungen im Kindesalter »wären [...] von erogenen Zonen ausgehend und von Trieben getragen, welche bei der Entwicklungsrichtung des Individuums nur Unlustempfindungen hervorrufen könnten« (Freud 1905d, S. 79 Mitte [35]).

Auf dem rechten Ast der Grafiken sind die verschiedenen Schicksale der Unlust erzeugenden Partialtriebe resp. ihrer Abkömmlinge dargestellt. Im günstigen Fall können sie – bewusst oder meist eher vorbewusst – im Rahmen der Trieb- und Ich-Entwicklung *desexualisiert* werden (vgl. dazu ausführlicher Kapitel 7). Gelingt dies, stehen die entsprechenden libidinösen Energien den nicht-sexuellen Funktionen zur Verfügung. Die entsprechenden Triebregungen können den nicht-sexuellen Aktivitäten ihre bestimmte Färbung geben und deren Ausübung erleichtern, auch wenn keine speziell erhöhte Lust damit verbunden ist, oder sie können sie auch *erotisieren*, sodass sie Spaß machen und auch die Leistungsfähigkeit auf diesen Gebieten erhöhen (vgl. dazu unten Kapitel 6.6, Punkt 5 der Aufzählung).

Misslingt die Desexualisierung, werden die *affektbesetzten seelischen Vorgänge, Wünsche und Strebungen* im sexualisierten Zustand verdrängt oder auf andere Weise vom Bewusstsein ferngehalten. Nicht-sexuelle bewusste Aktivitäten, die in einem assoziativen Bezug zu diesen unbewussten Vorstellungen stehen, werden in ihrer Funktion beeinträchtigt.[82] Die Ausübung der entsprechenden Aktivitäten bedeutet eine Gefahr, nämlich dass die abgewehrten, noch sexualisierten Partialtriebe resp. ihre Abkömmlinge Zugang zum Bewusstsein erhielten, wo sie bei der schon festgelegten sexuellen »Entwicklungsrichtung des Individuums nur Unlustempfindungen hervorrufen könnten« (ebd.). Beim heterosexuellen Mann zum Beispiel wären die nicht-sexuellen Funktionen beeinträchtigt, mit anderen Männern Freundschaften einzugehen oder gut zusammenzuarbeiten (latente Homosexualität), Rivalitäten oder Konflikte mit anderen Menschen konstruktiv auszutragen (Aggressionshemmung infolge des latenten Sadomasochismus), öffentlich aufzutreten (latenter Exhibitionismus), erfolgreich Forschung zu betreiben (latenter Voyeurismus), emotionale Nähe mit Kindern zuzulassen (latente Pädophilie), Kunstgegenstände zu genießen (latenter Fetischismus). Die Beeinträchtigungen dieser Fähigkeiten gehören zu *neurotischen Syndromen* im spezifischen, hier beleuchteten Sinn eines »Negativs« der entsprechenden erwachsenen Sexualorganisationen.

Diese »Negative« entstehen nicht – oder nicht in erster Linie – wegen des gesellschaftlichen Verpönens bestimmter Triebregungen, nicht primär als Folge der sog. »Zwangsheterosexualität«[83], sondern immanent aus der Triebentwicklung selbst heraus, die dazu führt, dass bestimmte Partialtriebe, »wenn sie sich ohne Ablenkung vom Bewusstsein direkt in Phan-

---

82 Das nennt Freud *Erotisierung* und illustriert es am Schreibkrampf (Freud 1926d, S. 116). Der Begriff *Erotisierung* widerspricht m. E. der Logik des Partialtriebmodells und wurde von mir im vorherigen Absatz für etwas anderes reserviert (vgl. dazu die Begriffsbestimmungen in Kapitel 6.6).

83 Bei Entwicklungen zur Homosexualität können *heterosexuelle* Triebregungen im hier besprochenen Sinn neurosebildend werden, was selbstverständlich keiner »Zwangsheterosexualität« geschuldet sein kann. Was die »Zwangsheterosexualität« resp. das gesellschaftliche Verpönen hingegen bewirken können, ist ein erschwertes oder verhindertes Coming-out. Dieses ist in unserer Grafik aber auf dem linken Ast eingetragen.

tasievorsätzen und Taten äußern könnten« (ebd.), nur Unlust erzeugen würden.

6.3 Das Problem der Desexualisierung

Ich habe nun ausgiebig den Begriff »Desexualisierung« verwendet, was implizit heißt, auch den Begriff »Sexualisierung« zu verwenden. Dieser wird heute meistens eher pejorativ gebraucht. Dagegen hat Reiche unter dem Titel »Das Rätsel der Sexualisierung« (2005) Bemerkenswertes geschrieben:

> »Dem psychoanalytischen Denken ist die Vorstellung abhanden gekommen, dass Sexualisierung ontogenetisch ein lebensnotwendiger Vorgang ist und dass sie dies auch während des gesamten Lebens bleibt. Der Begriff der Sexualisierung wird in psychoanalytischen Kontexten zunehmend gebraucht, um pathologische, insbesondere perverse Modi der Übertragung und des Verhaltens zu kennzeichnen. Diese pejorative Verwendung des Begriffs hat [...] die gesamte zu erklärende Sache und ihr Feld kontaminiert. Sexualisierung ist jedoch, genauso wie Desexualisierung, eine biologische Voraussetzung des Aufbaus psychischer Struktur und Selbstbesetzung [...] Ohne Sexualisierung gibt es nicht nur kein Sexualleben, sondern überhaupt kein psychisches Leben. Dem widerspricht nicht, dass zugleich auch immer *desexualisiert* werden muss« (S. 148f.).

Für den Bereich der Partialtriebtheorie interpretiere ich das noch etwas spezifischer: Jeder Partialtrieb enthält seinem Wesen nach den Keim der Sexualisierung. »Es erschien uns vielmehr, dass das Kind Keime von Sexualtätigkeit mit zur Welt bringt« (Freud 1905d, S. 133). Diese Keime entwickeln sich zu Frühformen der Sexualisierung, sobald die Partialtriebe beim Kind »jede vereinzelt ihr Ziel« verfolgen (ebd., S. 134). Die weitere Entwicklung der Sexualisierung ist auf dem linken Ast unserer Grafik dargestellt. Daraus leite ich ab, dass die *Sexualisierung* aus der Sicht der Partialtriebtheorie eigentlich kein Rätsel ist, soweit sie Partialtriebe betrifft, die »bei der Entwicklungsrichtung des Individuums« Lust erzeugen können. Als rätselhaft – respektive als die zu lösende Entwicklungsaufgabe – erscheint mir vielmehr die *Desexualisierung* der unlusterzeugenden Partialtriebe. So wird z. B. –

wie schon ausgeführt – die direkte homosexuelle Sexualbetätigung bei klar festgelegter Heterosexualität in aller Regel Unlust hervorrufen. Deshalb muss der homosexuelle Partialtrieb ebenfalls *eine Entwicklung durchlaufen*: Um bewusst für nicht-sexuelle Aktivitäten oder Freundschaften mit gleichgeschlechtlichen Mitmenschen verfügbar zu sein, muss er die Eigenschaft, nur Unlust hervorzurufen, verlieren. Dies ist nur möglich, wenn er *desexualisiert* wird. Eine bestimmte Erotik kann dann weiterhin von ihm – resp. von den mit ihm verbundenen Vorstellungen – ausgehen, aber er hat *die Verbindung mit seinem sexuellen Ziel aufgegeben*. Dasselbe gilt für den Exhibitionismus/Voyeurismus, den Sadomasochismus etc. Sie können erotisiert bleiben, um bei der *Vorlust* und bei der sexuellen Fantasietätigkeit mitzuwirken, oder – was hier mein *zentraler* Punkt ist – um *nicht-sexuellen* Aktivitäten eine Farbe, Richtung und Wirksamkeit zu verleihen (vgl. Kapitel 6.6, Punkt 5 der Aufzählung).

Welche Bedingungen müssen erfüllt sein, um bestimmten »affektbesetzten seelischen Vorgängen, Wünschen und Strebungen« – z. B. homosexuellen bei Heterosexualität und umgekehrt – die »Erledigung durch bewusstseinsfähige psychische Tätigkeit« (Freud 1905d, S. 63 [22f.]) zu gestatten, damit sie desexualisiert werden können? Es braucht eine Umgebung, die dekonfliktualisiert und zielgehemmt (Freud 1921c, S. 123, 1923a [1922], S. 232), also bezüglich des Sexualzieles gehemmt auf die kindlichen Äußerungen der verschiedenen Partialtriebe reagiert; es braucht ein Konfliktlösungsmuster des Kindes, welche die Triebregungen respektive ihre Abkömmlinge nicht im sexualisierten Zustand verdrängt. Das kann z. B. in der Pubertät und Adoleszenz geleistet werden: Später eindeutig Heterosexuelle können dann noch mehr oder weniger explizit homosexuelle Beziehungen zu Gleichaltrigen ausleben. Dadurch werden homosexuelle Partialtriebe aber nicht fixiert und gehen nicht in die erwachsene Sexualorganisation ein, sondern werden desexualisiert und können so der Sublimierung zugeführt werden. Eine progressive Funktion im Boom der sogenannten neosexuellen Kulturen (Sigusch 2005/2006) könnte darin bestehen, dass er Gelegenheiten für den desexualisierenden Umgang mit potenziell aversiv wirkenden Partialtrieben schafft, wie ich es soeben bezüglich adoleszenter homosexueller Experimente beschrieben habe (vgl. auch Binswanger 2009).

Im Rahmen der heterosexuellen Mainstream-Kultur stellen Familie und Gesellschaft eine Vielzahl von Gelegenheiten zur Verfügung, die

Prozesse der Desexualisierung von aversiv wirkenden Triebregungen unterstützen, sofern sie nicht schon zu tief und nachhaltig verdrängt und damit Neurose-bildend geworden sind. Etwas salopp und konstruiert: Der Vater geht mit dem vorpubertären Sohn zum Fußballmatch seines Lieblingsvereins. Erotisiert wohnen beide diesem »homosexuellen Ballett« (Morgenthaler mündlich) bei, wo Bälle in Öffnungen geschoben werden und die Spieler darauf einen desexualisierten homoerotischen Gruppenorgasmus vollführen. Der Sohn sitzt auf den Oberschenkeln des Vaters, und beide registrieren in der Begeisterung die vielleicht stattfindende vorübergehende Erektion des Vaters nicht. Später wird der Junge womöglich selbst im Mannschaftssport mitmachen und ausprobieren, wie weit er bei »sadistischen« Tricks ohne gelbe oder rote Karte gehen kann. In der Adoleszenz sind bei beiden Geschlechtern manchmal abgrundtiefe, bis aufs Äußerste gehende »sadomasochistisch« anmutende Auseinandersetzungen mit dem gleichgeschlechtlichen Elternteil angesagt, die ebenfalls die progressive Funktion der Desexualisierung dieses Partialtriebes haben können. Eltern, die sich solchen Auseinandersetzungen stellen – was nicht mit Autoritarismus oder Prinzipienreiterei zu verwechseln ist –, leisten ihren Heranwachsenden einen unschätzbaren Dienst.

6.4 Bestimmte Neurosen sowie (Homo- und andere) »Phobien« als Negativ erwachsener Sexualorganisationen

Die hier behandelten neurotischen Syndrome entstehen also nicht, wie viele andere, »auf Kosten des sogenannten normalen Sexualtriebes« (Freud 1905d, S. 65 [24]), also nicht wegen Konflikten unbewusster, per se aber lusterzeugender Triebregungen mit dem Über-Ich oder der Außenwelt, wie es bei vielen »gewöhnlichen« Neurosen der Fall ist. Sie entstehen wegen der unlusterzeugenden Partialtriebe, die im sexualisierten Zustand verdrängt worden sind. Es sind also nur »bestimmte Neurosen«, die als Negativ erwachsener Sexualorganisationen gelten können. Deshalb muss Freuds geflügeltes Wort nicht mit »Die Neurose« beginnen, sondern mit »Bestimmte Neurosen«. Ferner bezeichnen wir diese Neurosen – wie gesagt – nicht als Negativ »der Perversion«, sondern »der erwachsenen Sexualorganisation«.

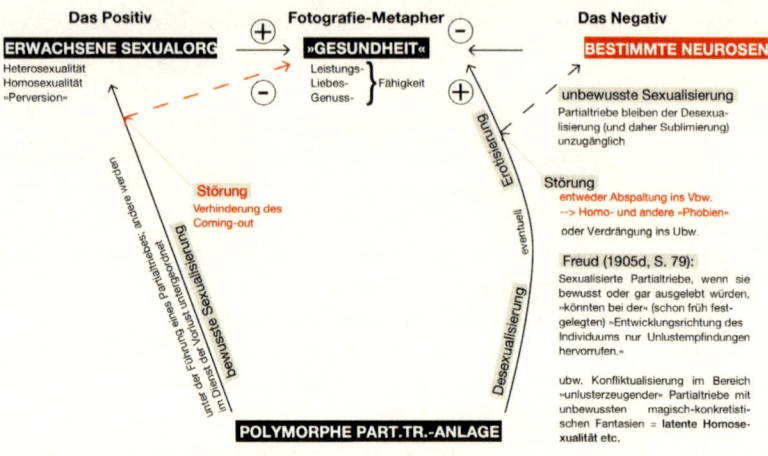

Grafik 6: Illustration der Fotografie-Metapher mit allen Modifikationen (© Ralf Binswanger)

Was das Schicksal der Partialtriebe betrifft, die gemäß dem erwähnten Freud-Zitat im *Bewusstsein nur Unlust erzeugen können*, gibt es auch noch eine andere Möglichkeit: Die unlusterzeugenden Partialtriebe bleiben zwar bewusstseinsfähig, werden aber *im sexualisierten Zustand* ins *Vorbewusste abgespalten*. Sie behalten dabei ihre unlusterzeugende Qualität, bis hin zur Aversion. Dadurch entstehen Haltungen, als deren Prototyp die *Homophobie* gelten kann. Meines Erachtens gibt es solche »Phobien« bezüglich aller Partialtriebe, inkl. der Heterophobie bei Homosexuellen (vgl. z. B. Schon 2016).

Der Begriff »Homophobie« wurde in den 1960er Jahren von dem US-amerikanischen Psychotherapeuten George Weinberg geprägt und hat sich seither eingebürgert.[84] Meines Erachtens ist das Wort »Phobie« in diesem Zusammenhang allerdings nicht adäquat. Eine Phobie im psychoanalytischen Sinn setzt die Beteiligung dynamisch unbewusster Vorgänge voraus. Demgegenüber gehe ich davon aus, dass diese »Phobien« bewusstseinsfähig sind.

In Bezug auf Homophobie wird häufig mit Moralisierungen und Schuldzuweisungen operiert. Dies trägt meines Erachtens wenig zu ihrer Entschärfung bei. Mein Modell kann erklären, wie sie entsteht, was viel-

---

84 https://de.wikipedia.org/wiki/Homophobie (23.12.2022).

leicht einen bewussteren Umgang mit ihr ermöglicht. Homophobe Heterosexuelle haben nicht Unrecht, wenn sie im Umgang mit Homosexuellen Unlust empfinden, sowenig wie heterophobe Homosexuelle oder Menschen mit anderen erwachsenen Sexualorganisationen im Umgang mit Heterosexuellen. Sie haben erst dann Unrecht, wenn sie diskriminierend reagieren oder Homosexualität und andere »unpassende« Sexualorganisationen unterdrücken oder kriminalisieren wollen.

6.5 Illustration an Freuds drei Formen des Masochismus

Freud (1924c) unterscheidet bekanntlich den *erogenen, den femininen* und den *moralischen* Masochismus (S. 373). Diese Unterscheidung passt ausgezeichnet in mein Modell zur Sexualität und – teilweise – seiner Anwendung auf Freuds Partialtriebtheorie, weshalb ich sie hier zur Illustration verwende.

Den *erogenen Masochismus* bezeichnet Freud »als eine Bedingtheit der Sexualerregung«. Er postuliert, dass der erogene Masochismus »biologisch und konstitutionell zu begründen sei«. Damit meint er aus meiner Sicht eine Form der *Sexualität per se*, also eine *masochistische erwachsene Sexualorganisation*. Der erogene Masochismus wäre damit auf dem linken Ast meines Schemas zu verorten.[85]

Beim *femininen Masochismus* beschreibt Freud masochistische sexuelle Fantasien und Verhaltensweisen von Männern – also eine Form von *Sexualität in actu*. Seine Formulierungen lassen vermuten, dass dabei nicht die Triebbefriedigung, sondern die Inszenierung von unbewussten Fantasien das Primat hat. Diese Fantasien stehen offensichtlich im Zusammenhang mit den konflikthaften, weil nicht zu befriedigenden und daher verdrängten passiv-genitalen, sogenannten *femininen* Triebwünschen des Mannes.[86] Freud selber schreibt, dass die feminin masochistischen Fantasien »die Person in eine für die Weiblichkeit charakteristische Situation versetzen, also Kastriertwerden, *Koitiertwerden* oder *Gebären*« (ebd., S. 374, Hervorh. R. B.).

---

[85] Freud kann und will den erogenen Masochismus auch nicht aus dem Zusammenhang mit dem Sadismus lösen (1924c, S. 376), weshalb hier streng genommen vom »erogenen Sadomasochismus« die Rede ist.

[86] Vgl. dazu Gsell und Zürcher (2011) sowie Le Soldat (2020 [1994], 2015).

Es scheint, dass es sich dabei um Fantasien darüber handelt, wie *mann* zu jener Öffnung käme, die es braucht, um passiv-genital penetriert und so befriedigt werden zu können. Le Soldat (2020 [1994], 2015) nennt diese Wunschvagina »Kolpos«. Gemäß ihrer Formulierung besteht bei vielen Männern lebenslang ein dringender unbewusster Wunsch, dass dieser fantasierte Kolpos doch noch irgendwann von einem entsprechend phallisch ausgestatteten Objekt »eröffnet« werden möge – wenn nötig mit Gewalt. Wenn wir den femininen Masochismus von Männern in diesem Sinne verstehen, ginge es weniger um die Befriedigung eines masochistischen (Partial-)Triebes, sondern um das Primat einer nicht-sexuellen Funktion, die *unbewusste* Erfüllung des Kolposwunsches. Das phallisch ausgestattete Objekt dieses Wunsches wäre bei feminin masochistischen Männern die mit Bleistiftabsätzen, Peitschen und anderen phallischen Symbolen ausgestattete Domina, deren Quälereien und Demütigungen den Verschiebungsersatz für die anatomisch unmögliche Eröffnung des Kolpos darstellen.[87] Das wäre nicht die Triebbefriedigung selber, sondern die Voraussetzung für eine phantasmatisch möglich gewordene *feminine* sexuelle Triebbefriedigung.

Beim *moralischen Masochismus* handelt es sich nicht um etwas manifest Sexuelles. Er entsteht wahrscheinlich am häufigsten als neurotischer Ausgang des Ödipuskomplexes, was zunächst nichts mit der Partialtriebtheorie zu tun hat. Ich gehe aber davon aus, dass doch häufig auch der Mechanismus eines latenten Masochismus mehr oder weniger stark mitwirkt, der auf den rechten Ast meiner Grafik und als das Symptom eines in sexualisiertem Zustand verdrängten masochistischen Partialtriebes verstanden werden kann, also als »Negativ der masochistischen erwachsenen Sexualorganisation«. Selbstverständlich kann sich der latente (Sado-)Masochismus auch in anderer Form äußern, z. B. als schwere Aggressionshemmung, als typische Beziehungsstörung sogenannt sadomasochistischer Paare oder in Form von Ängsten, die sich wie Kastrationsängste anfühlen. Beispiele

---

[87] Das heißt nicht, dass alle Domina-Kunden dem femininen Masochismus zuzuordnen wären. Auch Männer mit einer (sado-)masochistischen Sexualorganisation können dort womöglich ihren »erogenen Masochismus« unter dem Primat der Triebbefriedigung ausleben. Von außen betrachtet unterscheidet sich perverses und nichtperverses Sexualverhalten oft nur wenig oder gar nicht voneinander. Eine Zuordnung ist dann nur durch vertiefte Exploration oder im Rahmen eines psychoanalytischen Prozesses zu leisten.

6.5 Illustration an Freuds drei Formen des Masochismus

dafür erwähne ich in Kapitel 7, insbesondere auch mit Bezug auf Sándor Radó's (1934) *Die Kastrationsangst des Weibes*. Freuds Einteilung kann also als Paradebeispiel zur Unterstützung meines Modells zur Sexualität und teilweise zu seiner Anwendung auf Freuds Partialtriebmodell verstanden werden. Den drei Formen bei Freud füge ich noch eine vierte hinzu: den Masochismus respektive Sadismus, wie er sich *nach erfolgreicher Desexualisierung* des entsprechenden Partialtriebs manifestiert. Er kann den entsprechenden *nicht-sexuellen* Aktivitäten eine besondere libidinöse Färbung geben, sodass sie Spaß machen und die Leistungsfähigkeit dabei erhöhen. So kann sich ein Bergsteiger auf die höchsten Gipfel *quälen*, dabei neben der Anstrengung eine desexualisierte *masochistische* Funktionslust erleben und schließlich beim Gipfel der Freude und des Triumphes ankommen und dadurch eine desexualisierte Befriedigung finden. Ein Strafverteidiger kann sich mit desexualisierter *sadistischer* Lust auf einen scharfen Staatsanwalt einschießen und daher sein Plädoyer umso kompetenter vorbereiten und sich am Schluss befriedigt und konfliktfrei freuen, wenn es ihm gelungen ist, einen Angeklagten rauszuhauen, sodass der Staatsanwalt sich so richtig ärgern muss. Genau diese desexualisierten Befriedigungen sind Menschen verwehrt, die an latentem Masochismus resp. latentem Sadismus leiden – oder an latentem Sadomasochismus, da beides in der Regel zusammen geht –, die entsprechenden Tätigkeiten sind blockiert oder nur unter großem Energieaufwand möglich.

So sehr mir Freuds Unterscheidung von erogenem, femininem und moralischem Masochismus einleuchtet: Seinem Bemühen darum, dem Sadomasochismus eine Sonderstellung gegenüber allen anderen erwachsenen Sexualorganisationen einzuräumen, kann ich nicht folgen. Freud tat dies denn auch nicht aus konsistenten partialtriebtheoretischen Überlegungen heraus, sondern um sein Todestriebkonzept zu legitimieren.[88] Ich ziehe es vor, das Quälen und Gequältwerden bei der sadomasochistischen Sexualorganisation in gleicher Weise als spezifische Bedingung für die libidinöse Triebbefriedigung aufzufassen wie das Zeigen beim Exhibitionismus, das

---

88 Die Todestriebhypothese hatte Freud in *Jenseits des Lustprinzips* (Freud 1920g) eingeführt und in *Das Ich und das Es* (Freud 1923b) weiterentwickelt, aber er hatte sie dort immer sehr vorsichtig formuliert und als spekulativ gekennzeichnet. In »Das ökonomische Problem des Masochismus« (1924c) ist nichts mehr von dieser Vorsicht zu erkennen. Vielmehr scheint hier das Feld gefunden, auf dem Freud den Todestrieb als Faktum etablieren wollte.

Schauen beim Voyeurismus, das männliche, weibliche, kindliche oder unbelebte Objekt bei anderen erwachsenen Sexualorganisationen. Das ist, im Zusammenhang mit meiner Interpretation von Freuds Fotografie-Metapher, von großer praktischer Bedeutung. Nur so kann es einen »latenten Sadismus/Masochismus« geben, in Analogie zur »latenten Homosexualität«, was den entsprechenden therapeutischen Zugang eröffnet. Aus einer neurotischen Aggressionshemmung kann so ein Zugang zu einer Beimischung desexualisierter sadistischer Triebhaftigkeit bei nicht-sexuellen Aktivitäten eröffnet werden, wie ich es im letzten Absatz am Beispiel von Bergsteigern oder Strafverteidigern beschrieben habe.

6.6 Begriffsbestimmungen

Ich habe verschiedene Begriffe, die bei und seit Freud unterschiedlich verwendet werden, in einem spezifischen Sinn gebraucht, und fasse diese hier zusammen:

1. Der Begriff *Perversion* bezieht sich in Freuds Fotografie-Metapher inhaltlich auf das, was ich im ersten Teil des vorliegenden Buches als »*perverse« erwachsene Sexualorganisation* bezeichnet habe: also den Bereich der Sexualorganisationen, die umgangssprachlich als »pervers« bezeichnet werden, meinem Modell zufolge aber der Hetero- und der Homosexualität gleichgestellt werden müssen. Deshalb habe ich auch die »nicht-perversen« erwachsenen Sexualorganisationen eingeschlossen, also Homo- und Heterosexualität. Aus diesen Gründen ersetze ich Freuds Ausdruck »Perversion« an dieser Stelle durch *erwachsene Sexualorganisation*.
2. Freuds *polymorph perverse Anlage* habe ich dementsprechend durch *polymorphe Partialtriebanlage ersetzt*, weil ich – teilweise im Gegensatz zu Freud – auch Triebkomponenten, die sich auf das Objekt beziehen, als Partialtriebe definiert habe, insbesondere also hetero- und homosexuelle, die nicht als pervers bezeichnet werden können.
3. *Die* Neurose habe ich durch *bestimmte* Neurosen ersetzt, weil viele andere – gleichsam »gewöhnliche« – Neurosen auf einem Konflikt zwischen *lustvollen* statt unlusterzeugenden Triebkomponenten und Abwehrvorgängen des Ichs aufgebaut sind.
4. *Desexualisierung:* Angesichts dieses Begriffs muss zuerst die Bedeutung von *Sublimierung* geklärt werden: Freud (1905d) definiert den

Begriff der Sublimierung mit »Heranziehung der sexuellen Triebkräfte zu anderen als sexuellen Zielen« (S. 107). Nach meiner Lesart bezieht sich diese Definition auf bewusstseinsfähige, lusterzeugende Triebkräfte, die ihr Ziel ändern – womöglich ändern müssen. Die Sublimierung bewusstseinsfähiger »sexueller Triebkräfte« impliziert selbstverständlich auch ihre Desexualisierung. Der Begriff Desexualisierung trennt sich aber von dem der Sublimierung, wenn es um Triebregungen geht, die, wenn sie sexualisiert bleiben, »bei der Entwicklungsrichtung des Individuums nur Unlustempfindungen hervorrufen könnten«. Diese Triebregungen resp. die damit verbundenen »Vorgänge, Wünsche und Strebungen« fallen aus diesem Grund der Verdrängung anheim. »Diese also im Zustande des Unbewussten zurückgehaltenen Gedankenbildungen« (S. 63) können aber nachträglich der »Erledigung durch bewusstseinsfähige psychische Tätigkeit« zugeführt werden, entweder durch Therapie oder andere Formen der Bearbeitung, wodurch sie *desexualisiert* werden. Gelingt die Desexualisierung, ist das Resultat das Gleiche wie bei der Sublimierung: Die Triebregungen stehen dem nicht-sexuellen Erleben und damit verbundenen Aktivitäten zur Verfügung, geben ihnen eine bestimmte Färbung und Vitalität, »so dass eine nicht unerhebliche Steigerung der psychischen Leistungsfähigkeit [...] resultiert« (Freud 1905d, S. 140).

5. *Erotisierung:* Die durch Sublimierung bzw. Desexualisierung ermöglichte Leistungssteigerung oder auch Bevorzugung bestimmter Tätigkeiten – z. B. Forschungstätigkeit als Umsetzung voyeuristischer oder Vortragstätigkeit als Umsetzung exhibitionistischer Tendenzen – kann unauffällig und dem Subjekt nicht bewusst, sondern vorbewusst sein. Diese Leistungssteigerung kann aber auch einen offensichtlich libidinösen Charakter und eine entsprechende Intensität haben. Dies bezeichne ich als Erotisierung eines nicht-sexuellen Erlebens und Handelns. Im Gegensatz zur – unbewussten – Sexualisierung, welche die Leistungsfähigkeit bei der Ausübung der entsprechenden nicht-sexuellen Aktivitäten beeinträchtigt, wird sie durch die – bewusste resp. vorbewusste – Erotisierung gesteigert.

6. *Sexualisierung:* Soweit Sexualisierung *bewusst* erlebt wird oder zumindest *bewusstseinsfähig* ist, kennzeichnet sie die Partialtriebe, die in der erwachsenen Sexualorganisation das Primat haben und die erwachsene Sexualorganisation bestimmen. Bewusste Sexualisie-

rung kann auch mit Partialtrieben verbunden sein, die in bewusste sexuelle Fantasien und Aktivitäten – z. B. als Vorlust – eingehen und so das sexuelle Erleben erweitern. Demgegenüber erzeugen Sexualisierungen, die mit anderen Partialtrieben verbunden sind, Unlust. Diese müssen deshalb verdrängt werden. Dadurch entstehen *unbewusste Sexualisierungen*, welche die Ausübung derjenigen nicht-sexuellen Funktionen beeinträchtigen, die damit in assoziativem Zusammenhang stehen.

6.7 Morgenthalers Dialektik zwischen »dem Sexuellen« und der »Organisierten Sexualität«

Morgenthaler (2004a [1984]) hatte diese Dialektik eingeführt, weil er betonen wollte, dass das erwachsene sexuelle Verhalten *durch das Ich* hoch strukturiert, also organisiert ist, aber selbstverständlich nur einen Teil unserer libidinösen Triebhaftigkeit ausmacht. Der andere Teil sind weniger strukturierte Triebregungen aus dem Es, die – wie gesagt – allen menschlichen Aktivitäten Lebendigkeit und Farbe geben können. Meines Erachtens hat er damit Freuds Begriff »erweiterte Sexualität« dialektisch gefasst, als widersprüchliche Einheit, als dynamisches Geschehen zwischen Es und Ich. Meiner Meinung nach können sich Morgenthalers Modell und mein modifiziertes Partialtriebmodell für ihr jeweiliges Verständnis gegenseitig unterstützen. Deshalb versuche ich nun, Morgenthalers Dialektik mit dem Kürzel FMo in Grafik 7 einzufügen.

Die eine Seite dieser Dialektik, *Das Sexuelle*, definiert Morgenthaler (2004a [1984]) wie folgt:

> »Sprechen wir vom Sexuellen, im Gegensatz zur organisierten Sexualität, so meinen wir damit die Triebhaftigkeit des im Es, also ein energetisches Potential, das dem Erleben ganz allgemein etwas Dranghaftes verleiht. [...] Die triebhafte Bewegung des Primärprozesses schwingt mit seinem emotionalen Gehalt in allem mit, was wir tun, in jeder Geste, in jedem Gedanken, in allem, was wir vermitteln und was wir erleben. Das lässt uns lebendig erscheinen« (S. 142 [138f.]).

Das Sexuelle bezeichnet die *primärprozesshafte, ungerichtete Triebhaftigkeit aus dem Es* – eine *nicht auf bestimmte Sexualziele* gerichtete Triebhaftigkeit.

6.7 Morgenthalers Dialektik zwischen »dem Sexuellen« und der »Organisierten Sexualität«

Diese Art von Triebhaftigkeit kennzeichnet vor allem unsere nicht-sexuellen Lebensäußerungen ganz allgemein, im Speziellen aber auch das Resultat einer gelungenen Desexualisierung. Deshalb ist sie auf dem rechten Ast der Grafik 7 eingezeichnet. Anders die *organisierte Sexualität*: Sie ist das, was der *Sekundärprozess* aus den *ungerichteten* Triebregungen gemacht hat. Die Triebe durchlaufen die bekannten Entwicklungsstufen der infantilen Sexualorganisation und werden dadurch auf ein festgelegtes Sexualziel *gerichtet*. Jede sexuelle Aktivität ist etwas hoch Organisiertes, von der Planung bis zum Vollzug. Die organisierte Sexualität »ist das unausweichliche Ergebnis der Libido- und Ich-Entwicklung« (ebd., S. 151 [147]). Sie ist auf der linken Seite der Grafik 7 eingezeichnet.

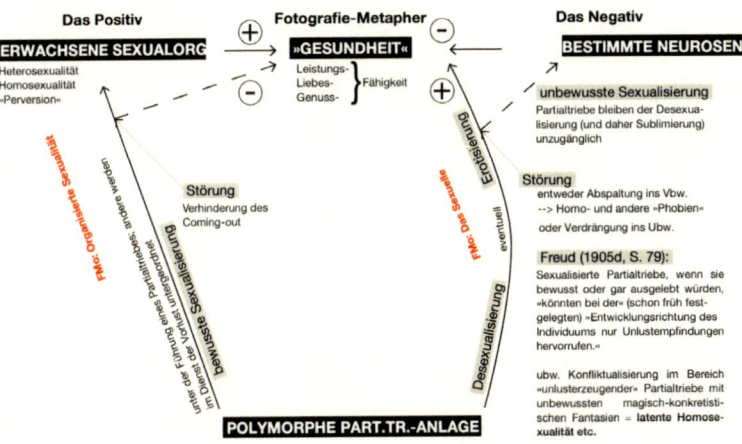

Grafik 7: Integration von Morgenthalers Dialektik in die Fotografie-Metapher
(© Ralf Binswanger)

Ich beschreibe die Grafik nun nochmals mit den Ergänzungen, welche die Integration der Dialektik Morgenthalers mit sich bringt: Auf dem linken Ast geht es also *hauptsächlich* darum, dass sich die Partialtriebe gemäß dem Sekundärprozess *organisieren*, und zwar auf *zweifache Weise*:
1. Bezüglich sich selbst: Sie fixieren sich, fester oder auch weniger fest, bezüglich Quelle, Objekt und Ziel.
2. Bezüglich der anderen Partialtriebe: Die einen übernehmen die Führung, die anderen ordnen sich in verschiedener Weise unter. Ein Teil von ihnen bleibt der erwachsenen Sexualität erhalten zur Bereicherung der Sexualität vor allem in der Vorlust.

In Liebesbeziehungen soll und kann ein Teil der Triebhaftigkeit weiterhin dem Primärprozess unterstellt bleiben. Morgenthaler formulierte das wie folgt:

»Es gibt keine Liebesbeziehung ohne Abhängigkeit vom Partner. Die Abhängigkeit ist die Voraussetzung für eine Regression, die die Ich-Organisation auflockert. Dadurch werden Triebregungen aus dem Es wieder zugelassen, die zuvor der Sexualität nicht zukommen konnten, weil die Vorgänge des Sekundärprozesses die ungerichteten, primärprozesshaften Regungen abgedrosselt hatten« (ebd., S. 159 [155]).

Kann »das Sexuelle« – die ungerichteten Triebregungen aus dem Es – also in Liebesbeziehungen wieder zugelassen werden, verleiht das auch den sexuellen Aktivitäten Farbigkeit und Lebendigkeit.

Auf dem rechten Ast von Grafik 7 geht es *hauptsächlich* um Partialtriebe, die »bei der Entwicklungsrichtung des Individuums nur Unlustempfindungen hervorrufen könnten« (Freud 1905d, S. 79 Mitte [35]). Im ungünstigen Fall werden sie im infantil sexualisierten Zustand verdrängt und sind dann Grundlage der »latenten« neurotischen Syndrome. Im günstigen Fall können sie sich dem organisierenden Einfluss des Sekundärprozesses *entziehen* – entweder von Anfang an, oder mithilfe von Entwicklungsprozessen, die ihre sekundärprozesshafte Organisiertheit wieder rückgängig machen. Dadurch verlieren diese Triebkomponenten ihre unlusterzeugende Eigenschaft. Sie können Teil des »Sexuellen« werden und dadurch in allen unseren nicht-sexuellen Aktivitäten mitschwingen.

So können wir, mit etwas anderen Worten, erneut und ergänzend bestimmen, was mit dem Begriff *Desexualisierung* gemeint ist: der Vorgang, welcher die schon früh ein Stück weit durch den Sekundärprozess organisierten und gebahnten Triebkomponenten *desorganisiert*, also wieder unter das Primat des Primärprozesses stellt. Anstelle der bereits erfolgten Bahnung auf ein festgelegtes – wenn auch als aversiv empfundenes – Sexualziel werden diese Triebkomponenten gleichsam frei beweglich, was ihnen erlaubt, sich an nicht-sexuelle Aktivitäten zu heften und ihnen eine spezielle Färbung zu geben.

6.8 Die Umgangssprache verführt zu Missverständnissen

Meine bisherigen Ausführungen können vielleicht erklären, warum viele von uns die Triebtheorie schwer nachvollziehen können. Unter einem sexuellen Trieb stellen wir uns von der *Umgangssprache* her etwas Lusterzeugendes vor, das zur Befriedigung führt. Daraus entsteht das gängige Missverständnis bezüglich der Triebtheorie, dass sie sich auf Begehrenswertes beziehe, weshalb *Trieb* durch *Begehren* ersetzt werden könne.

Sexuelle Triebkomponenten, die »bei der Entwicklungsrichtung des Individuums nur Unlustempfindungen hervorrufen könnten«, erzeugen aber das Gegenteil von Lust und Befriedigung. Trotzdem sind sie genuin triebhafter Natur. Um das nachvollziehen zu können, muss vom umgangssprachlichen Verständnis des Triebbegriffs abstrahiert werden.

Etwas Ähnliches passiert, wenn wir umgangssprachlich z. B. von »sadomasochistischen Paaren« sprechen, wie sie etwa in Edward Albees *Wer hat Angst vor Virginia Woolf?* (2009 [1962]) dargestellt werden.[89] Bei diesen Paaren liegt in der Regel keine sadomasochistische Sexualorganisation vor, sondern das neurotische Syndrom eines latenten Sadomasochismus. Sie sind *getrieben*, sich immer wieder bis aufs Blut zu streiten, mit dem »Erfolg« schwerer Verzweiflung und Unlust.

Meines Erachtens sind aversiv erlebte Partialtriebe respektive ihre Abkömmlinge nicht nur im Bewussten, sondern *auch im Unbewussten nicht lustvoll*, solange sie sexualisiert bleiben. Sie drängen nicht deshalb ins Bewusstsein, weil sie »eigentlich doch« nach Befriedigung streben, beispielsweise nach sexueller sado-masochistischer Aktivität. Es ist nicht so, dass Betroffene das »eigentlich doch wollen«, wie immer wieder gesagt wird. Aversiv erlebte Partialtriebe drängen ins Bewusstsein, weil sie »unfinished business« haben – eben das »business« der Desexualisierung. Erst wenn diese gelingt, können die entsprechenden Partialtriebe zu einer Befriedi-

---

89 Durch das ganze Stück hindurch plagen sich die Protagonisten George und Martha bis aufs Blut – respektive, wie George einmal sagt: »Wir geben keine Ruhe, bis wir die ganze Haut abgekratzt haben, alle drei Schichten ... Und wenn wir auch noch durch die Sehnen und durch die Muskelstränge durch sind ... und durch alle Innereien [...] und wenn wir dann auf die Knochen stoßen [...] so sind wir noch immer nicht am Ziel. In den Knochen gibt es Mark ... Das Mark in den Knochen: das ist unser Ziel!« (Albee 2009 [1962], S. 127). George wird am Ende des Stücks Marthas Mark treffen, wenn er dem – infolge der realen Kinderlosigkeit der Ehe – in einer gemeinsamen Fantasie konstruierten Sohn – vor den Gästen Putzi und Nick als Zeugen – gleichsam den Garaus macht. Nach meiner Interpretation gelingt ihm damit – unbewusst – die gemeinsame Desexualisierung der sadomasochistischen Partialtriebe, weshalb sich am Schluss des Stückes eine zärtliche Perspektive für das Paar auftut. Das ist selbstverständlich nur *eine* der möglichen Interpretationen von Albees Meisterwerk.

gung führen, nicht als Teil der »organisierten Sexualität«, sondern im Sinn des »Sexuellen« nach Morgenthaler oder einer »Erweiterung« der Sexualität nach Freud.

6.9 Vier Ebenen der Argumentation

Bereits in der Einleitung zum zweiten Teil des vorliegenden Buches hatte ich angekündigt, dass sich durch die Anwendung meines Modells zur Sexualität auf Freuds Partialtriebtheorie vier parallele Argumentationsebenen ergeben werden, in denen wir eine analoge Reihe »gleichberechtigter« Phänomene ausmachen können:
1. die verschiedenen »gleichberechtigten« erwachsenen Sexualorganisationen *(Sexualität per se)*
2. die »gleichberechtigten« Partialtriebe, unter deren Primat die Sexualorganisationen entstanden sind
3. die »gleichberechtigten« »Negative« der Sexualorganisation, die aus den in der jeweiligen Sexualorganisation nicht-verwendbaren Partialtrieben entstehen können: latente Homo- und Heterosexualität, latenter Sadomasochismus, neurotische Exhibitions- und Neugierhemmung u. a. Sie sind durch Partialtriebe verursacht, die in sexualisiertem Zustand verdrängt wurden
4. die »gleichberechtigten« Abwehrreaktionen gegenüber Menschen mit Sexualorganisationen, die nicht der eigenen entsprechen und die man üblicherweise »Phobien« nennt: Homophobie bei der Heterosexualität sowie die ihr analogen Abwehrreaktionen bei allen anderen erwachsenen Sexualorganisationen

Nicht alle diese Phänomene sind in der Psychoanalyse und den Sexualwissenschaften explizit ausgearbeitet, soweit sie überhaupt je thematisiert wurden. Auch hier muss teilweise die Spekulation – vgl. dazu meine Ausführungen in Kapitel 3.2.5, S. 83ff. – das explizite Wissen ersetzen. Jedenfalls wirken diese vier Ebenen unterstützend und ergänzend aufeinander ein. Auf der ersten Ebene legt es die Existenz von Sexualorganisationen, die nach ihren Objekten benannt sind, nahe, auf der zweiten Ebene auch objektbezogene Partialtriebe anzuerkennen. Diese Ableitung (von der ersten auf die zweite Ebene) wird auch durch die dritte Ebene unterstützt, auf der wir es mit der latenten Homosexualität zu tun haben. Auch diese dritte

Ebene legt nahe, dass es objektbezogene Partialtriebe gibt. Die Ebenen 1 und 2 bestimmen dann auch, welche Entsprechungen es zur latenten Homosexualität auf Ebene 3 geben muss und gibt: die latente Heterosexualität bei Homosexualität und anderen erwachsenen Sexualorganisationen, den latenten Sadomasochismus, der vor allem in Form neurotischer Aggressionshemmungen auftritt, den latenten Exhibitionismus als Zeige- und den latenten Voyeurismus als Neugierhemmung und viele andere. Dem Prototyp »Homophobie« auf der vierten Ebene entsprechen – gemäß Ableitung von der dritten Ebene – Abwehrreaktionen, die jeweils andere erwachsene Sexualorganisationen betreffen. Bei den Ebenen 3 und 4 wirken die anderen Ebenen auch ergänzend ein, da nicht alle der genannten neurotischen Syndrome respektive »Phobien« häufig thematisiert und untersucht wurden und deshalb nicht in den Sprachgebrauch eingegangen sind. Vielleicht bewirken meine Ausführungen mehr forschende Aufmerksamkeit für diese möglichen neurotischen Syndrome und »Phobien«. Beim Reden über Trieb wäre es von Vorteil, immer explizit zu machen, auf welcher dieser vier Ebenen argumentiert wird.

Die vier Ebenen leiten sich vom Gesichtspunkt *Sexualität per se* ab – beim Reden über Sexualität kommt die *Sexualität in actu* noch dazu. Wenn wir zum Beispiel das Wort »sadomasochistisch« benutzen, sollten wir in jedem Fall klären, ob wir von einer sadomasochistischen Sexualorganisation *per se* sprechen – Ebene 1 – oder von einem masochistischen Sexualverhalten, bei dem eine nicht-sexuelle Funktion, z. B. feminine Wünsche, das Primat hat – *Sexualität in actu*. Oder thematisieren wir einen sadomasochistischen Partialtrieb innerhalb der infantilen Sexualität – Ebene 2? Oder meinen wir Ebene 3, also einen latenten Masochismus, wie er sich etwa in einer »sadomasochistischen« Paarbeziehung darstellt? Das wäre kein manifestes masochistisches Sexualverhalten, sondern eine bestimmte Neurose als Ausdruck eines in sexualisiertem Zustand verdrängten masochistischen Partialtriebes. Oder meinen wir einen »moralischen Masochismus«? Dies hätte ebenfalls nichts mit manifester Sexualität zu tun, sondern mit einer »gewöhnlichen« neurotischen Entwicklung. Oder meinen wir rein umgangssprachlich das »sadistische« Über-Ich eines Patienten, ohne dass wir damit einen Bezug zu einem entsprechenden Partialtrieb herstellen? Oder so etwas wie Sadophobie oder Masophobie in Analogie zur Homophobie bei Erwachsenen – Ebene 4? Oder meinen wir – im günstigen Gegenteil – desexualisierte sadistische respektive masochistische Färbungen, die uns bei der Ausübung nicht-sexueller Funktionen einen konstruktiven Umgang mit aktiven oder passiven Aggressionen ermöglichen? Analoge Unterscheidungen wären bei jeder anderen Triebrichtung in gleicher Weise zu treffen. Auf diese Weise könnten wir dem Desiderat »Mehr Klarheit beim Reden über Trieb« näher kommen.

7 Zur Analyse und Therapie bestimmter Neurosen

In diesem Kapitel werde ich den rechten Ast der Grafiken zu Freuds Partialtriebtheorie vertieft beleuchten, indem ich zunächst Beispiele aus der psychoanalytischen Literatur heranziehe. Dies werde ich mit allgemeinen Fragen der psychoanalytischen/psychotherapeutischen Praxis verbinden. Diese Praxis soll sich ja dazu eignen, zur Desexualisierung verdrängter Partialtriebe und ihrer Abkömmlinge beizutragen.

7.1 Illustrationen unter Beizug psychoanalytischer Literatur

7.1.1 Eva Poluda

Poluda (1993, 2001) beschreibt unter dem Stichwort *lesbischer Komplex* den frühen Ödipuskomplex von Mädchen »als Basis der Weiblichkeit, [...] den das Mädchen in der gleichgeschlechtlichen Position betritt« (2001, S. 28). Als »lesbisch« bezeichnet sie diesen Komplex, um dabei das Triebhafte speziell herauszustreichen. Die Primärbeziehung zur Mutter sei »noch nicht genital organisiert« und trotzdem »von einer umfassenden Leidenschaftlichkeit« (ebd., S. 29). Gelingt es der Mutter, sich auf diese kindliche Leidenschaftlichkeit einzulassen und darauf *zielgehemmt* (Freud 1920g, S. 123, 1923a [1922]), S. 232) zu *reagieren*, schafft sie die Voraussetzung für eine lustvolle Beziehung des – später meist heterosexuellen – Mädchens zu seinem Körper und zu seiner Weiblichkeit. Die kleine Tochter kann sich bei der Verarbeitung des reifen Ödipuskomplexes bei der Mutter – wie Poluda sich ausdrückt – eine »homosexuelle Rückversicherung« holen, ein Resultat der Sublimierung der ersten Frauenliebe.[90] Dies gibt der heranwachsenden Heterosexuellen eine Sicherheit, vor allem im Umgang mit Männern.

Gemäß meiner Interpretation braucht es bei der – hier als heterosexuell angenommenen – Mutter eine gelungene Desexualisierung ihres eigenen homosexuellen Partialtriebes. Ist dies nicht der Fall, d. h. liegt bei der Mutter ein neurotisches Syndrom vor, welches dem Negativ einer lesbischen erwachsenen Sexualorganisation entspricht, dann wird die frühe gleichgeschlechtliche Leidenschaftlichkeit des Mädchens bei der Mutter verdrängte, sexualisiert gebliebene homosexuelle Triebregungen mobilisieren, die ins Bewusstsein drängen und dort »bei der Entwicklungsrichtung« der heterosexuellen Mutter »nur Unlustempfindungen hervorrufen können«. Diese Unlustempfindungen wiederum können Abwehrreaktionen der Mutter auslösen, die sich zwangsläufig gegen die Leidenschaftlichkeit ihres Töchterleins richten und dadurch dessen emotionale Weiterentwicklung behindern. Diese Abwehrreaktionen können zu allgemeinen Unsicherheiten in der Bindungsfähigkeit des Mädchens führen. Im Besonderen vermitteln derartige mütterliche Abwehrreaktionen Botschaften an das Mädchen, wonach seine weibliche Triebhaftigkeit gefährlich sei und die Beziehung zur Mutter gefährde. Es wird lernen, die liebende Leidenschaftlichkeit für die Mutter zu hemmen oder zu unterdrücken. Die mütterliche *Neurose als Negativ der lesbischen erwachsenen Sexualorganisation* überträgt sich dadurch womöglich auf die Tochter.[91]

Zusammenfassend lese ich Poluda so: Der lesbische Komplex ist der negative Ödipuskomplex des prä-heterosexuellen Mädchens. Bei einer unneurotischen Mutter kann ihn die Tochter so überwinden, dass ihre Heterosexualität gestärkt wird. Leidet die Mutter am neurotischen Syndrom einer latenten Homosexualität, also an einem im sexualisierten Zustand verdrängten lesbischen Partialtrieb, besteht die Gefahr, dass die Tochter ihren negativen Ödipuskomplex = ihren lesbischen Komplex ebenfalls nur neurotisch verarbeiten kann. Begibt sich die Tochter später in eine psychoanalytische Therapie, kommt es darauf an, dass der*die Analytiker*in nicht

---

90 Ich danke Eva Poluda-Korte für ihre freundlichen telefonischen Präzisierungen.
91 Wäre die Mutter lesbisch, hätten allfällige Abwehrreaktionen gegenüber der Tochter andere Quellen: Die Wahrnehmung einer von der Tochter ausgehenden Triebgefahr müsste dann vom Über-Ich her abgewehrt werden. Das wäre nicht eine der »bestimmten Neurosen«, von denen hier die Rede ist, sondern gleichsam eine »gewöhnliche«.

mit derselben Abwehr auf das emotionale Angebot der Analysandin reagiert wie einst die Mutter. Nur dadurch kann der neurotische Ausgang des lesbischen Komplexes einer analytischen Bearbeitung zugänglich werden.

7.1.2 Anna Koellreuter

Bei einer erwachsenen Analysandin von Koellreuter (2000) vermute ich analoge Mechanismen zwischen ihr und der Autorin. Diese schildert die Situation wie folgt:

> »Vor Jahren führte ich Abklärungsgespräche mit einer Frau. [...] Am Ende der ersten Gesprächsstunde [...] sagte sie, sie käme unter folgenden zwei Bedingungen zu mir in Analyse: Erstens wolle sie, dass wir uns ›du‹ sagen [...]. Die zweite Bedingung sei, dass ich sie als Lesbe akzeptieren müsse. Ich antwortete ihr, das Duzen käme für mich nicht in Frage [...]. Mit dem zweiten, sie als Lesbe zu akzeptieren, damit hätte ich keine Probleme. [...] Ich spürte ein diffuses Gefühl von Unbehagen [...] Wir begannen die Analyse.
>
> Die erste Zeit war gefüllt mit ihren aktuellen Problemen: Beziehungsschwierigkeiten und Ablösung von ihrer Lebenspartnerin, Arbeitssuche und Antritt der neuen Arbeitsstelle, ihr Coming-out in der Familie mit all den damit verbundenen Problemen usw. Geprägt war diese Zeit auch von depressiven Verstimmungen, Antriebslosigkeit, Lebenssinnfragen und ihrer unsicheren Identität.
>
> Meinerseits empfand ich zunehmende Lähmung und Stagnation in den Stunden, obwohl sie und ihre Geschichten mich interessierten und ich den gegenseitigen Zugang deutlich wahrnahm« (ebd., S. 136f.).

Koellreuter ist die Lähmung und Stagnation also auf unangenehme Weise bewusst. Fürchtet sie, ihre Analysandin könnte sie gleichgeschlechtlich verführen und dergestalt Gegenübertragungsreaktionen auslösen, die sie bei der analytischen Arbeit behindern würden? Schauen wir weiter:

> »Nach etlichen Monaten kam in der Kontrollanalyse [...] plötzlich die erste Stunde zur Sprache: Die beiden Bedingungen der Analysandin und meine Reaktion darauf.
>
> Mir wurde dabei klar, dass meine Ablehnung, einander ›du‹ zu sagen, es ihr möglich machte, die Analyse bei mir zu beginnen. Denn, wie sich später

herausstellte, war das »du« mit der ersten Therapeutin mit ein Grund, warum die Therapie misslang. Andererseits war möglicherweise mein nicht hinterfragtes Akzeptieren von ihr als Lesbe der Grund für die Stagnation. [...] Warum habe ich ihr nicht sagen können: ›Wir machen eine Analyse. Ob Sie Lesbe sind oder nicht, spielt im Moment keine Rolle. Der Ausgang ist offen‹? Ich ertappte mich auch dabei, dass ich ab und zu dachte: Vielleicht ist sie doch keine Lesbe? In meiner Gegenübertragungsanalyse wurde mir meine Angst vor möglichen Liebesangeboten bewusst« (ebd., S. 137).

Das Zurückkommen auf die Bedingung ermöglichte bei beiden Partnerinnen die Deblockierung und zusätzlich die konstruktive Freisetzung von Aggression:

»Nach dieser denkwürdigen Kontrollstunde nahm ich den erstmöglichen Moment wahr, um ihr zu sagen: ›Sie möchten mir seit der ersten Stunde beweisen, dass Sie eine überzeugte Lesbe sind, aber eigentlich spielt es für mich keine Rolle, ob Sie Lesbe oder Hetera sind. Wir machen zusammen eine Analyse, und darin ist offen, was geschieht‹. Anschließend entstand eine heftige Diskussion über die Abwertung der Lesben durch die Heteras, wie ich eben eine war – aber in der Folge löste sich die Sprachlosigkeit langsam auf« (ebd., S. 138).

Natürlich kann ich nicht wissen, welche Motive bei der Analytikerin vorlagen. Zwar wurde ihr ihre »Angst vor möglichen Liebesangeboten bewusst«, aber ob es eine Angst vor Verführung war oder etwas anderes, schreibt sie nicht explizit. Aus rein »didaktischen« Gründen spekuliere ich etwas anderes: Die Autorin stellt sich in die Reihe der »Heteras, wie ich eben eine war«, und sie »ertappt« sich auch dabei, dass sie »ab und zu dachte: Vielleicht ist sie doch keine Lesbe?«, denn wenn sie eine Lesbe ist, könnte eine Verführung durch sie verdrängte, sexualisiert gebliebene homosexuelle Triebregungen mobilisieren, welche ins Bewusstsein drängen und dort »bei der Entwicklungsrichtung« der heterosexuellen Analytikerin »nur Unlustempfindungen hervorrufen könnten«. Das wäre dann, wie es bei Heterosexuellen mehr oder weniger ubiquitär vorkommt, ein bisschen Lärm um sehr wenig Homosexualität (frei nach Morgenthaler).

Was aber war das unbewusste Motiv der Analysandin, von Anfang an die zweite Bedingung zu stellen? Ich spekuliere im Sinn meines Modells: Die unbewusste Angst, dass die Identifikation mit einer als heterosexuell erlebten Frau abgewehrte *heterosexuelle* Triebbesetzungen mobilisiert hätte, die – ich wiederhole – bei der schon festgelegten – nämlich lesbischen – sexuellen »Entwicklungsrichtung des Individuums nur Unlustempfindungen hervorrufen könnten«. Das Motiv wäre also einer *latenten Heterosexualität* bei einer eindeutig lesbischen Frau geschuldet – also einem im sexualisierten Zustand verdrängten, weil unbrauchbar gewordenen heterosexuellen Partialtrieb.

7.1.3 Günter Holler

Holler (2023, S. 396) stellt dem »lesbischen Komplex« heterosexueller Mütter und Töchter einen »schwulen Komplex« gegenüber, der sich regelhaft zwischen heterosexuellen Vätern und prähomosexuellen Söhnen entwickelt. Er stützt sich dabei auf Richard A. Isay (1990, S. 38, 41ff.), der davon ausgehe, dass

> »der proto-homosexuelle Junge schon mit einem biologisch vorgegebenen gleichgeschlechtlichen Begehren in die ödipale Phase eintritt. Irritation, Unverständnis und Ablehnung des Vaters auf das Begehren des (proto-)homosexuellen Jungen bilden das Fundament für das Selbstverständnis und die Beziehungsschwierigkeiten des schwulen Mannes« (Holler, 2023, S. 382).

Der »schwule Komplex« bestünde dann sinngemäß darin, dass »die zentrale, leidenschaftliche Phase der begehrlichen Liebe des schwulen Mannes« (ebd., S. 396) beim Vater auf eine neurotische Abwehr stieße.[92]

Das ist meines Erachtens insbesondere dann der Fall, wenn der prähomosexuelle Junge mit seiner leidenschaftlichen Liebe zum Vater auf dessen

---

92 Vgl. dazu auch Dannecker (2007 [1996], S. 62): »Reagieren die Väter und mit ihnen all die anderen, die unter der Herrschaft der patriarchalen Kultur stehen, auf das als ein Stück Weiblichkeit erscheinende frühe Zeichen der Homosexualität mit Geringschätzung, Erniedrigung und Verspottung, wird es dem Homosexuellen im Coming-out und auch später noch schwer fallen, seine Homosexualität ohne größere Konflikte anzunehmen und als einen wertvollen Teil von sich zu betrachten. […] Reagieren die Väter auf das in der ödipalen Phase auftretende homoerotische Verlangen und den mit diesem gepaarten Schuss Feminität mit offener Feindseligkeit und Aggressivität, was so selten nicht ist, kann es zu psychischen Störungen kommen, die dem Erscheinungsbild einer traumatischen Neurose gleichen.«

latente Homosexualität stößt und »bei der Entwicklungsrichtung« des heterosexuellen Vaters bei ihm »nur Unlustempfindungen hervorrufen« kann. Vielleicht stößt er aber auch auf eine Homophobie des Vaters. Holler geht nun aber weiter: Im Gegensatz zum proto-heterosexuellen Mädchen, das sich von der Mutter ab- und Männern zuwenden kann, befinde sich der schwule Junge in einer Sackgasse. »Er kann nicht ohne Folgen auf einen anderen Mann als den Vater ausweichen, da alle männlichen Objekte mit einem Tabu belegt sind. Schamgefühle und Selbstentwertung sind die Folgen« (ebd., S. 383).

Der »schwule Komplex« ist demnach nicht ein individuelles Schicksal bestimmter proto-homosexueller Jungen, wie es bei Poludas »lesbischem Komplex« bei heterosexuellen Mädchen der Fall ist, sondern ein ganz allgemeines Schicksal homosexuell werdender Jungen. Holler sieht darin aber explizit keine »Ursache« der Homosexualität per se, sondern eine Folge:

> »Unterschiede in dieser Entwicklung ergeben sich nicht aus der Genese der Homosexualität oder der Heterosexualität per se (Binswanger 2016, S. 6), sondern daraus, wie sich der proto-homosexuelle Junge im Spannungsfeld der sich entwickelnden eigenen Wünsche und Bedürfnisse und der auf ihn reagierenden Umwelt positionieren kann« (ebd., S. 379).

Ein anderes Beispiel: Wenn Psychoanalytiker*innen von einer *sadomasochistischen Beziehung* sprechen, müsste streng genommen eine Partnerschaft gemeint sein, in der sadomasochistische Sexualziele bei beiden Partner*innen das Primat hätten. Solche Paare gingen nicht »sadomasochistisch« (im umgangssprachlichen Sinn) miteinander um, sondern feinfühlig, weil sie genau unterscheiden würden, wann Äußerungen der Aversion oder ein »Nein« zur sexuellen Szene gehören und wann nicht. Üblicherweise ist damit aber *das Negativ der* sadomasochistischen erwachsenen Sexualorganisation gemeint, nämlich eine neurotische Beziehungsstruktur. Sie kann sehr stabil sein, in literarischer Darstellung auch faszinierend (*Wer hat Angst vor Virginia Woolf?;* vgl. Kapitel 6.8), aber die Unlust dominiert. Die Paare sind *getrieben*, außerhalb der Sexualität immer wieder die gleichen Inszenierungen miteinander zu wiederholen, obschon das Resultat dieses Triebes *immer nur Unlust* hervorrufen kann. Was sie treibt, ist der nicht desexualisierte, verdrängte sadomasochistische Partialtrieb (vgl. dazu Kapitel 6.8, insbesondere Fn. 89).

7.1.4 Sándor Radó

Eine alte Arbeit von Radó (1934)[93] trägt den heute peinlich wirkenden Titel *Die Kastrationsangst des Weibes*. Ausgangspunkt ist der Widerspruch zwischen den Auffassungen Freuds, gemäß denen Frauen gar keine Kastrationsängste haben könnten, weil sie ja schon kastriert wären, und der täglichen klinischen Beobachtung, dass Frauen häufig genau solche Ängste entwickeln. Radó benennt diesen Widerspruch und versucht, ihn wie folgt aufzulösen: Bei bestimmten Mädchen, bei denen die Entdeckung des Geschlechtsunterschiedes *in eine Phase starker kindlich masturbatorischer Aktivität fällt*, findet seiner Ansicht nach eine Verknüpfung von Schmerz, Kränkung und Demütigung, die sie bei dieser Entdeckung durchleben, mit klitoraler sexueller Lust statt. Diese Verknüpfung mobilisiert – nach meiner Interpretation – den masochistischen Partialtrieb. Die meisten Mädchen entwickeln aber keine masochistische erwachsene Sexualorganisation, weshalb die Mobilisierung dieser Partialtriebregungen ab einer bestimmten Stufe der Entwicklung »nur Unlustempfindungen hervorrufen kann« und deshalb vom Bewusstsein ferngehalten werden muss. Jede spätere reale oder auch nur mögliche Situation des *Vergleichs* mit Menschen, die generell als besser ausgestattet erlebt werden, aktualisiert die alte schmerzhafte, kränkende, erniedrigende oder demütigende Erfahrung. Als Abwehr dagegen mobilisiert das Ich massive Ängste, die sich manifest wie Kastrationsängste anfühlen. Meines Erachtens können auch depressive Einbrüche und andere psychische Symptome oder Verhaltensweisen die gleiche Funktion haben. Radó interpretiert die Kastrationsangst also als Abwehr einer als aversiv empfundenen masochistischen Triebgefahr, die gleichsam vergewaltigend und das Bewusstsein zu überfallen droht, also als latenten Masochismus.[94]

Das Konzept lässt sich auf bestimmte Männer übertragen. Nicht nur Mädchen machen ja eine *folgenschwere Entdeckung* (Freud 1925j), sondern

---

93 Bekanntlich hat sich Radó in den USA zum ausgeprägten Revisionisten der Freud'schen Psychoanalyse entwickelt (siehe dazu Tomlinson, 2008). Die hier besprochene Arbeit ist aber noch vor seiner Emigration verfasst worden. Die Triebtheorie wird darin nicht revidiert, sondern vertieft.

94 Radó war nicht der Meinung, wie es der Titel suggeriert, dass dies ein *allgemeines* Frauenschicksal wäre, sondern das *bestimmter* Frauen, die an einer neurotischen Konfliktverarbeitung leiden.

auch Knaben, nämlich wie klein und mangelhaft ihr Penis im Vergleich mit demjenigen erwachsener Männer ist. Der Vater ist ausgestattet für den Vollzug erwachsener Sexualität, der Junge nicht. Fällt diese Entdeckung in eine Zeit intensiver Masturbation, geschieht das gleiche wie bei bestimmten Mädchen anlässlich der Entdeckung des Geschlechtsunterschieds: Schmerz, Kränkung, Zurücksetzung legieren sich mit infantil-genitaler Lust, was den masochistischen Partialtrieb mobilisiert, der dann, weil nicht in die heterosexuelle Entwicklungslinie der meisten Jungen passend, im sexualisierten Zustand verdrängt wird.

7.2 Folgerungen für die psychotherapeutische Praxis

In diesem Kapitel geht es weiterhin um den rechten Ast der Grafiken zu Freuds Partialtriebtheorie (S. 156, 161 und 168). Welche Folgerungen für die psychoanalytische Technik resp. psychotherapeutische Praxis können daraus gezogen werden? Diese Technik soll sich ja dazu eignen, zur Desexualisierung unbewusster Partialtriebe und ihrer Abkömmlinge beizutragen.

Genau das leistet die konventionelle psychoanalytische Haltung, wonach Analytiker*innen »undurchsichtig für die Analysierten sein« sollen[95] (Freud 1912e, S. 384), dann nicht, wenn sich daraus – oft unbemerkt – eine Abwehrhaltung gegenüber den verschiedensten Triebregungen der Analysand*innen entwickelt. Denn es sind die *Reaktionen* der Analytiker*innen auf die verschiedenen manifesten oder latenten Triebregungen, die zu einer Neuerfahrung im Bereich alter Konfliktlösungsmuster führen und diese einer Bearbeitung zugänglich machen. Voraussetzung dafür ist natürlich, dass diese Reaktionen »zielgehemmt« bleiben, also weder direkt sexuell noch destruktiv ausfallen dürfen. Das ist die Bedingung dafür, dass wir auch Einfälle haben können, die uns in die Lage versetzen, Deutungen zu formulieren oder andere Interventionen zu machen, wie es z. B. Koellreuter in der zuvor zitierten Fallvignette gelungen ist. Was also von uns Analytiker*innen erwartet wird, ist die Fähigkeit zu derartigen Gefühlsreaktionen auf Triebäußerungen unserer Analysand*innen, wie sie unneurotischen Eltern und anderen Bezugspersonen auf Triebmanifesta-

---

95 Zur gängigen falschen Interpretation dieser Aussage Freuds vgl. Stone (1993 [1961], S. 21).

tionen ihrer Kinder intuitiv gelingt. Das habe ich bei der Darstellung von Poludas lesbischem Komplex schon zu zeigen versucht.

Ich kann hier die Argumente einer früheren Arbeit wieder aufnehmen, in der ich mögliche elterliche Reaktionen auf die *infantile Masturbation* aufgezählt habe (Binswanger 1996). Als »gesunde« Reaktion ist dort eine *irritierte* beschrieben: Die Eltern sind wohl mehr oder weniger peinlich berührt, aber ohne die Besetzung vom Kind abzuziehen. Als pathogen habe ich dem eine *entsetzte*, eine *liberale* (oder gleichgültig-unberührte) und eine *erotisierte* Reaktion gegenübergestellt. Was dort am Spezialfall der kindlichen Masturbation entwickelt wurde, lässt sich auf alle manifesten und latenten Triebäußerungen von Kindern und Adoleszenten sowie auf die möglichen Reaktionen von Erwachsenen darauf verallgemeinern und vor allem auch auf die psychoanalytische Situation übertragen. Ein entsprechendes Beispiel sehe ich – wie gesagt – in der in Kapitel 7.1.2 zitierten Fallvignette von Anna Koellreuter. Die schließliche Aufgabe ihrer Abwehrhaltung und die dadurch ermöglichte Intervention entspräche einer notwendigen und kunstgerechten psychoanalytischen Umsetzung einer irritierten Reaktion, zielgehemmt sowohl im libidinösen als auch aggressiven Bereich.

8 Zur Neuformulierung des Perversionsbegriffs

Dieses Kapitel vertieft den linken Ast der Partialtriebtheorie (Grafiken 4 und 5) und damit das, was Freud »Perversionen« nannte und was umgangssprachlich auch weiterhin so genannt wird. Dieser linke Ast ist zugleich die linke Seite des Sexualitätsmodells (Grafiken 1 und 2 in den Kapiteln 2 und 4), das ich zunächst anhand der kritischen Auseinandersetzung mit dem Perversionsbegriff, wie er auch innerhalb der verschiedenen Strömungen der Psychoanalyse gebräuchlich ist, entwickelt hatte. Ein erstes Resultat dieser Auseinandersetzung war die Einsicht, dass es sich bei dem, was Freud »das Positiv« nannte, nicht nur um »Perversionen« handeln kann, sondern dass darin auch Hetero- und Homosexualität einzuschließen sind, die als »normale« sexuelle Orientierungen aufgefasst werden. »Perversionen« und »sexuelle Orientierungen« habe ich dann unter dem Begriff *erwachsene Sexualorganisationen* subsumiert und dem Gesichtspunkt *Sexualität per se* zugeordnet. Der Begriff *erwachsene Sexualorganisation* hat den Vorteil, dass er Pathologisierungen und Stigmatisierungen ausschließt. Die Frage, ob etwas »gesund« oder »krank« ist, kann ausschließlich unter dem Gesichtspunkt *Sexualität in actu* beleuchtet werden. Unter diesem Gesichtspunkt können die *einzelnen sexuellen Aktivitäten* als dialektische Einheit sexueller und nicht-sexueller *Funktionen* aufgefasst werden. Als *pervers* kann eine sexuelle Aktivität nur dann bezeichnet werden, wenn eine oder mehrere nicht-sexuelle Funktionen das Primat über die libidinöse Triebbefriedigung haben. In der Regel kommen bei ein und demselben Menschen beide Arten – »perverse« und »nicht-perverse« – sexueller Aktivitäten vor, wenn auch in unterschiedlichen Häufigkeiten.

In Kapitel 8.1 zeige ich die Problematik des gebräuchlichen Perversionsbegriffs exemplarisch anhand einiger weniger Beispiele aus der psychoanalytischen Literatur auf. Kapitel 8.2 illustriert meine Verwendung des Begriffs *pervers* mit einem ausführlicheren kasuistischen Beispiel. Die besonderen Probleme und emotionalen Schwierigkeiten, die regelmäßig entstehen, wenn ich die homo- und die heterosexuelle Pädophilie in mein Modell einschließe, behandle ich in Kapitel 8.3.

8.1 Perversionskonzepte in der psychoanalytischen Literatur

Es erstaunt mich immer wieder, dass praktisch in allen Standardwerken der Psychoanalyse zu unserem Thema »die Perversion« als Einheitsbegriff verwendet wird. Das gilt für Stoller (1998 [1975]) ebenso wie für Glasser (2010), De Masi (2010, 2016), Benvenuto (2010) und viele Lacanianer*innen, und schließlich schreibt ja auch Freud, die Neurose sei sozusagen das Negativ *der Perversion* (1905d, S. 65).[96] Nobus (2006, S. 15) vermutet, dass es auch für Psychoanalytiker nicht einfach sei, die eigentlich geforderte wertfreie Haltung gegenüber »Perversionen« einzunehmen. Liegt es daran, dass sich diese Sprachverwirrung hartnäckig hält? Kommen auch wir nicht umhin, »die missliebigen erwachsenen Sexualorganisationen von den akzeptablen zu trennen und sie durch Ätiologisierungen zu pervertieren« (Werner Fessler, persönlicher Kommentar)?

Die folgende Darstellung einiger als »klassisch« rezipierten Beispiele aus der psychoanalytischen Literatur bringt nichts, was nicht schon in frü-

---

96 Auch in der neuesten Auflage von *Handbuch psychoanalytischer Grundbegriffe* (Hrsg. v. Mertens 2022) verwendet Berner »Perversion« als Einheitsbegriff. Darunter subsumiert er einerseits »die im DSM-5 beschriebenen Formen von Paraphiler Störung – Voyeuristische, Exhibitionistische, Froteuristische, sexuell Masochistische und Sadistische, Pädophile, Fetischistische, Transvestitische und andere Störungen, die Partnerinteressen nicht mehr berücksichtigen können«, andererseits das Ausagieren bestimmter Fantasien in Form von Pornografie. Erstere hätten psychodynamisch gesehen »fast immer eine Borderline-Persönlichkeitsstruktur im Hintergrund« (Berner 2022, S. 709). Die doppelte Verwendung des Perversionsbegriffs und die Unklarheit darüber, was als pathologisch aufgefasst werden soll und was nicht, bleiben so bestehen. Berner empfiehlt dann, den Perversionsbegriff nur dann in psychoanalytischem Kontext zu verwenden, wenn psychodynamisch eine Umkehr eines traumatischen Kindheitserlebnisses in einen Triumph nachgewiesen werden kann. Ohne es so zu nennen, thematisiert er hier offensichtlich eine perverse Form der *Sexualität in actu*, bei der eine nicht-sexuelle Funktion – die »Umkehrung eines traumatischen Kindheitserlebnisses in einen Triumph« – das Primat hat. Mit dem Wörtchen »nur« schließt er aber perverse sexuelle Aktivitäten aus, bei denen andere nicht-sexuelle Funktionen das Primat haben.

heren Kapiteln dieses Buches gesagt worden wäre. Sie soll lediglich noch einmal verdeutlichen, was mein Modell leistet: Einerseits zu zeigen, wie die doppelte Verwendung des Perversionsbegriffs Verwirrung stiftet, und andererseits, wie die Anwendung meines Modells auf die zitierten Texte deren Geltungsbereich zwar einschränkt, ihre Qualitäten aber deutlicher sichtbar macht.

8.1.1 Otto Fenichel

Ein klassisches Beispiel, an dem ich die Konsequenzen der fehlenden Unterscheidung zwischen *Sexualität per se* und *Sexualität in actu* beleuchten möchte, ist Fenichels (1983 [1945]) dreibändige Neurosenlehre. In Band II (S. 186–245) fasst der Autor zunächst Freuds Unterscheidung zwischen Perversionen und Neurosen aus den Vorlesungen wie folgt zusammen: »Personen, die auf sexuelle Frustration mit einer Regression zur infantilen Sexualität reagieren, sind pervers; Personen, die mit einer anderen Abwehr reagieren oder die nach einer Regression andere Abwehrmechanismen verwenden, sind Neurotiker« (ebd., S. 188).

Das seien aber nicht die »typischen Perversionen« (ebd.). Mit »typisch« meint Fenichel wohl die »perversen« erwachsenen Sexualorganisationen, also die *Sexualität per se*. Die typischen Perversen hätten »in ihrem Sexualleben die Betonung auf die Vorlust gelegt, und es ist bei ihnen nicht leicht zu sagen, wo die Stimulierung aufhört und die Befriedigung anfängt« (ebd.). Damit ist m. E. ein Charakteristikum perverser sexueller Aktivitäten, also der *Sexualität in actu*, beschrieben. »Patienten dieses Typus sind auch in nichtsexueller Hinsicht infantil« (ebd.). Mit Patienten »dieses Typus« scheinen wiederum eher Menschen mit einer »perversen« Sexualorganisation gemeint zu sein. Durch die Bezeichnung »infantil« werden sie stigmatisiert und pathologisiert. Bei ihnen trete die Hypertrophie eines Partialtriebs mit dem Genitalprimat in Wettbewerb.

Wir verzichten heute lieber auf den normativen Begriff »Genitalprimat« und damit auch auf eine Pathologisierung der »Hypertrophie eines Partialtriebes«. Fenichel weiter:

> »Die Fähigkeit zu einem genitalen Orgasmus wird vielmehr durch irgendein Hindernis blockiert, das durch den perversen Akt mehr oder weniger überwunden wird. Die perverse Sexualität ist daher nicht einfach unorganisiert,

wie die Sexualität polymorph perverser Kinder und infantiler Persönlichkeiten. Sie ist eher unter der Vorherrschaft eines Partialtriebes organisiert, dessen Befriedigung einen genitalen Orgasmus wieder möglich macht« (ebd.).

Fenichel definiert hier – sinngemäß – »perverse« erwachsene Sexualorganisationen als »Vorherrschaft eines Partialtriebes«, also so, wie ich alle erwachsenen Sexualorganisationen definiere. Allerdings schreibt er ihnen eine Psychogenese zu. Diese sei analog zu derjenigen der Neurotiker, stamme aus dem Ödipuskomplex, und die Kastrationsangst müsse »als entscheidender Faktor für die Störung des Genitalprimats angesehen werden« (ebd., S. 189).

Etwas Entsprechendes lässt sich nach meinem Modell nur für die *Sexualität in actu* sagen, bei der die Abwehr von Kastrationsängsten Vorrang vor der sexuellen Befriedigung hat. Unter diesem Gesichtspunkt sind Fenichels Hypothesen schlüssig, während sie unter dem Gesichtspunkt *Sexualität per se* als obsolet erscheinen. Fenichel wird später auch auf die Psychogenese des Fetischismus – verstanden als erwachsene Sexualorganisation – eingehen, die sich auf Freuds Schrift »Die Ichspaltung im Abwehrvorgang« (1940e [1938]) bezieht und die auch in der Gegenwart immer wieder als psychogenetische Ursache des Fetischismus *per se* ins Feld geführt wird. Die Ich-Spaltung bezieht sich darauf, dass ein Teil des Ichs das Fehlen des Penis bei der Frau leugnet, während ein anderer Teil es anerkennt. »Als Versuch, die Wahrheit zu leugnen, die ein anderer Teil der Persönlichkeit gleichzeitig anerkennt, setzt der Fetischismus eine gewisse Spaltung des Ich voraus« (Fenichel 1983 [1945], II, S. 213).

Wäre ein solcher Fetischismus Ausdruck eines neurotischen Abwehrvorgangs, so könnte dessen Deutung und Bearbeitung zu einer Linderung des Leidens führen. Dagegen mag eine solche Deutung bei einem Fetischisten per se vielleicht ein interessiertes Lächeln hervorrufen – an seiner Sexualorganisation wird sie nichts ändern.

Zu den Perversionen zählt Fenichel auch bestimmte Formen des Sexualverhaltens wie »orale Perversionen«, womit Cunnilingus und Fellatio gemeint sind, oder »extreme sexuelle Unterwürfigkeit« (ebd., S. 224f.).

Aus meiner Sicht ist es also die mangelnde Differenzierung zwischen den Gesichtspunkten *Sexualität per se* und *Sexualität in actu*, die Teile des Perversionskonzeptes Fenichels heute als obsolet erscheinen lassen, insbesondere weil damit »perverse« erwachsene Sexualorganisationen psychogenetisch erklärt und damit pathologisiert und stigmatisiert werden.

8.1.2 Stanley J. Coen

Ein neueres Beispiel einer lehrbuchmäßigen Darstellung von »Perversionen« stammt von Coen (1996). Ich greife es als anschauliches Beispiel für einen traditionellen Ansatz auf. Coen unterscheidet zwischen Perversionen im engeren Sinne und perversen Verhaltensweisen, die bei heterosexuell orientierten Personen auftreten. Daraus leitet er folgende Definition ab: »Perversion wird als eine psychopathologische Formation im Erwachsenenalter betrachtet, die sich in der Entwicklung der Adoleszenz verfestigt hat und für die Person mit der Perversion obligatorisch ist, um sexuell funktionieren zu können« (ebd., S. 382, alle Übers. R. B.).

Coens Definition der »Perversion« als psychopathologische Formation im Erwachsenenalter bezieht sich offensichtlich auf »perverse« erwachsene Sexualorganisationen wie Fetischismus, Sadomasochismus, Exhibitionismus, Voyeurismus und Pädophilie. Das Wort »psychopathologisch« macht jedoch deutlich, dass diese als etwas anderes angesehen werden als Heterosexualität und Homosexualität, die von diesem Autor als normale sexuelle Orientierungen bezeichnet werden.

Was aber geschieht, wenn wir die Worte »psychopathologisch« weglassen und »Formationen« durch »erwachsene Sexualorganisationen« ersetzen? Wir kommen zu einer Definition, die perfekt auf die hetero- und die homosexuelle Sexualorganisation passt. Sie würde meines Erachtens lauten: »Heterosexualität und Homosexualität sind erwachsene Sexualorganisationen, die sich in der Entwicklung der Adoleszenz verfestigt haben und für die Person mit diesen Sexualorganisationen obligatorisch sind, um sexuell funktionieren zu können.« Wenn wir diese Definition nun auf Fetischismus, Sadomasochismus, Pädophilie usw. ausweiten, eröffnet sich ein Raum für ihre Entpathologisierung und stellt sie auf eine gleichwertige Ebene mit Hetero- und Homosexualität.

Unter einem strukturellen Gesichtspunkt unterscheidet Coen zwischen perversen Funktionen auf höherer Ebene und Funktionen auf niedrigerer Ebene, wie von Kernberg (1992[97], 2006 [1997]) vorgeschlagen. Diese Unterscheidung kann jedoch bei der Definition von »Perversionen« nicht spezifisch sein, da wir in der Regel auch heterosexu-

---

[97] Gemeint ist wahrscheinlich der Abschnitt »polymorph perverse Sexualität und das Niveau der Persönlichkeitsorganisation« (S. 321ff.).

elle oder homosexuelle Funktionsweisen auf diese Weise unterscheiden. Und bekanntlich hat jede sexuelle Fantasie und jedes sexuelle Verhalten neben der sexuellen Triebbefriedigung auch Funktionen, welche der Befriedigung nicht-sexueller Bedürfnisse resp. der Abwehr oder kompensatorischen Funktionen dienen.

Um diese nicht-sexuellen *Funktionen* der Abwehr oder Kompensation scheint es Coen denn auch tatsächlich zu gehen, wenn er von »bits of perversion« spricht: »In einer breiteren Sichtweise werden Teile des perversen Verhaltens, die wichtigen defensiven Bedürfnissen dienen, als Äquivalent der Perversion betrachtet, unabhängig davon, ob sie für das sexuelle Funktionieren des Patienten obligatorisch sind oder nicht« (Coen 1996, S. 382f.).

Die hier beschriebenen »defensiven« Funktionen der »bits of perversion« bezieht Coen nun (in impliziter Übereinstimmung mit meinem Modell) auf sexuelles Verhalten. Hingegen behandelt er diese Aktivitäten ausschließlich in pathologisierender Weise, d. h. einseitig als Ausdruck von nicht-sexuellen, »defensiven« Funktionen. Er übersieht, dass diese »bits of perversion« auch im Dienste der *sexuellen Funktion* sexueller Aktivitäten stehen können und diese dann bereichern, indem sie z. B. als Teil der Vorlust funktionieren und die sexuelle Befriedigung steigern. Ein häufiges Beispiel dafür ist der Wunsch, sich bei »normalen« sexuellen Aktivitäten zu zeigen oder zuzusehen – exhibitionistische resp. voyeuristische »bits of perversion« – oder die Verwendung bestimmter Latexgegenstände als fetischistische »bits of perversion«. Auch Kernberg (1992, S. 62, 312ff., 347) vertritt die Ansicht, dass sadomasochistische Fantasien und Aktivitäten häufig Teil einer normalen Liebesbeziehung sind.

Diese auf Funktionen fokussierende Sichtweise erlaubt die Herausarbeitung eines qualitativen Unterschieds zwischen »gesunden« und perversen sexuellen Fantasien und Verhaltensweisen. Die perversen können dann als Ausdruck der Abwehr psychischer Konflikte oder der Kompensation struktureller Defizite oder Traumata angesehen werden, und zwar – das ist der entscheidende Punkt – unabhängig von der jeweiligen erwachsenen Sexualorganisation. Denn, ich wiederhole einmal mehr eine grundlegende Konsequenz meines Modells: Die Unterscheidung von »gesund« und »pathologisch/pervers« lässt sich nur auf sexuelle Fantasien und Verhaltensweisen beziehen, nicht aber auf Sexualorganisationen per se.

8.1.3 Volkmar Sigusch

Auch Sigusch (2005b), der den Perversionsbegriff auf wunderschöne Weise entpathologisierend zum Tanzen bringt und das Perverse als »unverzichtbare[n] Kern jeder Sexualität« ansieht (S. 110), bleibt in der unausgesprochenen Doppeldeutigkeit von bestimmten, traditionell als »Perversionen« bezeichneten erwachsenen Sexualorganisationen als auch perversen sexuellen Aktivitäten gefangen. Er bindet Perversionen »als behandlungsbedürftige Störungen oder Krankheiten« an bestimmte *Leitsymptome*, während es in meinem Modell um *Funktionen* geht.

8.1.4 Reimut Reiche

Reiche (2005) versuchte, »von der empirischen Oberfläche her« (S. 142) »mit einem strukturellen Einheitsbegriff der Perversion zu arbeiten« (S. 137). Der Begriff sollte »alle möglichen klinischen Manifestationen« von Perversionen abdecken« (S. 142) Zu diesem Zweck benannte er fünf klinische Kriterien der Perversion:
1. Kriterium des obligaten Fetischs
2. Kriterium der perversen Szene
3. Kriterium des Orgasmus
4. Kriterium der süchtigen Unaufschiebbarkeit
5. Kriterium der Puppe-in-der-Puppe

Reiches Einheitsbegriff subsumiert m. E. – genauso wie Fenichel, Coen, Sigusch und Morgenthaler – gleichzeitig bestimmte, traditionell als »Perversionen« bezeichnete erwachsene Sexualorganisationen als auch perverse sexuelle Aktivitäten. Dadurch werden auch bei ihm logisch inkompatible Kategorien vermischt. Darauf komme ich in Kapitel 8.3 zurück.

8.1.5 Fritz Morgenthaler

Ferner vertritt Reiche die Meinung, dass Morgenthalers Begriff der perversen Plombe kein befriedigendes Konzept der Sexualisierung – z. B. des Fetischs – bietet. Ich teile diese Auffassung. Morgenthaler stiftete mit der Plombentheorie, wie er sie in »Die Stellung der Perversion in Metapsychologie und Technik« (1974, 2004a [1984]) entwickelt hat, Verwirrung. Die Plombentheorie kann eben gerade nicht erklären, wie »perverse« erwachsene Sexualorganisationen entstehen (Binswanger 2005d). Dies wird deutlich, wenn man die von Morgenthaler angeführten Fälle analysiert: Den ersten beschreibt er als »die extremste Ausformung einer sadomasochistischen Perversion«, die ihm je zu Gesicht gekommen sei. Nach einer Begegnung mit einem sadistischen Partner, mit dem er »die homosexuelle Gier zu stillen vermochte«, steckte er zwei Häuser in Brand – und konnte daneben völlig unauffällig erscheinen und sich »seiner Frau und seinem Sohn liebenswert« zeigen. Wegen der Brandstiftung wurde er in eine psychiatrische Klinik verbracht, verführte dort eine Kranke und war überzeugt, durch eine Psychoanalyse geheilt werden zu können. Ein solcher Versuch wurde in der Klinik zwar durchgeführt, aber dann: »Völlig unerwartet, nahm er sich an einem Sonntagmorgen das Leben« (Morgenthaler 1974, S. 1078, 2004a [1984], S. 25f. [27f.]). Im alten Psychiaterjargon würde er wohl als »polymorph Perverser« bezeichnet werden. Nach meinem Modell ist nicht klar, was genau seine *Sexualität per se* war. Seine *Sexualität in actu* war weitgehend von nicht-sexuellen Funktionen dominiert, insbesondere von Morgenthalers Plombenfunktion, für welche dieser Patient dem Autor als Beispiel diente. Das Konzept der Plombenfunktion behält also seine Bedeutung, aber nur, wenn es zum Verständnis von sexuellem Fantasieren und Verhalten herangezogen wird. Zur psychogenetischen Herleitung von erwachsenen Sexualorganisationen hingegen taugt es nicht.

Das gilt auch für den zweiten von Morgenthaler angeführtem Fall. Diesen habe ich bereits in Kapitel 2.5.1 ausführlicher dargestellt. Der Patient entpuppte sich infolge der analytischen Therapie seiner masochistischen Inszenierungen als gewöhnlicher Homosexueller: »Er [...] fand zum ersten Mal in seinem Leben einen zärtlichen Partner, mit dem er die homosexuelle Liebe genießen konnte« (Morgenthaler (2004 [1984]), S. 41 [42f.]).

In beiden Fällen handelt es sich also nicht um »Perverse« im Sinne erwachsener Sexualorganisationen, sondern eindeutig um perverses Sexualverhalten. Bestimmte Inszenierungen in ihren sexuellen Aktivitäten haben den Charakter von Symptomen oder neudeutsch von »acting-out«. Morgenthaler spricht von einem *Funktionswandel* der Sexualität (ebd., S. 28 [30]). Anstelle der libidinösen Triebbefriedigung wird die Funktion, eine entsetzliche Lücke im Selbst wie eine Plombe zu füllen, also eine schwere narzisstische Störung zu kompensieren, zum primären erlebnis- und handlungsleitenden Motiv. Dies ist bei bestimmten sexuellen Aktivitäten von Exhibitionisten, Voyeuren, Sadomasochisten, Fetischisten oder auch Pädophilen nicht mehr oder weniger der Fall als bei gewöhnlichen Homo- oder Heterosexuellen.

Zusammenfassend lässt sich sagen, dass alle ausgewählten Beispiele aus der psychoanalytischen Literatur durch eine Vermischung der verschiedenen logischen Kategorien gekennzeichnet sind, in denen die Begriffe Perversion und das entsprechende Adjektiv pervers verwendet werden. Zugleich zeigt die Anwendung meines Modells, dass diese Vermischung jeweils aufgelöst werden kann, wodurch die Qualitäten der Texte herausgearbeitet und fruchtbar gemacht sowie von dem, was mir obsolet erscheint, getrennt werden können.

8.2 Fallbeispiel 2[98]: Außereheliche Promiskuität als perverse sexuelle Aktivität

Zur Illustration, wie mein Modell in der psychotherapeutischen Praxis angewendet werden kann, möchte ich ein ausführlicheres Fallbeispiel heranziehen[99]:

Ein 55-jähriger Reiseleiter wurde von einer Ehetherapeutin an mich verwiesen. Sie wollte die Arbeit mit seiner Frau allein fortsetzen, weil er dieser in der gemeinsamen Beratung zu viel Stress bereitet hatte. Er selbst gab zu, dass er sie in den 35 Jahren ihrer Ehe traumatisiert hatte. In den ersten Jahren hatte er sie sogar gelegentlich vergewaltigt. Später litt sie unter seinen wiederholten außerehelichen Affären. Er versuchte regelmäßig, diese mit fadenscheinigen Ausreden zu vertuschen, bis sie dann doch aufflogen. Daraufhin beendete er die Affären sofort und versprach, sein Verhalten zu ändern, was ihm jedoch nie gelang. Im Rahmen der Affären erprobte er oft verschiedene sexuelle Praktiken. Einmal wurde er wegen Exhibitionismus verhaftet. Andererseits unternahm das Ehepaar immer wieder mehrmonatige abenteuerliche Reisen in die ganze Welt, um neue Touren für seine Projekte als Reiseleiter zu erkunden. Auf diesen Reisen

---

98 Das erste Fallbeispiel findet sich in Kapitel 4.7.2, S. 116ff.
99 Das Beispiel ist in Binswanger (2017a) auf Englisch erschienen und wird hier in übersetzter und leicht überarbeiteter Fassung übernommen.

verbrachten sie jeweils eine wunderbare Zeit miteinander, mit dem Ergebnis, dass die Frau ihm regelmäßig verzieh.

Der Mann bekleidete verschiedene Positionen im mittleren Management von Unternehmen der Tourismusbranche, die er jedoch wegen seines schwierigen Charakters nie längere Zeit halten konnte. Es gelang ihm, mithilfe seiner ständigen Promiskuität ein labiles psychisches Gleichgewicht aufrechtzuerhalten, bis etwa sechs Monate vor der Zuweisung an mich. Er hatte wieder einmal einen guten Arbeitsplatz verloren, an dem er sich schikaniert und ausgegrenzt fühlte, und außerdem war seine Frau seiner Fremdgänge überdrüssig und nicht mehr bereit, ihm zu verzeihen.

Der Patient wuchs in einer mittelgroßen Stadt der Ostschweiz als zweiter von drei Söhnen eines alkoholkranken Vaters auf, der einige Jahre vor der Behandlung des Patienten Suizid begangen hatte. Er misshandelte die Brüder des Patienten mit komplexen und intensiven Formen sexualisierter Gewalt, während er den Patienten vergötterte. Der Vater vergab ihm alles und war eifersüchtig auf seine junge Frau, die er mit sexuellen Belästigungen quälte. Die Mutter war Sektiererin. Sie war wegen religiöser Wahnvorstellungen, in die sie auch ihre Kinder hineingezogen hatte, wiederholt im Krankenhaus. Der Patenonkel des Patienten überhäufte ihn seit seiner Schulzeit mit teuren Geschenken als Gegenleistung für sexuelle Dienste. Der Patient fühlte sich davon zwar angewidert, aber nicht traumatisiert. Er empfand die Übergriffe einfach als Teil des allgemein miserablen emotionalen Klimas in der Familie, das seine persönliche Entwicklung stark beeinträchtigte.

Der Charakter des Patienten schien zunächst von einer stereotypen Abwehrhaltung geprägt. Seine vorgebrachten Schuldgefühle, Selbstvorwürfe und Einsichten wirkten wenig überzeugend. Andererseits schien seine Fähigkeit, Frauen zu verführen, grenzenlos. Zu meiner Überraschung ließ er sich jedoch authentisch auf den Prozess einer psychoanalytisch orientierten Psychotherapie ein. Ich machte dem Patienten keine Illusionen – und ich selbst hatte auch keine –, dass er seine Affären jemals aufgeben könnte. Seine berufliche Leistung als Reiseleiter war hervorragend, und entgegen den Befürchtungen seiner Frau hatte er in dieser Funktion nie Affären gehabt. Nach einiger Zeit hatte ich den Eindruck, dass er seine Ehefrau im Gegensatz zu den anderen Frauen wirklich liebte. Ich begann, ihn mit seiner oberflächlichen Haltung zu konfrontieren, die ich als chronische, in seinem Charakter verwurzelte Abwehr interpretierte. Es gelang ihm, sie von Zeit zu Zeit aufzugeben, und er schien mir sogar dankbar zu sein, dass

8.2 Fallbeispiel 2: Außereheliche Promiskuität als perverse sexuelle Aktivität

ich ihn damit konfrontierte. Auf diese Weise konnte mit der Zeit eine gute, emotional getragene Arbeitsbeziehung aufgebaut werden.

Dem Grundsatz folgend, Patient*innen so gesund wie möglich zu betrachten (Morgenthaler 2005 [1978]), konzentrierte ich mich weniger auf die schwer gestörten und pervers erscheinenden Manifestationen seiner Persönlichkeit, als vielmehr auf die Anteile, die es ihm ermöglichten, die Pathologien zu kompensieren und sein emotionales Gleichgewicht zu stabilisieren. Der erste Schritt bestand darin, die manifeste *Trieb*befriedigung in seinen Affären als unbewusste Befriedigung *des Über-Ichs* zu interpretieren. Sein Geständniszwang und sein Strafbedürfnis (Reik 1925) wurden so seinem Bewusstsein zugänglich.

In Anbetracht der schweren Pathologien in seinem Elternhaus fragte ich den Patienten einmal, woher denn die gesunden Seiten seiner Persönlichkeit kommen. »Sie kommen von meinem Großvater«, antwortete er spontan und entschieden. Der Großvater hatte einen kleinen Bauernhof 40 km vom Elternhaus des Patienten entfernt. Seit seinem zwölften Lebensjahr besuchte er ihn mit dem Fahrrad – eine beeindruckende autonome und sportliche Leistung, denn der Weg zum Hof führte ausschließlich bergaufwärts – und verbrachte seine Ferien bei ihm. Auf dem Weg dorthin verübte er in freudiger Erwartung regelmäßig Ladendiebstähle oder andere kleine Delikte. Wenn er dort ankam, wartete sein Großvater, der bereits von Bekannten telefonisch über die Verfehlungen des Enkels informiert worden war, schon auf ihn. Er verpasste ihm zur Strafe eine Tracht Prügel und sperrte ihn dann in ein kleines Zimmer. Nach einigen Stunden kam er mit einem Glas frischer Milch, Brot, Butter und einem Lächeln zurück, um ihn zu befreien: Alles war wieder gut! Diese Momente echter Vergebung waren für den Patienten die größte Freude seiner Kindheit. Er war sich nicht bewusst, dass er die Delikte begangen hatte, um diese Momente wieder zu erleben und auf diesem Wege eine berechenbare und verlässliche Beziehung zu seinem Großvater aufzubauen. Es wurde deutlich, dass er dieses Verhalten mit seiner Frau wiederholte. Seine Affären waren die Neuauflage der Verfehlungen seiner Kindheit. Sie dienten auf paradoxe Weise dazu, seine fragile Liebesfähigkeit gegenüber seiner Frau aufrechtzuerhalten.

Wir haben uns auf die Bemühungen des Heranwachsenden konzentriert, eine verlässliche Objektbeziehung und die Liebesfähigkeit herzustellen, »mit ein wenig Hilfe seines Freundes«, des Großvaters. Diese Bemühungen wurden später zur prioritären Funktion seines Sexualverhaltens während seiner Affären und dergestalt in die Beziehung zu seiner Frau verschoben, die er so liebte, wie er seinen Großvater geliebt hatte. Erst als sie ihm nicht mehr verzeihen konnte, scheiterte diese Form der prekären Stabilisierung seines seelischen Gleichgewichts. Dieses Scheitern zwang ihn schließlich auch, sich auf eine Psychotherapie einzulassen, und befähigte ihn auch dazu. Die Psychogenese seiner perversen Promiskuität wurde aufgedeckt und gedeutet, und die Symptomatik bildete sich zurück. Außerdem gewannen reifere und objektorientierte Züge seiner Persönlichkeit den Vorrang vor den pathologischen.

Nachdem wir diese und andere Probleme bearbeitet hatten, wurde der Patient ruhiger und authentischer und konnte seine Affären aufgeben. Leider hatte er seine Frau möglicherweise schon zu sehr traumatisiert, und am Ende der Therapie blieb ungewiss, ob die Beziehung wiederhergestellt werden konnte oder nicht.

Warum ist es legitim, die Eskapaden dieses Patienten als pervers zu bezeichnen? Handelt es sich nicht um ein normales Sexualverhalten eines heterosexuellen Mannes?

Die Eskapaden des Patienten können als pervers bezeichnet werden, weil eine nicht-sexuelle Funktion des Sexualverhaltens Vorrang vor der libidinösen Triebbefriedigung hatte: sein unbewusstes und doch imperatives Bemühen, eine verlässliche Objektbeziehung und eine Liebesfähigkeit herzustellen. Abgesehen von diesem zentralen Kriterium sprechen auch andere Phänomene für den perversen Charakter seiner sexuellen Aktivitäten. Die Vergewaltigungen in den ersten Jahren der Ehe dienten womöglich der Weitergabe der sexuellen Übergriffe, die er von seinem Patenonkel erlitten hatte, was dem Primat einer nicht-sexuellen Funktion entspricht. Auf der klinischen Ebene hatten die Fremdgänge des Patienten den Charakter einer zwanghaften Unaufschiebbarkeit im Sinn von Reiche. Es ist nicht verwunderlich, dass in der Konfrontation mit einer religiös bigotten und psychotischen Mutter und einem sexualisierenden und gewalttätigen Vater die narzisstische Entwicklung dieses Patienten gestört war, frühe Trennungserfahrungen nicht integriert werden konnten, Objektbeziehungen nicht aufgebaut und die Herausforderungen der ödipalen Situation in keiner Weise bewältigt werden konnten. Es ist daher auch nicht verwunderlich, zu Beginn der Therapie einer deutlich egozentrischen, instabilen und unsicher gebundenen Persönlichkeit ohne durchgängige emotionale Tiefe zu begegnen. Ist es nicht offenkundig, dass dieser Mann in seinen Objektbeziehungen »die erotische Form des Hasses« (Stoller 1998 [1975]) auslebt, insbesondere durch die Traumatisierung seiner Frau? Dass

8.2 Fallbeispiel 2: Außereheliche Promiskuität als perverse sexuelle Aktivität

er versucht, seine Größenfantasien in seiner beruflichen Laufbahn auszuleben, wo er nur scheitern konnte, indem er in einem alloplastischen Modus der Konfliktbearbeitung andere für sein Scheitern verantwortlich machte? Und dass er die Partnerinnen seiner Affären ausnutzt und sie ohne Zuneigung im Stich lässt, wenn sie »ihre Pflicht getan« haben?

Im Gegensatz zu all den ungünstigen Voraussetzungen war die Behandlung dieses Patienten erstaunlich einfach. Sie ähnelte in ihrem Verlauf mehr und mehr einer psychoanalytischen Fokaltherapie. Das bedeutet, dass viele wichtige Aspekte des Falles unerforscht blieben, während ein spezifischer psychogenetischer Brennpunkt gründlich aufgedeckt, interpretiert und verarbeitet wurde: Der erwachsene und der kindliche unbewusste Kampf des Patienten um eine einzige konstante und verlässliche Objektbeziehung – als Erwachsener zu seiner Frau und als Kind zu seinem Großvater. Die infantile Symptombildung, durch die er dieses Ziel mit seinem Großvater erreichte – ein Ritual von »Missetat – Bestrafung – Versöhnung – Dankbarkeit« –, wiederholte sich nach demselben Muster mit seiner Frau, doch erwies sich das leider als dysfunktional und traumatisierend für sie. Die transformative Wirkung der Interpretation dieser unbewussten Konfliktlösungsversuche und der Rekonstruktion ihrer Analogie bestätigte dieses Verständnis auf kohärente Weise. Dies war zunächst überraschend, aber später für beide Partner der Therapie evident.

Dieses kasuistische Beispiel verdeutlicht einmal mehr den zentralen und offensichtlichen Unterschied zwischen der von mir vorgeschlagenen Auffassung von perversen sexuellen Aktivitäten einerseits und erwachsenen Sexualorganisationen andererseits. Erstere können behandelt werden, indem man ihre Pathogenese aufdeckt. Durch Interpretation und Aufarbeitung können die Symptome reduziert oder sogar beseitigt werden. Hat schon einmal jemand eine etablierte homosexuelle, heterosexuelle, sadomasochistische oder fetischistische erwachsene Sexualorganisation durch psychoanalytische Deutungen und Aufarbeitung ihres Ursprungs beseitigt? Das kann manchmal so aussehen, denn es gibt Menschen, die z. B. ausschließlich nicht-heterosexuelle Aktivitäten ausüben, weil sie dadurch Konflikten ausweichen, die von ihrer heterosexuellen erwachsenen Sexualorganisation ausgehen – wenn z. B. starke Kastrationsängste heterosexuellen Aktivitäten im Wege stehen. Durch eine therapeutische Bearbeitung dieser Ängste kann dieses Hindernis aus dem Weg geräumt und der Zugang zu heterosexuellen Aktivitäten eröffnet werden. Wenn dann die nicht-heterosexuellen Aktivitäten von selber aufhören, kann es so aussehen, als hätte man eine

»unliebsame« erwachsene Sexualorganisation »behandelt«. Was man tatsächlich behandelt hat, ist ein neurotischer Konflikt mit einer perversen *Sexualität in actu*, bei der die nicht-sexuelle Funktion der Konfliktabwehr Vorrang vor der libidinösen Triebbefriedigung hatte.

Die Essenz dieses Fallbeispiels lässt sich wie folgt zusammenfassen:

1. Der Patient wies eine heterosexuelle erwachsene Sexualorganisation auf, zusammen mit einer früh gestörten Persönlichkeitsstruktur.
2. Das promiskuitive Sexualverhalten entsprach einer perversen *Sexualität in actu*, weil dabei eine nicht-sexuelle Funktion des manifesten Sexualverhaltens – die Inszenierung einer Neuauflage seines infantilen Versuchs, sich eine verlässliche Objektbeziehung zu verschaffen – das Primat gegenüber der libidinösen Triebbefriedigung hatte. Der Fall zeigt auch exemplarisch, dass meine Liste nicht-sexueller Funktionen keineswegs vollständig ist – es gibt viel mehr mögliche nicht-sexuelle Funktionen.
3. Die Aufdeckung der unbewussten Motivation seines promiskuitiven Verhaltens entpuppte dieses als Symptombildung. Durch die Aufarbeitung wurde sie beseitigt und die Stufe seiner Persönlichkeitsstruktur konnte beträchtlich angehoben werden.

8.3 Achtung Giftschrank: Pädophilie und pädosexuelle Aktivitäten

Archivare wissen: In jedem größeren Archiv gibt es einen »Giftschrank«, in dem Dokumente lagern, die besser nicht an die Öffentlichkeit gelangen, weil sie Turbulenzen auslösen können. Mit dieser Metapher werde ich nun versuchen, spezifische Probleme zu beleuchten, welche bei der öffentlichen Erörterung von Pädophilie und von pädosexuellen Aktivitäten entstehen können. Denn tatsächlich ist der Umstand, dass ich die Pädophilie als *Sexualität per se* behandle und damit allen anderen erwachsenen Sexualorganisationen gleichstelle, eine Ursache dafür, dass mein Sexualitätsmodell zum Teil auf Ablehnung stößt.[100] Diese Ablehnung ist zunächst verständlich, denn es erscheint auf den ersten Blick schwer erträglich, sich vorzu-

---

100 Frühere Manuskripte zum Perversionsbegriff, in denen ich das Modell bereits entwickelt hatte, sind von drei führenden angelsächsischen psychoanalytischen Zeitschriften explizit auch aus diesem Grund abgelehnt worden (vgl. dazu Binswanger 2019).

8.3 Achtung Giftschrank: Pädophilie und pädosexuelle Aktivitäten

stellen, dass eine pädophile Sexualorganisation genau so normal sein soll wie die homo- oder heterosexuelle. Schwer erträglich ist diese Vorstellung aber nur, weil wir es nicht gewohnt sind, zwischen den Gesichtspunkten der *Sexualität per se* und der *Sexualität in actu* zu unterscheiden. Denn eine pädophile Sexualorganisation als genau so normal anzuerkennen wie alle anderen bedeutet nicht zugleich, entsprechende sexuelle Aktivitäten zu billigen. Aber nur, weil wir diese aus guten Gründen nicht tolerieren können, dürfen wir nicht zugleich die Anerkennung einer pädophilen Sexualorganisation per se ablehnen. Das ist die Schwierigkeit, mit der wir es beim »Reden über Pädophilie« zu tun haben. Damit wir künftig auch hier mehr Klarheit erreichen, ist es mir wichtig, die besonderen Probleme und Fallstricke, die beim Reden über Pädophilie auftreten, ausführlich zu thematisieren.

Ein methodisches Problem ergibt sich bereits bei der Nomenklatur: Man spricht nicht von »Heterophilie«, sondern von »Heterosexualität« – warum also nicht durchgängig auch von »Pädosexualität«? Ich habe mich entschieden, die Antwort auf diese Frage »auf meine Mühle« zu leiten: Für *Sexualität per se* verwende ich den Begriff »Pädophilie« oder »pädophile Sexualorganisation«, für *Sexualität in actu* spreche ich von »pädosexuellen Aktivitäten« (vgl. Kapitel 2.3, S. 34, Fn. 12). Damit kann ich auch an diesem Thema die Unterschiedlichkeit der beiden Gesichtspunkte verdeutlichen.

Die These, die ich in diesem Unterkapitel entwickeln werde, lautet: Die objektiven Schwierigkeiten und ethischen Grenzen, auf die wir bei der Behandlung von pädophilen Klient*innen stoßen und die unserem therapeutischen Eifer Grenzen setzen, verleiten uns dazu, diese Schwierigkeiten mit theoretischen Konzepten über die Genese pädophiler Sexualorganisationen, die meines Erachtens bei näherer Betrachtung nicht haltbar sind, zu rationalisieren.

Was ist anders bei der Pädophilie als beispielsweise bei der Homosexualität? Anders ist, dass sexuelle Handlungen von Pädophilen – und in geringerem Maße auch von Exhibitionist*innen und Voyeur*innen – die Objekte schädigen. Gerade pädosexuelles Verhalten beinhaltet in der Regel ein gewisses Maß an Rücksichtslosigkeit gegenüber den begehrten Kindern. Darauf hat Ferenczi bereits 1933 hingewiesen. Als Folge von sexuellen Vorfällen mit Erwachsenen sind Kinder oft schwer traumatisiert. Diese schädigenden Auswirkungen sexueller Handlungen von Erwachsenen mit Kindern führten zur Annahme, dass bereits in den – hypothetischen – unbewussten Faktoren, die zur *Entstehung* einer pädophilen erwachsenen Sexualorganisation beitragen, ein erhöhtes Aggressionselement vorhanden sein müsse. Liegt unter diesen Bedingungen »die erotische Form des Hasses« (Stoller 1998 [1975]) nicht auf der Hand?

Meines Erachtens stellt diese Sichtweise eine Rationalisierung der moralischen Schwierigkeiten dar, die wir haben, wenn wir eine wissenschaftliche Haltung gegenüber der Pädophilie einnehmen. Die Tatsache, dass viele Pädophile auf missbräuchliches Verhalten gerade wegen der schädlichen Auswirkungen auf ihre begehrten Objekte verzichten, legt nahe, dass ein erhöhtes Aggressionsniveau nicht der pädophilen *Sexualität per se* – d. h. einer pädophilen Sexualorganisation – zugeschrieben werden kann, sondern eher der *Sexualität in actu*, d. h. den sexuellen Handlungen mit Kindern, wo diese konkret stattfinden.

Eine pädophile Sexualorganisation per se ist weder ein Verbrechen noch eine Pathologie im Sinne einer erotischen Form des Hasses oder anderer Abwehrformationen. Sie ist zuallererst ein Unglück für die Betroffenen, weil es keine Möglichkeit gibt, Sexualität in einvernehmlichen Objektbeziehungen zu vollziehen. Pädophile müssen daher in der Regel mit einem höheren Maß an Triebspannung umgehen als gut strukturierte Homo- oder Heterosexuelle, was zu einem zusätzlichen Maß an Frustrationsaggression oder neurotischer Symptombildung führen kann. Dieses mögliche Mehr an Aggression wäre aber eine *Folge* und nicht eine Ursache der pädophilen Sexualorganisation.

Aus diesen Gründen konnte und kann es keine der homosexuellen analoge pädophile Befreiungsbewegung geben mit dem Ziel, pädophile Lebensformen und sexuelle Aktivitäten sozial akzeptabel zu machen. Das wurde von bestimmten Aktivist*innen in den 1970er Jahren versucht, indem man Kindern ein genuines Bedürfnis unterstellte, Sexualität mit Erwachsenen zu vollziehen. Eine solche Unterstellung verkennt den zweizeitigen Ansatz der Sexualentwicklung des Menschen (vgl. Kapitel 5.1.2) oder auch Laplanches anthropologische Grundsituation zwischen Erwachsenen und Kindern. Kinder sind weder physisch noch emotional noch kognitiv ausgestattet, um mit der Sexualität Erwachsener unbeschadet umgehen zu können. Es gibt Situationen, in denen Kinder prioritäre nicht-sexuelle Bedürfnisse haben, die sie womöglich bei gut strukturierten und liebevollen Pädophilen unterbringen, vielleicht ohne mehr Schaden zu nehmen, als z. B. durch verwahrlosende Familienverhältnisse schon verursacht worden ist. Das war der Fall bei meinem verheirateten Fremdgänger (vgl. Kapitel 8.2) und noch bei einem andern meiner Patienten. Dieser hatte bereits im Alter von sechs Jahren ein verfrühtes und sehr ausgeprägtes homosexuelles Coming-out und sagte von sich, dass – vielleicht außer beim ersten Mal – im Grunde genommen *er* seine pädophilen Partner verführt hätte, weil er bei ihnen ein tiefes ungestilltes Bedürfnis nach Nähe und Zärtlichkeit unterbringen konnte. Er fühlte sich bis zum Schluss der Therapie nicht von der Sexualität mit seinen Partnern traumatisiert, sondern von den Folgen, welche ihre Aufdeckung im Alter von 14 Jahren mit sich brachte: Unter anderem musste er bei einer polizeilichen Gegenüberstellung gegen den engsten Partner, an dem er immer noch hing und der gebrochen vor ihm stand, aussagen. Allerdings fühlte er sich trotzdem um etwas Wichtiges betrogen: um – wie wir es ausdrücken – die sexuelle Latenzzeit.

Andererseits behandelte ich mehrere Patient*innen, die durch pädosexuelle Aktivitäten aufs schwerste traumatisiert worden sind. Nur schon deshalb besteht bei mir nicht die Gefahr, dass ich mögliche Traumatisierungen durch sexuelle Handlungen mit Kindern bagatellisiere.

Auch in der Therapie pädophiler Patient*innen ist etwas von vornherein anders als bei heterosexuellen und heute in der Regel auch bei homosexuellen Patient*innen: Es ist oft die erwachsene Sexualorganisation per se, von der man sich erhofft, dass sie sich durch eine Psychotherapie verändern ließe. Mit dieser Hoffnung kommen viele Betroffene zu uns oder werden an uns überwiesen, denn das würde ihnen und ihrem sozialen Umfeld das Leben ungemein erleichtern. Allerdings müssten sie dann das Einzige aufgeben, was ihnen für einen authentischen Bezug zu ihrer Sexualität zur Verfügung steht. Mögliche sexuelle Ersatzhandlungen sind zwar vielen möglich, erfordern aber den mehr oder weniger starken Einsatz pädosexueller Fantasien, um ausgeführt werden zu können. Daher erweist sich der Wunsch nach Veränderung der pädophilen Sexualorganisation in der Regel als nicht authentisch. Diesem Wunsch nachzugeben käme einer Konversionstherapie gleich. Gerade durch den gesellschaftlichen Druck, der in der Regel nicht explizit, aber implizit auf jeder Therapie mit Pädophilen lastet, entsteht ein Dilemma, das es sonst in der Sexualtherapie nicht gibt. Behandle ich z. B. einen heterosexuellen Vergewaltiger, so steht nicht seine Heterosexualität per se unter Veränderungsdruck, sondern seine *Sexualität in actu*, bei der in der Regel die Aggressionsabfuhr oder die Weitergabe eines eigenen sexuellen Traumas oder möglicherweise ein anders motivierter nicht-sexueller Drang im Vordergrund steht. Damit ist eine prinzipielle Behandlungsmöglichkeit gegeben, auch wenn sich die Therapie schwierig gestalten oder ggf. scheitern sollte.

Herbert Gschwind (2010) hat das Dilemma dargelegt, in das wir bei der Behandlung eines pädophilen Patienten – persönlich habe ich keine Erfahrung mit pädophilen Patientinnen – geraten können. Ich jedenfalls könnte die gleichschwebende Aufmerksamkeit nicht aufrechterhalten, wenn er – womöglich sogar dank authentischen progressiven Behandlungsprozessen – gemäß seiner Sexualorganisation aktiv würde. Für diese paradoxe Situation kenne ich keine Lösung. Ich kann mein Dilemma dem betreffenden Analysanden nur rückhaltlos offenlegen. Ich kann ihn gegebenenfalls daran erinnern, dass es für ihn leider keine konsensfähigen Partner*innen gibt und dass er die Analyse gefährdet, wenn er – eventuell erneut – zum Kindesmissbraucher würde. Auf diese Weise sind, wie auch Gschwind festhält, Arbeitsbündnisse möglich. Und vielleicht ist es kein Zufall, dass sich viele Kolleg*innen in der Psychotherapie von Gefangenen, die wegen pädophiler Aktivitäten verurteilt wurden, engagieren, denn dort besteht ein Zeitfenster, während dem sie sich auf ihre Patienten einlassen können, ohne unmittelbar befürchten zu müssen, zu Zeugen von Rückfällen zu werden.[101]

So sehe ich die Grenzen psychoanalytischer Prozesse mit Pädophilen und bin der Meinung, dass das Bewusstsein darüber uns davor schützt,

---

101 Auch Fritz Lackinger baut seine Erfahrung mit pädosexuellen Verhaltensweisen vorwiegend auf der psychotherapeutischen Arbeit mit verurteilten Straftätern auf. Insbesondere seine Arbeit mit zwei unterschiedlichen Fällen massiven Missbrauchs von Kinderpornografie – wobei der eine auch wegen »hands-on«-Delikten zunächst im Gefängnis war – ist beeindruckend (Lackinger 2020). Seine sorgfältige theoretische Aufarbeitung der psychoanalytischen Literatur zum Thema Kindesmissbrauch und Pädophilie (Lackinger 2009) bleibt zwar in der doppelten Verwendung des Perversionsbegriffs gefangen, doch kann man seine Argumentationslinien unter Anwendung meines Modells genauer aufschlüsseln: Im ersten Teil geht es um Sexualdelinquenz ganz allgemein, also um *Sexualität in actu*, wobei der Autor das allgemeine Strukturniveau der Täter nach den Kriterien von Kernberg einteilt. Dies berührt die *Sexualität per se* nicht. In einem zweiten Schritt wechselt er zunächst zur *Sexualität per se*: »Ein Pädophiler ist ein Mensch, bei dem eine ausgeprägte pädophile Perversion bzw. eine entsprechende Sexualpräferenz besteht. Er muss jedoch keineswegs ein Missbrauchstäter sein«. Indem er die Pädophilie aber als Perversion bezeichnet und psychogenetische Theorien zusammenfasst, die sich vorwiegend um pathologische Formen der Mutterbeziehung drehen, suggeriert er Pathogenesen der Pädophilie per se, statt sie klar in den Zusammenhang von Psychotherapien einzelner Täter*Innen zu stellen. Wird mein Modell auf diese Weise angewendet, erweisen sich die Arbeiten Lackingers als sehr lesenswert.

8.3 Achtung Giftschrank: Pädophilie und pädosexuelle Aktivitäten

diese Grenzen mit psychogenetischen Hypothesen zur pädophilen erwachsenen Sexualorganisation zu rationalisieren. Die Rationalisierung liegt zwar schon deshalb nahe, weil wir damit theoretisch eine Handhabe hätten, um etwas an der Gefährlichkeit pädophiler Täter ändern zu können. Meines Erachtens entspricht es aber letztlich einem Wunschdenken, wenn wir bei der Pädophilie eine qualitativ andere Trieb- und Ich-Entwicklung annehmen als bei einer homosexuellen, heterosexuellen oder z.B. sadomasochistischen *Sexualität per se*.

Ich halte es – wie gesagt – für einen Kurzschluss, wenn behauptet wird, wegen der objektiven Schädigung von Kindern infolge pädophiler Aktivitäten müsse eine erhöhte Aggressivität an einer Psychogenese der pädophilen Sexualorganisation beteiligt sein. Die Tatsache, dass die menschliche Gesellschaft Kindesmissbrauch nicht tolerieren kann, rechtfertigt in keiner Weise den Schluss, eine pädophile Entwicklung sei im Vorhinein etwas Pathologisches. Unsere Gesellschaft toleriert auch keinen Bankraub; trotzdem muss ein solcher nicht pathologisch motiviert sein.

Es gibt auch differenziertere Ansätze, Besonderheiten der pädophilen Sexualorganisation im Verhältnis zu anderen herauszuarbeiten. Dazu gehört z.B. Gschwinds (2010) Versuch, die fünf Kriterien von Reiches (2005, 2007) Einheitsbegriff der Perversion auf seine pädophilen Patienten anzuwenden. Wie unter 8.1.4 erwähnt, hatte Reiche versucht, fünf »Kriterien der Perversion« herauszuarbeiten, die alle möglichen klinischen Manifestationen abdecken (Reiche 2005, S. 142).

Aber auch bei Reiches Einheitsbegriff besteht das Problem, dass er sowohl bestimmte, traditionell als »Perversionen« bezeichnete erwachsene Sexualorganisationen als auch perverse sexuelle Aktivitäten subsumiert. Dadurch werden logisch inkompatible Kategorien vermischt. Deshalb kann sein Perversionsbegriff weder allgemein noch zur Erfassung des Phänomens der Pädophilie überzeugen. Zum Beispiel kommt das Kriterium 1, der obligate Fetisch, bei der Pädophilie *per se* nicht häufiger oder weniger häufig vor wie in jeder anderen erwachsenen Sexualorganisation. Es leuchtet auch nicht ein, weshalb ein hoch strukturierter Pädophiler bei seiner Sexualität *in actu* das Kind mehr zum Fetisch machen sollte als ein Homo- oder Heterosexueller seine Objekte. Dazu eine Ergänzung: Wenn Berner (2011) geltend macht, die Pädophilie verbinde »mit dem Fetischismus die *Fixierung auf bestimmte körperliche Merkmale* (wie ein ganz bestimmtes kindliches Lächeln, die zarte kindliche Hand, den ›blonden Schopf‹ etc.)« (S. 72), drängen sich doch Parallelen zum heterosexuell

Verliebten auf, der in gleicher Weise auf ein bestimmtes weibliches Lächeln, eine bestimmte Hautfarbe, lockige Haare, zarte Füße in hochhackigen Schuhen anspricht und oft auch als Voraussetzung für die sexuelle Erregung braucht. »Schaff mir ein Halstuch von ihrer Brust, ein Strumpfband meiner Liebeslust!« lässt schon Goethe seinen Faust ausrufen. Und je schwerer erreichbar das Objekt seines Begehrens ist – und Kinder sind für Pädophile generell schwer oder eigentlich gar nicht erreichbar –, desto stärker tritt diese »Fetischisierung« hervor. Zum anderen gehören die perverse Szene (Kriterium 2 bei Reiche) oder die süchtige Unaufschiebbarkeit (Kriterium 4) zur *Sexualität in actu*, wenn nicht-sexuelle Funktionen dabei die Priorität haben. Das kommt bei allen anderen Sexualorganisationen in gleicher Weise vor wie bei der pädophilen. Die Puppe in der Puppe (Kriterium 5) zeigt sich womöglich dann, wenn die Priorität der einen nicht-sexuellen Funktion durch eine andere abgelöst wird. Kriterium 3, den obligatorischen Orgasmus, hat Reiche selbst schon aufgegeben. Auch dieses wäre aber ein Aspekt von *Sexualität in actu* und nicht von *Sexualität per se*. Deshalb mein »ceterum censeo«: Wir sollten es aufgeben, bei der pädophilen Sexualorganisation – gleich wie bei jeder anderen – nach einer besonderen Verursachung oder spezifischen Merkmalen zu suchen.

Die Kontroverse zwischen dem Team der Berliner Charité und Mitarbeiter*innen des Hamburger Instituts für Sexualforschung (vgl. Tozdan & Briken 2016), ob und inwieweit das sexuelle Interesse an Kindern als unveränderbar akzeptiert werden sollte oder nicht, könnte unter den von mir vorgeschlagenen Gesichtspunkten wie folgt gelöst werden: Pädophile Sexualorganisationen sind in gleicher Weise mehr oder weniger festgelegt wie hetero- und homosexuelle. So wie sich eindeutige Homosexuelle von ihren Therapeut*innen nur dann verstanden fühlen, wenn diese ihre *Sexualität per se* zunächst als gegeben ansehen, gleichsam als »das Beste, was sie haben«, so verhält es sich auch in der Therapie von Pädophilen. Insofern ist die »Berliner« Haltung m. E. aus der praktischen Erfahrung abgeleitet. Ist diese Akzeptanz einmal gegeben, eröffnet sich für einige Betroffene ein Raum für die Möglichkeit, ihre sexuellen Aktivitäten so zu gestalten, dass keine Kinder zu Schaden kommen. Das würde der »Hamburger« Position entsprechen, die eine Flexibilisierung der Sexualität als therapeutisches Ziel einfordert – was eben, wenn überhaupt, nur auf der Ebene von *Sexualität in actu*, nicht aber auf der Ebene von *Sexualität per se* möglich ist (und die es deshalb zu akzeptieren gilt). Es ist ja auch so, dass sich manche Heterosexuelle in der Not – z. B. beim Militär oder im Gefängnis – auf homosexuelle Aktivitäten einlassen können. Dementsprechend kann es auch für Pädophile, die sich in einer Notlage befinden, analoge Möglichkeiten geben. Bei solchen »Notlösungen« kommt es aber häufig vor, dass genau die Fantasien und Wünsche verstärkt werden, die der eigenen Sexualorganisation entsprechen. Gerade bei forensisch indizierten Therapien von Pädophilen könnte daher der »Schuss nach hinten losgehen«, wenn suggestiv auf solche Alternativen fokussiert würde.

Schließlich ist in diesem Zusammenhang darauf hinzuweisen, dass hinter praktizierten Übergriffen gegenüber Kindern häufig – vielleicht sogar mehrheitlich – keine pädophile Sexualorganisation steht (Seto 2018, S. 25f.). In solchen Fällen geht es wohl meist um sexuelle Aktivitäten, bei denen nicht-sexuelle Funktionen das Primat haben – also um perverse *Sexualität in actu*. Auf der anderen Seite zeigen Studien einer Arbeitsgruppe an der Friedrich-Schiller-Universität Jena anhand nicht-forensischer Stichproben von Personen mit sexuellem Interesse an präpubertären und pubertierenden Kindern, wie unterschiedlich und differenziert deren Einstellungen gegenüber sexuellen Aktivitäten mit Kindern sind (z. B. Jahnke & Malón 2018; Jahnke et al. 2017). Von einem Desinteresse am Kindswohl kann bei den meisten nicht die Rede sein. Mehr als ein Drittel schließt sexuelle Kontakte mit Kindern für sich selber aus.

Zusammenfassend plädiere ich also dafür, sich den emotional enorm belastenden Widersprüchen, die mit der Behandlung von Pädophilen einhergehen, zu stellen und dabei konzeptionell, d. h. theoretisch und klinisch-technisch, einen möglichst klaren Kopf zu bewahren. Je besser es uns gelingt, die psychische Gesundheit von Pädophilen zu stärken, desto größer ist die Chance, dass sie Lösungen finden, ihre Sexualität bis zu einem gewissen Grad zu leben, ohne Kindern zu schaden.

9 Die Dynamik zwischen den Gesichtspunkten *Sexualität per se* und *Sexualität in actu*

Im ganzen Buch habe ich das Schwergewicht meiner Argumentation auf die konzeptionelle *Trennung* der beiden Gesichtspunkte *Sexualität per se* und *Sexualität in actu* gelegt. Jetzt – im Schlusskapitel – möchte ich darauf fokussieren, auf welche Weise die beiden Gesichtspunkte *zusammenhängen*, denn sie bilden ja eine Einheit, wenn auch eine widersprüchliche. Die Frage, auf die ich im Folgenden eingehen werde, lautet also: Wie wirken die erwachsenen Sexualorganisationen – *Sexualität per se* – auf die einzelnen sexuellen Aktivitäten – *Sexualität in actu* – ein und eventuell umgekehrt?

Die *sexuelle Funktion*, sprich libidinöse Triebbefriedigung, wird gestaltet durch die Art und Weise, wie *Sexualität* in einem Individuum *organisiert* ist. Das heißt zunächst nichts anderes, als dass die sexuellen Aktivitäten eines Heterosexuellen auf das gegengeschlechtliche Objekt gerichtet sind, die eines Sadomasochisten auf das entsprechende Triebziel. Dann kommt es weiter darauf an, welche anderen Partialtriebe innerhalb der Sexualorganisation ebenfalls obligatorisch oder zumindest sehr wichtig sind. Beim Sadomasochisten ist in der Regel das Geschlecht des Objektes obligatorisch; beim Heterosexuellen ist das Triebziel des Koitus nicht immer obligatorisch, auch wenn es in der Regel bevorzugt wird. Eine Ersetzung durch andere Triebziele ist oft möglich oder wird manchmal auch bevorzugt, z. B. Fellatio resp. Cunnilingus, gegenseitige Masturbation oder Analverkehr. Und schließlich werden alle Partialtriebe, die in der Sexualorganisation eine untergeordnete, aber lustvolle Rolle spielen, die sexuellen Aktivitäten mehr oder weniger mitgestalten. Wenn dies beispielsweise exhibitionistische oder voyeuristische Partialtriebe sind, wird man es eher bei Licht treiben wollen als im Dunkeln; wenn sadomasochistische Partialtriebe die Lust steigern können, werden sie den Ablauf der sexuellen Aktivitäten, wenn möglich, mitgestalten, wenn es fetischistische sind, werden vielleicht Outfits aus Leder und Latex die sexuelle Szene bereichern etc.

In sexuelle Aktivitäten, bei denen nicht-sexuelle Funktionen das Primat haben, können Quellen, Objekte und Ziele einbezogen werden, die weniger gut oder gar nicht zur erwachsenen Sexualorganisation des Individuums passen. Die sexuelle Aktivität *scheint* dann die erwachsene Sexualorganisation zu beeinflussen. Morgenthalers Beispiel eines 28-jährigen manifest homosexuellen Mannes (s. Kapitel 2.5.1), der sich auf masochistische Weise von groben Partnern koitieren lässt, eignet sich zur Illustration. Im Verlauf der Analyse zeigte sich, dass bei ihm eben gerade keine (sado-)masochistische Sexualorganisation vorlag, sondern eine »gewöhnliche« homosexuelle. Masochistisch war ausschließlich seine *Sexualität in actu*, die unter dem Primat von Morgenthalers Plombenfunktion stand. Diese half ihm, eine »entsetzliche Lücke« (Morgenthaler 1974, S. 1082) im Selbst zu füllen, eine Lücke, von der die Gefahr vernichtender Desintegrationsängste ausgehen kann. Die Plombe kompensiert demnach eine schwere narzisstische Störung. Dazu schienen sich die masochistischen Handlungen, die nicht seiner Sexualorganisation entsprachen, besonders gut zu eignen. Obschon ein Orgasmus die sexuelle Aktion abschloss, überwogen heftige Unlustgefühle, insbesondere quälende Schuld- und Schamgefühle. Nach meiner Interpretation liefern solche Unlustgefühle gleichsam ein »härteres Material« für die Plombe, als es ein zärtlicher homosexueller Koitus getan hätte. Und letztlich sind Schuld- und Schamgefühle leichter zu ertragen als narzisstische Desintegrationsängste.

Die einzelnen *nicht-sexuellen Funktionen* werden bei diesen Aktivitäten selbstverständlich nicht gemäß der Sexualorganisation ausgewählt und gestaltet, sondern durch die Art und Weise, wie die *Persönlichkeit* eines Individuums *strukturiert* ist und wie seine Konflikte und lebensgeschichtlichen Belastungen *verarbeitet* sind.

Bei der Umsetzung vieler dieser nicht-sexuellen Funktionen spielt auch eine erhöhte Beimischung von Aggressivität eine Rolle, die zusammen mit der untergeordneten libidinösen Funktion abgeführt werden kann; diese Aggression kann bis zu extremen Formen der Destruktivität führen – »die erotische Form des Hasses« (Stoller 1998 [1975]), ähnlich auch Glasser (2010) oder De Masi (2010, 2016). Das Problem bei diesen sehr einflussreichen Autoren liegt darin, dass »Perversion« nur mit *einer* der vielen möglichen nicht-sexuellen Funktionen in Verbindung gebracht wird.

Viele dieser Funktionen sind von Ängsten getrieben, bis hin zu schweren Desintegrationsängsten. Das gibt den entsprechenden sexuellen Aktivitäten den immer wieder beschriebenen zwanghaften oder suchtartigen Charakter, ihre »süchtige Unaufschiebbarkeit« (Reiche 1996, 2005). Je besser die Verarbeitung von Belastungen und Konflikten gelingt, desto eher werden sich *nicht-sexuelle Funktionen der libidinösen Triebbefriedigung wieder unterordnen.* Dann haben die sexuellen Aktivitäten in der Regel keinen ausgeprägt zwanghaften oder suchtartigen Charakter mehr und die libidinöse Triebbefriedigung gestaltet sich wieder stärker durch die Art und Weise, wie Sexualität in einem Individuum *organisiert* ist. Der Widerspruch zwischen libidinöser Triebbefriedigung und Liebesfähigkeit, der in der Natur der menschlichen Sexualität von Anfang bis zum Ende des Lebens angelegt ist, kann dann in der Regel auf eine höhere Stufe gehoben, also auf mehr oder weniger gelungene Weise synthetisiert werden.

Das hier besprochene Konzept von perversem Verhalten hat Abgrenzungen und Umschlagspunkte nach vier Seiten hin:

➢ Der Umschlagspunkt von perversem Sexualverhalten in nicht-perverse sexuelle Aktivitäten liegt dort, wo sich die nicht-sexuellen Funktionen und Motive der libidinösen Triebbefriedigung wieder unterordnen.

➢ Der Umschlagspunkt von perversem Sexualverhalten hin zur Sucht liegt dort, wo es als zufällig erscheint, dass Suchtverhalten sich auf sexuellem Terrain austobt und nicht z. B. auf dem Gebiet von Alkohol, Drogen, Pharmaka oder vielleicht auch einer Sammelwut.

➢ Gegenüber neurotischen Syndromen ist die Trennungslinie klar: Das perverse Erleben und Verhalten betrifft die manifeste, organisierte und bewusstseinsfähige Sexualität und nicht Symptome, die als Ersatzbildungen für unbewusste Triebe resp. Triebkomponenten aufzufassen sind.

➢ Schließlich kann perverses Sexualverhalten in psychotische Syndrome umschlagen, wenn es Betroffenen vorübergehend oder dauerhaft nicht gelingt, die Abwehrorganisation des Ichs aufrecht zu erhalten.

Literatur

Ahrbeck, B. & Felder, M. (Hrsg.). (2022). *Geboren im falschen Körper. Genderdysphorie bei Kindern und Jugendlichen.* Stuttgart: Kohlhammer.
Albee, E. (2009 [1962]). *Wer hat Angst vor Virginia Woolf...?* (38. Aufl.). Übersetzt von P. Braun. Frankfurt a. M.: Fischer.
Bak, R. C. (1956). Aggression and Perversion. In S. Lorand & M. Balint (Hrsg.), *Perversions, Psychodynamics and Therapy* (S. 231–240). New York: Random House.
Bauer, R. (2019). Biologie als Schicksal? Kommentar zu »Wie viele Geschlechter gibt es und kann man sie wechseln?« aus wissenschafts- und gesellschaftstheoretischer Perspektive. *Z Sex Forsch, 32*(03), 148-152. https://doi.org/10.1055/a-0976-8157
Becker, S. (2002). Weibliche Perversion. *Z Sexualforsch, 15,* 285–301.
Becker, S. (2017). Aktuelle Diskurse über Pädosexualität/Pädophilie und ihre Leerstellen. In M. S. Baader, C. Jansen, J. König & C. Sager (Hrsg.), *Tabubruch und Entgrenzung. Kindheit und Sexualität nach 1968* (S. 313–325). Köln, Weimar, Wien: Böhlau.
Becker, S. (2018). Trans* – Einblicke in ein kontroverses Thema. Martin Leupold im Interview mit Dr. phil. Sophinette Becker. *WEISSES KREUZ. Zeitschrift für Sexualität und Beziehungen, 4*(75), 11–15.
Becker, S. (2019). Geschlecht und sexuelle Orientierung in Auflösung. Was bleibt? In P. Henze, A. Lahl & V. Preis (Hrsg.), *Psychoanalyse und männliche Homosexualität* (S. 165–179). Gießen: Psychosozial-Verlag.
Becker, S. (2021). *Leidenschaftlich analytisch. Texte zu Sexualität, Geschlecht und Psychoanalyse.* Hrsg. v. A. Koellreuter & M. Hauch. Gießen: Psychosozial-Verlag.
Bell, D. (2023). Primum non nocere. *Psyche – Z Psychoanal, 77*(3), 193–221. https://doi.org/10.21706/ps-77-3-193
Benvenuto, S. (2010). *Perversionen. Sexualität, Ethik und Psychoanalyse.* Wien, Berlin, Turia & Kant.
Bereczkei, T., Gyuris, T. & Weisfeld, G. E. (2004). Sexual imprinting in human mate choice. *Proc. R. Soc. Lond., 271,* 1129–1134. https://doi.org/10.1098/rspb.2003.2672
Berner, W. (2011). *Perversion.* Gießen: Psychosozial-Verlag.
Berner, W. (2021). Sexuelles und Nicht-Sexuelles. Ein Kommentar zu Binswanger. *Z Sexualforsch, 34,* 37–40.
Berner, W. (2022). Perversion. In W. Mertens (Hrsg.), *Handbuch psychoanalytischer Grundbegriffe* (5. überarb. Aufl., S. 709-712). Stuttgart: Kohlhammer.
Binswanger, R. (1985). Die Währung in der Psychoanalyse und die Währung in der Politik. Journal des Psychoanalytischen Seminars Zürich, Sondernummer zur Tagung

vom 30. November-1. Dezember 1985 »Institutionalisierung – Desinstitutionalisierung«, S. 12f.
Binswanger, R. (1996). Kindliche Masturbation – ein genetischer Gesichtspunkt, insbesondere bei Anorexia und Bulimia nervosa. *Psyche – Z Psychoanal, 50*, 644–679.
Binswanger, R. (1997). Eine technische Metapher und ein metapsychologisches Konzept. *Journal für Psychoanalyse, 33*, 13–27.
Binswanger, R. (2003a). Lob der materialistischen Dialektik. *Werkblatt. Zeitschrift für Psychoanalyse und Gesellschaftskritik, 50*(20/1), 13–19; korrigierte und autorisierte Version http://www.werkblatt.at/archiv/50binswanger.htm (19.08.2023).
Binswanger, R. (2003b). Zur Praxis der Dialektik in der Psychoanalyse. *Werkblatt, Zeitschrift für Psychoanalyse und Gesellschaftskritik, 51*(20/2), 3–23.
Binswanger, R. (2005). Kritik der Plombentheorie. *Journal für Psychoanalyse, 45/56*, 339–342.
Binswanger, R. (2009). »Du kannst Dir Deine Identität doch selber wählen …« … auch in der Psychotherapie? *Z Sexualforsch, 22*, 255–267.
Binswanger, R. (2011). »Die Neurose ist sozusagen das Negativ der Perversion« – die bekannte Formel neu interpretiert. *Psyche – Z Psychoanal, 65*, 673–698.
Binswanger, R. (2016). (K)ein Grund zur Homosexualität. Ein Plädoyer zum Verzicht auf psychogenetische Erklärungsversuche von homosexuellen, heterosexuellen und anderen Orientierungen. *Journal für Psychoanalyse, 57*, 6–26. https://doi.org/10.18754/jfp.57.2
Binswanger, R. (2017a). Reconsidering Perversion – a Conceptual Proposal. *Journal für Psychoanalyse, 57 (Supplement)*, 1–34. https://doi.org/10.18754/jfp.57supp.1
Binswanger, R. (2017b). Zur Neuformulierung des Perversionsbegriffs. *texte. psychoanalyse. ästhetik. kulturkritik, 37*, 64–88.
Binswanger, R. (2019). Wiederholt sich die Geschichte? – Nicht wirklich! Drei Verständnisschwierigkeiten einer Neuformulierung des Perversionsbegriffs. In P. Henze, A. Lahl & V. Preis (Hrsg.), *Psychoanalyse und männliche Homosexualität* (S. 117–137). Gießen: Psychosozial-Verlag.
Binswanger, R. (2021a). Mehr Klarheit beim Reden über Sexualität. Ein dynamisches Modell zur Strukturierung sexualwissenschaftlicher Diskurse. *Z Sexualforsch, 34*, 15–27. https://doi.org/10.1055/a-1365-0154
Binswanger, R. (2021b). Sexualität und Gender: Das gleiche Modell für beides? *texte. psychoanalyse. ästhetik. kulturkritik, 41*, 78–98.
Binswanger, R. & Gsell, M. (2021). Ein Horizont mit zwei Fluchtpunkten. Eine Replik auf Wolfgang Berner (2021) und Sabine Cassel-Bähr (2021). *Z Sexualforsch, 34*, 234–238. https://doi.org/10.1055/a-1669-7501
Binswanger, R. O. (2010). Ertragen von widersprüchlicher und unvereinbarer Anforderungen [sic.]/ein Teil der Wertschöpfung des Chefarztes. *Schweiz Ärzteztg., 91*(40),1593. https://doi.org/10.4414/saez.2010.15496
Binswanger, R. O. (2012). Auf voller Höhe seines Könnens arbeiten. *Schweiz Ärzteztg., 93*(38), 1404. https://doi.org/10.4414/saez.2012.00623
Binswanger, R. O. (2017). Denkvermögen und Rationalität. *Schweiz Ärzteztg., 98*(4), 126. https://doi.org/10.4414/saez.2017.05191
Bowlby, J. (1972 [1953]). *Mutterliebe und kindliche Entwicklung.* München & Basel: Reinhardt.
Briken, P. (2020a). Compulsive Sexual Behaviour Disorder. In D. J. Stein et al., *Mental,*

Behavioral and Neurodevelopmental Disorders in the ICD-11: An International Perspective on Key Changes and Controversies. *BMC Medicine, 18*(21), 17–18.

Briken, P. (2020b). Konsens als Merkmal paraphiler Störungen. *Psyche – Z Psychoanal, 74*, 280–293.

Butler, J. (2006). Transgender und der Geist der Revolte. In Museum Ludwig Köln (Hrsg.), *Das achte Feld: Geschlechter, Leben und Begehren in der Kunst seit 1960/The eighth square: gender, life, and desire in the arts since 1960* (S. 65–81). Berlin: Hatje Cantz.

Carveth, D. L. (2016). Freud & Beyond 2016 #8: Narcissism Lacan, Aichhorn, Kohut, Spotnitz, Kernberg. https://www.youtube.com/watch?v=dGxS_5A46_4 (21.05.2023).

Carveth, D. L. (2018). *Psychoanalytic Thinking. A Dialectical Critique of Contemporary Theory and Practice*. New York NY: Routledge.

Carveth, D. L. (2018, Dez.). The Analytic Cure Across the Schools. The analytic cure as conceived by the different psychoanalytic schools of thought: Freud, Klein, Bion, Lacan, Winnicott, Kohut, et al. https://www.youtube.com/watch?v=UZa8rptnYWY (23.05.2023).

Cass, H (2022). Cass Review (February 2022). Independent review of gender identity services for children and young people: Interim report. https://cass.independent-review.uk/publications/interim-report/ (31.05.2023).

Cassel-Bähr, S. (2013). »The first cut is the deepest«. Die Bedeutung des negativen Ödipuskomplexes für die Perversion der Frau. *Psyche – Z Psychoanal, 67*, 330–358.

Cassel-Bähr, S. (2021) Das Unbehagen in der Sexualwissenschaft – oder ist »im Grunde alles relativ einfach«? *Z Sexualforsch, 34*, 41–44.

Coen, S. J. (1996). Sexual Disorders. In E. Nersessian, R. G. Kopff, Jr., *Textbook of Psychoanalysis* (S. 382–388). Washington D.C: American Psychiatric Press.

Corver, R. (2019). *Emergent Identities. New Sexualities, Genders and Relationships in a Digital Era*. London & New York: Routledge.

De Masi, F. (2003 [1999]). *The Sadomasochistic Perversion: The Entity and the Theories*. London: Karnac.

Dannecker, M. (2004). Von der Geschlechtsidentität zum Sexuellen Selbst. In H. Richter-Appelt & A. Hill (Hrsg.), *Geschlecht zwischen Spiel und Zwang* (S. 113–128). Gießen: Psychosozial-Verlag.

Dannecker, M. (2007 [1996]). Probleme der männlichen homosexuellen Entwicklung. In V. Sigusch (Hrsg.), *Sexuelle Störungen und ihre Behandlung* (S. 55–66). Stuttgart: Thieme. https://doi.org/10.1055/b-0033-2836

Dannecker, M. & Reiche, R. (1974). *Der gewöhnliche Homosexuelle*. Frankfurt a. M.: Fischer.

Deutsche Gesellschaft für Sexualforschung (DGfS) (2018). Geschlechtsinkongruenz, Geschlechtsdysphorie und Trans-Gesundheit: S3-Leitlinie zur Diagnostik, Beratung und Behandlung. Version 1.1 (22.02.2019). Berlin: AWMF. https://www.awmf.org/leitlinien/detail/ll/138-001.html (05.12.2023).

De Masi, F. (2010). *Die sadomasochistische Perversion*. Stuttgart-Bad Cannstatt: frommann-holzboog.

Fäh, M. (Hrsg.). (2021). *Trieb und Ödipus. Einführung in das Denken und Werk von Judith Le Soldat*. Stuttgart-Bad Cannstatt: frommann-holzboog.

Falardeau, W. (2001). *Kontexte und Hintergründe sexuelle Gewalt an Kindern*. Marburg: Tecton.

Fenichel, O. (1983 [1945]). *Psychoanalytische Neurosenlehre Band I–III*. Hrsg. v. K. Laermann. Berlin, Wien: Ullstein.

Ferenczi, S. (1982 [1933]). Sprachverwirrung zwischen den Erwachsenen und dem Kind. In ders., *Schriften zur Psychoanalyse II* (S. 203–313). Frankfurt a. M.: Fischer Taschenbuch.

Fessler, W. (1993). Harold Lincke entlang: Vom biologischen Fundament des Symbols zum psychologischen Ursprung des Verhaltens. *LUZIFER-AMOR. Zeitschrift zur Geschichte der Psychoanalyse, 6*(12), 166–182.

Fonagy, P. (2006). Psychosexuality and Psychoanalysis: An Overview. In P. Fonagy, R. Krause & M. Leuzinger-Bohleber (Hrsg.), *Identity, Gender and Sexuality 150 Years after Freud* (S. 1–19). London, UK: International Psychoanalytical Association.

Freud, S. (1896c). Zur Ätiologie der Hysterie. *GW I*, 423–459.

Freud, S. (1905d). *Drei Abhandlungen zur Sexualtheorie*. *GW V*, 27–145.

Freud, S. (1912e). Ratschläge für den Arzt bei der psychoanalytischen Behandlung. *GW VIII*, 376–387.

Freud, S. (1914c). Zur Einführung des Narzissmus. *GW X*, 138–170.

Freud, S. (1914d). Zur Geschichte der psychoanalytischen Bewegung. *GW X*, 43–113.

Freud, S. (1915c). Triebe und Triebschicksale. *GW X*, 209–232.

Freud, S. (1915e). Das Unbewusste. *GW X*, 263–303.

Freud, S. (1916–1917a [1915–17]). *Vorlesungen zur Einführung in die Psychoanalyse, GW XI*.

Freud, S. (1920a). Über die Psychogenese eines Falles von weiblicher Homosexualität. *GW XII*, 269–302.

Freud, S. (1920g). *Jenseits des Lustprinzips*. *GW XIII*, 1–69.

Freud, S. (1921c). *Massenpsychologie und Ich-Analyse*. *GW XIII*, 71–161.

Freud, S. (1923a [1922]). »Psychoanalyse« und »Libidotheorie«. *GW XIII*, 207–233.

Freud, S. (1923b). *Das Ich und das Es*. *GW XIII*, 235–289.

Freud, S. (1923e). Die infantile Genitalorganisation. *GW XIII*, 291–298.

Freud, S. (1924c). Das ökonomische Problem des Masochismus. *GW XIII*, 369–383.

Freud, S. (1925j). Einige psychische Folgen des anatomischen Geschlechtsunterschiedes. *GW XIV*, 17–30.

Freud, S. (1926d). *Hemmung, Symptom und Angst*. *GW XIV*, 111–205.

Freud, S. (1933a [1932]). *Neue Folge der Vorlesungen zur Einführung der Psychoanalyse. GW XV*.

Freud, S. (1940a [1938]). Abriss der Psychoanalyse. *GW XVII*, 63–121.

Freud, S. (1940e [1938]). Die Ichspaltung im Abwehrvorgang. *GW XVII*, 59–62.

Freud, S. (1972). Drei Abhandlungen zur Sexualtheorie. *Freud Studienausgabe V* (S. 37–145). Frankfurt a. M.: Fischer.

Freud, S. (2005). *Drei Abhandlungen zur Sexualtheorie. Reprint der Erstausgabe nach 100 Jahren*. Mit einem Nachwort von Reimut Reiche. Frankfurt a. M.: Fischer.

Ganna, A. et al. (2019). Large-scale GWAS reveals insights into the genetic architecture of same-sex sexual behaviour. *Science, 365*(6456), eaat7693. https://doi.org/10.1126/science.aat7693

GIRES (2008). Guidance on combatting Transphobic Bullying in Schools. https://www.gires.org.uk/guidance-on-combating-transphobic-bullying-in-schools/ (21.07.2023).

Glasser, M. (2010). Zur Rolle der Aggression in den Perversionen. *Jahrbuch der Psychoanalyse, 60*, 19–53.

Green, A. (2000). *Geheime Verrücktheit*. Gießen: Psychosozial-Verlag.

Green, J., Hoskin, R. A., Mayo, C. & Miller, S. J. (2020). *Navigating Trans*+ and Complex Gender Identities*. London & New York: Bloomsbury Academic.
Greenacre, Ph. (1996 [1979]). Fetishism. In I. Rosen, *Sexual Deviation, Third Edition* (S. 88–110). Oxford, New York, Tokyo: Oxford University Press.
Greenberg, J. R. & Mitchell, S. A. (1983). *Object Relations in Psychoanalytic Theory*. Cambridge, Massachusetts, London: Harvard University Press.
Gschwind, H. (2010). Pädosexuelle Männer. Eine psychoanalytische Untersuchung. *Z Sexualforsch, 23*, 299–327.
Gsell, M. (2016). Was ist anders am »anderen Ufer«? Zu Judith Le Soldats »Grund zur Homosexualität«. *Journal für Psychoanalyse, 57*, 27–47. https://doi.org/10.18754/jfp.57.3
Gsell, M. & Binswanger, R. (2012). Psychosexuelle Entwicklung und Geschlechtsidentität unter intersexuellen Konditionen. In K. Schweizer & H. Richter-Appelt (Hrsg.), *Intersexualität kontrovers. Fakten, Erfahrungen, Positionen* (S. 371–392). Gießen: Psychosozial-Verlag.
Gsell, M. & Binswanger, R. (2021). Zu den beiden Gedankensträngen im Masochismus-Buch. In J. Le Soldat, *Freiwillige Knechtschaft. Masochismus und Moral, Judith Le Soldat Werkausgabe, Band 4* (S. 18–79). Stuttgart, Bad Cannstatt: frommann-holzboog.
Gsell, M. & Binswanger, R. (2023). Was ist eine ödipale Theorie? Replik zu May Widmer-Perrenouds kritischen Überlegungen zu Judith Le Soldats Theorie des Ödipuskomplexes. *Psyche – Z Psychoanal, 77*(2), 153–173. https://doi.org/10.21706/ps-77-2-153
Gsell, M. & Zürcher, M. (2011). Licht ins Dunkel der Bisexualität. Die psychoanalytische Bedeutung von männlich und weiblich. *Psyche – Z Psychoanal, 65*, 699–729.
Günther, M., Teren, K. & Wolf, G. (2019). *Psychotherapeutische Arbeit mit trans*Personen. Handbuch für die Gesundheitsversorgung*. München: Reinhardt.
Gyuris, P. & Weisfeld, G. E. (2004). Sexual imprinting in human mate choice. *Proc. R. Soc. Lond. B, 271*, 1129–1134. https://doi.org/10.1098/rspb.2003.2672
Hansell, J. (2011). Where Sex was, there shall Gender be? The Dialectics of Psychoanalytic Gender Theory. *Psych. Quarterly, 80*(1), 55–71.
Hegel, G. W. F. (1969). *Wissenschaft der Logik. Theorie Werkausgabe 5 und 6*. Frankfurt a. M.: Suhrkamp.
Heinrich-Böll-Stiftung Hessen (2018, 15. Dez.). Böll Analytics mit Sophinette Becker – Identität! (ab 0:27:18). https://www.youtube.com/watch?v=qL0UMoMGoIA&t=1638s (19.08.2023).
Henze, P., Lahl, A. & Preis, V. (Hrsg.). (2019). *Psychoanalyse und männliche Homosexualität. Beiträge zu einer sexualpolitischen Debatte*. Gießen: Psychosozial-Verlag.
Herzog, D. (2014). ›Where They Desire They Cannot Love‹: Recovering Radical Freudianism in West German Sexology (1960s–1980s). *Psychoanal Hist, 16*, 237–261.
Herzog, D. (2016). Die Politisierung des Narzissmus. Kohut mit und durch Morgenthaler lesen. *LUZIFER-AMOR, Zeitschrift zur Geschichte der Psychoanalyse, 29*(57), 67–97.
Herzog, D. (2023 [2017]). *Cold War Freud*. Berlin: suhrkamp taschenbuch wissenschaft. [Orig.: Cambridge: Cambridge University Press.]
Holler, G. (2023). Der schwierige Weg vom proto-homosexuellen Jungen zum schwulen Mann. Die normale homosexuelle Entwicklung und ihre Störungen. *Psyche – Z Psychoanal, 77*, 377–402. https://doi.org/10.21706/ps-77-5-377

Imhorst, E. (2010). *Mit Frauen verheiratete homosexuelle Männer über 50. Psychoanalytische Erkundungen zu Entwicklung und Transformation sexueller Identität.* Kassel: kassel university press.
Imhorst, E. (2015). Psychoanalytische Überlegungen zur Identitätskonstruktion »Schwule Frau«. *Anal Psychol, 46*, 438–458.
Imhorst, E. (2019). Wir wären so gerne eindeutig! Geschlecht – Gender – Identität. In I. Moeslein-Teising, G. Schäfer & R. Martin (Hrsg.), *Geschlechter-Spannungen* (S. 41–53). Gießen: Psychosozial-Verlag.
Isay, R. A. (1990). *Schwul Sein. Die psychologische Entwicklung des Homosexuellen.* München: Piper. [Engl. Orig.: *Being Homosexual. Gay Men and Their Development.* New York: Farrat, Straus, Girous.]
Jahnke, S. & Malón, A. (2018). How Pedohebephilic Think about Adult-Child Sex: Effects of Child Gender and Physical Maturity. *Psychology Crime and Law, 25*(1), 90–107. https://doi.org/10.1080/1068316X.2018.1503665
Jahnke, S., Schmidt, S. & Malón, A. (2017). What if the Child Appears to Enjoy It? Moral Attitudes Toward Adult-Child Sex Among Men With and Without Pedohebephilia. *J Sex Res., 55*(7), 927–938. https://doi.org/10.1080/00224499.2016.1271101
Kernberg, O. F. (1978 [1975]). *Borderline-Störungen und pathologischer Narzissmus.* Frankfurt a. M.: Suhrkamp.
Kernberg, O. F. (1982). Self, Ego, Affects, and Drives. *J. Amer. Psychoanal. Assn., 30*, 893–917.
Kernberg, O. F. (1992). *Aggression in Personality Disorders and Perversions.* New Haven, London: Yale University Press.
Kernberg, O. F. (2006 [1997]). Perversion, perversity, and normality: Diagnostic and therapeutic considerations. In D. Nobus & L. Downing (Hrsg.), *Perversion, Psychoanalytic Perspectives/Perspectives on Psychoanalysis* (S. 19–38). London, New York: Karnac.
Khan, M. (1979). *Alienation in Perversions.* London: The Hogarth Press.
Kläui, Ch. (2008). *Psychoanalytisches Arbeiten.* Bern, Huber: Hogrefe.
Knellessen, O. (2017). Zur Ordnungsmacht und dem Text von Ralf Binswanger: Reconsidering Perversion – a Conceptual Proposal. *Journal für Psychoanalyse, Supplement zu Heft 57*, 34–37. https://doi.org/10.18754/jfp.57supp.2
Koellreuter, A. (2000). *Das Tabu des Begehrens. Zur Verflüchtigung des Sexuellen in Theorie und Praxis der feministischen Psychoanalyse.* Gießen: Psychosozial-Verlag.
Kohut, H. (1973 [1971]). *Narzißmus. Eine Theorie der psychoanalytischen Behandlung narzißtischer Persönlichkeitsstörungen.* Frankfurt a. M.: Suhrkamp.
Kohut, H. (1979 [1977]). *Die Heilung des Selbst.* Frankfurt a. M.: Suhrkamp.
Korte, A. (2022). Geschlechtsdysphorie bei Kindern und Jugendlichen aus medizinischer und entwicklungspsychologischer Sicht. In B. Ahrbeck & M. Felder (Hrsg.), *Geboren im falschen Körper. Genderdysphorie bei Kindern und Jugendlichen* (S. 43–86). Stuttgart: Kohlhammer.
Lackinger, F. (2009). Psychoanalytische Überlegungen zur Pädophilie. *Psychotherapeut, 54*, 262–269.
Lackinger, F. (2020). Die pädosexuelle Phantasie als Ort von Wiederholung und Rache. https://www.researchgate.net/publication/346572268_Die_padosexuelle_Phantasie_als_Ort_von_Wiederholung_und_Rache (21.08.2023).

Laplanche, J. (1988). *Die allgemeine Verführungstheorie und andere Aufsätze*. Tübingen: Edition Diskord.
Laplanche, J. (1996 [1992]). *Die unvollendete kopernikanische Revolution in der Psychoanalyse*. Frankfurt a. M.: Fischer Taschenbuch.
Laplanche, J. (2017 [2007]). *Sexual*. Gießen: Psychosozial-Verlag.
Lenin, W. I. (1964a [1914]). Konspekt zu Hegels »Wissenschaft der Logik«. *LW 38*, 77–229.
Lenin, W. I. (1964b [1915]). Zur Frage der Dialektik. *LW 38*, 338–344.
Le Soldat, J. (2015). *Grund zur Homosexualität*. Stuttgart, Bad Cannstatt: frommann-holzboog. https://openresearchlibrary.org/content/f992f4f1-c771-414a-ab34-e66351edc4e0
Le Soldat, J. (2020 [1994]). *Raubmord und Verrat*. Stuttgart, Bad Cannstatt: frommann-holzboog. [Von Monika Gsell kritisch editierte Neuausgabe von *Eine Theorie menschlichen Unglücks*. Frankfurt a. M.: Fischer, 1994.]
Le Soldat, J (2021 [1989]). Freiwillige Knechtschaft. Masochismus und Moral. *Judith Le Soldat Werkausgabe, Band 4*. Stuttgart, Bad Cannstatt: frommann-holzboog.
Lichtenstein, H. (1961). Identity and Sexuality. A Study of their Interrelationship in Man. *J Am Psychoanal Assoc, 9*, 179–260.
Lincke, H. (1981). *Instinktverlust und Symbolbildung*. Berlin: Severin und Siedler.
Långström, N. et al. (2007). Genetic and Environmental Effects of Same-sex Sexual Behaviour: A Population Study of Twins in Sweden. *Archives of Sexual Behaviour, 39*(1), 75–80.
Lorenz, K. (1949). *Er redete mit dem Vieh, den Vögeln und den Fischen*. Wien: Verlag Dr. G. Borotha-Schoeler.
Lorenz, K. (1978). *Vergleichende Verhaltensforschung: Grundlagen der Ethologie*. Wien, New York: Springer.
Mahler, M. S. (1985). *Studien über die ersten drei Lebensjahre*. Stuttgart: Klett-Cotta.
Mahler, M. S., Pine, F. & Bergman, A. (1980 [1975]). *Die psychische Geburt des Menschen*. Frankfurt a. M.: Fischer.
Mallaby, S. (2006 [2004]). *The World's Banker*. London: Penguin Books.
Marcinkowska, U. M. & Rantala, M. J. (2012). Sexual imprinting on facial traits of opposite-sex parents in humans. *Evol Psychol, 10*(3), 621–630.
McDougall, J. (1985 [1978]). *Plädoyer für eine gewisse Anormalität*. Frankfurt a. M.: Suhrkamp.
Mertens, W. (Hrsg.). (2022). *Handbuch psychoanalytischer Grundbegriffe* (5. überarb. Aufl.). Stuttgart: Kohlhammer.
Moeslein-Teising, I., Schäfer, G. & Martin, R. (Hrsg.). (2019). *Geschlechter-Spannungen*. Gießen: Psychosozial-Verlag.
Moore, M. & Brunskell-Evans, H. (Hrsg.). (2019). *Inventing Transgender Children and Young People*. Cambridge Scholar Publishing.
Morgenthaler, F. (1974). Die Stellung der Perversion in Metapsychologie und Technik. *Psyche – Z Psychoanal, 28*, 1077–1098.
Morgenthaler, F. (2004a [1984]). *Homosexualität, Heterosexualität, Perversion*. Neuausgabe. Gießen: Psychosozial-Verlag.
Morgenthaler, F. (2004b [1986]). *Der Traum. Fragmente zur Theorie und Technik der Traumdeutung*. Neuausgabe. Gießen: Psychosozial-Verlag.
Morgenthaler, F. (2005 [1978]). *Technik. Zur Dialektik der Psychoanalytischen Praxis*. Neuausgabe. Gießen: Psychosozial-Verlag.

Morgenthaler, F. (2020). *On the Dialectics of Psychoanalytic Practice. Edited with an Introduction by Dagmar Herzog.* London & New York: Routledge.
Müller-Pozzi, H. (2008). *Eine Triebtheorie für unsere Zeit.* Bern: Huber.
Nersessian, E. & Kopff, R. G., Jr. (1996). *Textbook of Psychoanalysis.* Washington D.C: American Psychiatric Press.
Nieder, T.O & Strauß, B. (2019). S3-Leitlinie zur Geschlechtsinkongruenz. *Z Sexualforsch, 32,* 70–79.
Nobus, D. (2006). Introduction. In D. Nobus & L. Downing (Hrsg.), *Perversion, Psychoanalytic Perspectives/Perspectives on Psychoanalysis* (S. 3–18). London, New York: Karnac.
Nobus, D. & Downing, L. (Hrsg.). (2006). *Perversion, Psychoanalytic Perspectives/Perspectives on Psychoanalysis.* London, New York: Karnac.
Parin, P. (1986 [1985]). Die Verflüchtigung des Sexuellen aus der Psychoanalyse. In P. Parin & G. Parin-Matthèy, *Subjekt im Widerspruch* (S. 81–89). Frankfurt a. M.: Athenäum.
Parsons, M. (2000). Sexuality and Perversion a Hundred Years on: Discovering what Freud Discovered. *Int. J. Psychoanal., 81*(1), 37–49.
Passett, P. (2004). Die anthropologische Dimension der Sexualität. In L. Bayer & I. Quindeau (Hrsg.), *Die unbewusste Botschaft der Verführung* (S. 139–169). Gießen: Psychosozial-Verlag.
Pauli, D. (2020). Geschlechtsinkongruenz bei Kindern und Jugendlichen. *Swiss Arch Neurol Psychiatr Psychother., 171,* w03102. https://sanp.ch/article/doi/sanp.2020.03102
Pfäfflin, F. (2010). Diverse Perversionskonstrukte. *Jahrbuch der Psychoanalyse, 60,* 81–100.
Poluda, E. S. (1993). Der »lesbische Komplex«. Das homosexuelle Tabu und die Weiblichkeit. In E. M. Alves (Hrsg.), *Stumme Liebe. Der »lesbische Komplex« in der Psychoanalyse* (S. 73–132). Freiburg i. Br.: Kore.
Poluda, E. S. (2001). Der lesbische Komplex als Basis der Weiblichkeit. *Werkblatt, Zeitschrift für Psychoanalyse und Gesellschaftskritik, 47*(18/1), 27–50.
Poluda, E. S. (2007). Probleme der weiblichen homosexuellen Entwicklung. In V. Sigusch (Hrsg.), *Sexuelle Störungen und ihre Behandlung* (4., überarb. u. erw. Aufl., S. 43–54). Stuttgart, New York, NY: Thieme.
Ponseti, J. & Stirn, A. (2019). Wie viele Geschlechter gibt es? *Z Sexualforsch, 32,* 131–147.
Ponseti, J. & Stirn, A. (2020). Die Trans-Konstruktion. *Z Sexualforsch, 33,* 29–34.
Portmann, A. (1956). *Zoologie und das neue Bild vom Menschen. Biologische Fragmente zu einem neuen Bild des Menschen.* Hamburg: Rowohlt.
Preis, V. (2021). Zur Frage nach der Psychogenese der Homosexualität. In V. Preis, A. Lahl & P. Henze (Hrsg), *Vom Lärmen des Begehrens. Psychoanalyse und lesbische Sexualität* (S. 211–216). Gießen: Psychosozial-Verlag.
Preuss, F. W. (1921). *Geschlechtsdysphorie, Transidentität und Transsexualität im Kindes- und Jugendalter* (3. überarb. Aufl.). München: Ernst Reinhardt.
Preuss, W. (2020). Queere und non-binäre Geschlechtsidentitäten. Ist die Heteronormativität in Auflösung begriffen? Ein Versuch, Verständnis und Ordnung zu stiften. Erweiterter Text eines Vortrags am 14.02.2020 im Michael-Balint-Institut, Hamburg.
Preuss, W. F. (2023). Geschlechtsangst und Geschlechtsdysphorie Überlegungen zur Entwicklung der individuellen Geschlechtsidentität. *Psychodynamische Psychotherapie, 22*(2), 118–130. https://doi.org/10.21706/pdp-22-2-118
Quindeau, I. (2008). *Verführung und Begehren. Die psychoanalytische Sexualtheorie nach Freud.* Stuttgart: Klett-Cotta.

Radó, S. (1934). *Die Kastrationsangst des Weibes*. Wien: Internationaler Psychoanalytischer Verlag.
Rantala, M. J. & Marcinkowska, U. M. (2011). The role of sexual imprinting and the Westermarck effect in mate choice in humans. *Behav Ecol Sociobiol. 65*, 859–873. https://doi.org/10.1007/s00265-011-1145-y
Rauchfleisch, U. (2019). *Transsexualismus – Genderdysphorie – Geschlechtsinkongruenz – Transidentität. Der schwierige Weg der Entpathologisierung*. Göttingen: Vandenhoeck & Ruprecht.
Reiche, R. (1991). Einleitung zur Einzelausgabe von Sigmund Freud. *Drei Abhandlungen zur Sexualtheorie*. Frankfurt a. M.: Fischer Taschenbuch.
Reiche, R. (1997). Gender ohne Sex. *Psyche – Zeitschrift Psychoanal, 51*, 926–957.
Reiche, R. (2005). Das Rätsel der Sexualisierung. In I. Quindeau & V. Sigusch (Hrsg.), *Freud und das Sexuelle. Neue psychoanalytische und sexualwissenschaftliche Perspektiven* (S. 135–152). Frankfurt a. M., New York, NY: Campus.
Reiche, R. (2007). Psychoanalytische Therapie sexueller Perversionen. In V. Sigusch (Hrsg.), *Sexuelle Störungen und ihre Behandlung* (4., überarb. u. erw. Aufl. S. 276–291). Stuttgart, New York, NY: Springer.
Reik, Th. (1925). *Geständniszwang und Strafbedürfnis*. Leipzig, Wien, Zürich: Internationaler Psychoanalytischer Verlag.
Saketopoulou, A. (2014). To Suffer Pleasure: The Shattering of the Ego as the Psychic Labor of Perverse Sexuality. *Stud Gend Sex, 15*, 254–268.
Saketopoulou, A. (2020). Risking sexuality beyond consent: overwhelm and traumatisms that incite. *The Psychoanalytic Quarterly, 89*(4), 771–811, https://doi.org/10.1080/00332828.2020.1807268
Schmidt, G. (2014). *Das neue Der Die Das. Über die Modernisierung des Sexuellen* (4., kompl. überarb. u. akt. Neuaufl.). Gießen: Psychosozial-Verlag.
Schon, L. (2016). Homophobie und Heterophobie – Schwierigkeiten unterschiedlicher psychosexueller Konstellationen des analytischen Paars. *Journal für Psychoanalyse, 57*, 66–81. https://doi.org/10.18754/jfp.57.5
Schorsch, E. (1978). Die Stellung der Sexualität in der psychischen Organisation des Menschen. *Nervenarzt, 49*, 456–460.
Schutz, F. (1969). *Prägung von Entenküken – Nachfolgereaktion*. IWF Göttingen. https://doi.org/10.3203/IWF/C-987
Seto, M. C. (2018). *Pedophilia and sexual offending against children: Theory, assessment, and intervention* (2. Aufl.). Washington, D.C.: American Psychological Association. https://www.apa.org/pubs/books/4317491
Sigusch, V. (2005a). Sexualwissenschaft als Fußnote. In M. Dannecker & A. Katzenbach (Hrsg.), *100 Jahre Freuds »Drei Abhandlungen zur Sexualtheorie«. Aktualität und Anspruch* (S. 143–150). Gießen: Psychosozial-Verlag.
Sigusch, V. (2005b). *Neosexualitäten. Über den kulturellen Wandel von Liebe und Perversion*. Frankfurt, New York: Campus.
Sigusch, V. (2005/2006). Die neosexuelle Revolution. Über gegenwärtige Transformation der kulturellen Geschlechts- und Sexualformen. *Journal für Psychoanalyse, 45/46*, 264–277.
Sigusch, V. (2008). Was heißt Neosexualitäten? In A. Hill, P. Briken & W. Berner (Hrsg.), *Lust-voller Schmerz* (S. 59–78). Gießen: Psychosozial-Verlag.

Spektrum.de (o.J.) Lexikon. Prägung. https://www.spektrum.de/lexikon/biologie/prae gung/53481
Spitz, R.A. (1946). Anaclitic depression. *Psychoanal. Study Child, 2*, 313–342.
Spitz, R.A. (1972). *Vom Säugling zum Kleinkind* (4. Aufl.). Stuttgart: Klett.
Spitz, R.A. (1976). *Vom Dialog*. Stuttgart: Klett.
Stoller, R.J. (1973). The Male Transsexual as ›Experiment‹. *Int. J. Psychoanal., 54*, 215–225.
Stoller, R.J. (1974). Hostility and Mystery in Perversion. *Int. J. Psychoanal., 55*, 425–434.
Stoller, R.J. (1976). Sexual Excitement. *Arch Gen Psychiatry, 33*, 899–909.
Stoller, R.J. (1998 [1975]). *Perversion. Die erotische Form von Hass*. Gießen: Psychosozial-Verlag.
Stone, L. (1993 [1961]). *Die psychoanalytische Situation*. Ungekürzte Ausgabe. Übersetzt von F. Herborth. Frankfurt a.M.: Fischer.
Strauß, B. & Nieder, T.O. (2019). Schwierigkeiten bei Längsschnittstudien. *Z Sexualforsch, 32*, 163–166.
Target, M. (2019). Ein Entwicklungsmodell für sexuelle Erregung, Begehren und Entfremdung. In A. Lemma & P.E. Lynch (Hrsg.), *Psychoanalyse der Sexualitäten – Sexualitäten der Psychoanalyse* (S. 59–83). Frankfurt. a.M.: Brandes & Apsel.
Tomlinson, W.C. (2008). Sándor Radó und das Schicksal des Berliner Modells in New York. *Jahrbuch der Psychoanalyse, 57*, 117–131.
Tozdan, S. & Briken, P. (2016). Accepting Sexual Interest in Children as Unchangeable: One Claim Fits for All? Comments on Grundmann, Krupp, Scherner, Amelung, and Beier's (2016) »Stability of Self-Reported Arousal to Sexual Fantasies Involving Children in a Clinical Sample of Pedophiles and Hebephiles«. *Arch Sex Behav*. https://doi.org/10.1007/s10508-016-0813-4
Villa, P.I. (2019). Die Magie der Anisogamie. *Z Sexualforsch, 32*, 157–162.
Vinnai, G. (1977). *Das Elend der Männlichkeit*. Reinbeck: Rowohlt.
Voß, H.J. (2019). Kommentar aus biologischer Perspektive. *Z Sexualforsch, 32*, 153–156.
Weber-Meewes, A. (2014). Die perverse Position in der männlichen Entwicklung. *Z Psychoanal Theorie Praxis, 29*, 207–231.
Welldon, E.V. (2003 [1988]). *Perversionen der Frau*. Gießen: Psychosozial-Verlag.
Widmer-Perrenoud, M. (2022). Einige kritische Überlegungen zu Judith Le Soldats Theorie des Ödipuskomplexes. *Psyche – Z Psychoanal, 76*, 63–76. https://doi.org/10.21706/ps-76-1-63
Winnicott, D.W. (1969 [1953]). Übergangsobjekte und Übergangsphänomene. Eine Studie über den ersten, nicht zum Selbst gehörenden Besitz. *Psyche – Z Psychoanal, 23*, 666–682.
Winnicott, D.W. (1973 [1971]). *Vom Spiel zur Kreativität*. Stuttgart: Klett.
Woltersdorff, V. (2008). Doppelt pervers? Über schwule, lesbische und trans-queere SM-Sozialität. In A. Hill, P. Briken & W. Berner (Hrsg.), *Lust-voller Schmerz* (S. 113–126). Gießen: Psychosozial-Verlag.
World Health Organization (WHO) (2020). ICD-11 for Mortality and Morbidity Statistics (Version: 09/2020). Paraphilic Disorders. https://icd.who.int/browse11/l-m/en#http%3a%2f%2fid.who.int%2ficd%2fentity%2f2110604642
Yang, M.L., Fullwood, E., Goldstein, J. & Mink, J.W. (2005). Masturbation in Infancy and Early Childhood Presenting as a Movement Disorder: 12 Cases and a Review of the Literature. *Pediatrics, 116*, 1427–1432.

Psychosozial-Verlag

Eva S. Poluda
Der lesbische Komplex
Aufsätze zur psychosexuellen Entwicklung der Frau

2022 · 277 Seiten · Broschur
ISBN 978-3-8379-3142-6

Eva S. Poluda hat einen bedeutenden Beitrag zum Verständnis der psychosexuellen Entwicklung von Frauen geleistet, indem sie den »lesbischen Komplex«, das Schicksal der frühen, eben *auch* sexuellen Liebe zur Mutter, als strukturbildend für die weibliche Entwicklung herausgearbeitet hat.

In ihren Texten entwirft die Autorin bis heute gültige Konzepte zur weiblichen hetero- wie homosexuellen Entwicklung. Ihre Theorien hat sie dabei sowohl aus der psychoanalytischen Tradition als auch aus einem emanzipatorischen, entpathologisierenden und feministischen Blickwinkel heraus entwickelt. Sie arbeitet kritisch die Bedeutung, aber auch die Marginalisierung der Psychoanalytikerinnen nach Freud heraus. Den von ihr »lesbischer Komplex« genannten frühen Ödipus markiert sie als zentrale Schaltstelle in der psychosexuellen Entwicklung von Frauen. Sie zeigt auf, dass Mädchen, anders als Jungen, das an ihre Mutter gerichtete sexuelle Begehren aufgeben sollen, um in die »heterosexuelle Verkehrsordnung« einzutreten. Weitere Arbeiten befassen sich mit »Problemen der weiblichen homosexuellen Entwicklung«, mit der »psychosexuellen Entwicklung der Geschlechter im Vergleich« sowie mit dem »Bild der lesbischen Frau in der Psychoanalyse«, das so divers ist, wie es homosexuell lebende Frauen auch sind.

Sophinette Becker
Leidenschaftlich analytisch
Texte zu Sexualität, Geschlecht und Psychoanalyse

2021 · 332 Seiten · Broschur
ISBN 978-3-8379-3100-6

Sophinette Becker war eine kritische Denkerin, die ihren differenzierten und klaren Blick auf Themen richtete, die häufig wenig beachtet oder gar tabuisiert wurden. Diese Anthologie ist von ihrer ganz eigenen Sichtweise geprägt, die zum Nachdenken anregt und dazu animiert, sich mit fremden Perspektiven und Erfahrungen auseinanderzusetzen.

In ihren Texten verbindet die Sexualwissenschaftlerin und Psychotherapeutin klinische, gesellschaftliche und politische Aspekte. Sie spricht zentrale sexualwissenschaftliche Themen an, wie sexuelle Orientierung, Transgender, Geschlechtsidentität und AIDS. Außerdem geht sie den Auswirkungen des Nationalsozialismus und den Mechanismen der Verdrängung nach, gerade auch im Hinblick auf die Psychoanalyse. Unter den Texten, die aus mehr als 30 Jahren ihrer Karriere stammen, finden sich unter anderem Titel wie »Pädophilie zwischen Dämonisierung und Verharmlosung«, »Von der Bosheit der Frau«, »Zur Funktion der Sexualität im Nationalsozialismus« oder »Geschlecht und sexuelle Orientierung in Auflösung – was bleibt?«. In ihnen zeigt sich, dass Beckers Stimme von unschätzbarem Wert für alle ist, die sich mit den Dynamiken in unserer Gesellschaft fundiert und kritisch auseinandersetzen wollen.